教育部　财政部职业院校教师素质提高计划职教师资培养资源开发项目

Qiche Cheshen Dipan Diankong Jishu yu Jianxiu
汽车车身底盘电控技术与检修

张彦会　曾清德　主　编
张成涛　朱立宗　叶文海　副主编

人民交通出版社股份有限公司
China Communications Press Co.,Ltd.

内 容 提 要

本书主要介绍了汽车车身和底盘电控技术以及相关检测技术。共为八个项目,分别是项目一自动变速器电子控制系统与检修,项目二制动防抱死系统结构与检修,项目三驱动防滑控制系统结构与检修,项目四电控转向系统结构与检修,项目五电控悬架系统结构与检修,项目六巡航控制系统结构与检修,项目七安全气囊结构与检修,项目八汽车CAN总线结构与检修。

本书可作为职师类专业的教材,也可作为职业技术院校的车辆工程、汽车运用工程、交通运输、交通工程、汽车服务工程等专业的教材,同时也可作为汽车车身电控技术维修、应用与研究的工程技术人员的参考书。

图书在版编目(CIP)数据

汽车车身底盘电控技术与检修/张彦会,曾清德主编.—北京:人民交通出版社股份有限公司,2017.1
ISBN 978-7-114-13473-9

Ⅰ.①汽… Ⅱ.①张…②曾… Ⅲ.①汽车—车体—电子系统—控制系统—车辆修理—职业教育—教材②汽车—底盘—电气控制系统—车辆修理—职业教育—教材 Ⅳ.①U472.41

中国版本图书馆 CIP 数据核字(2016)第 277314 号

书　　名:	汽车车身底盘电控技术与检修
著 作 者:	张彦会　　曾清德
责任编辑:	夏　　韡
出版发行:	人民交通出版社股份有限公司
地　　址:	(100011)北京市朝阳区安定门外外馆斜街3号
网　　址:	http://www.ccpcl.com.cn
销售电话:	(010)59757973
总 经 销:	人民交通出版社股份有限公司发行部
经　　销:	各地新华书店
印　　刷:	北京虎彩文化传播有限公司
开　　本:	787×1092　1/16
印　　张:	18.75
字　　数:	441千
版　　次:	2017年1月　第1版
印　　次:	2024年1月　第2次印刷
书　　号:	ISBN 978-7-114-13473-9
定　　价:	42.00元

(有印刷、装订质量问题的图书,由本公司负责调换)

项目专家指导委员会

主　任：刘来泉

副主任：王宪成　郭春鸣

成　员：(按姓氏笔画排列)

　　　　刁哲军　王继平　王乐夫　邓泽民　石伟平
　　　　卢双盈　汤生玲　米　靖　刘正安　刘君义
　　　　孟庆国　沈　希　李仲阳　李栋学　李梦卿
　　　　吴全全　张元利　张建荣　周泽扬　姜大源
　　　　郭杰忠　夏金星　徐　流　徐　朔　曹　晔
　　　　崔世钢　韩亚兰

教育部　财政部职业院校教师素质提高计划成果系列丛书

《车辆工程》专业职教师资培养资源开发(VTNE012)项目组
项目牵头单位:广西科技大学
项目负责人:廖抒华

出版说明

《国家中长期教育改革和发展规划纲要(2010—2020年)》颁布实施以来,我国职业教育进入到加快构建现代职业教育体系、全面提高技能型人才培养质量的新阶段。加快发展现代职业教育,实现职业教育改革发展新跨越,对职业学校"双师型"教师队伍建设提出了更高的要求。为此,教育部明确提出,要以推动教师专业化为引领,以加强"双师型"教师队伍建设为重点,以创新制度和机制为动力,以完善培养培训体系为保障,以实施素质提高计划为抓手,统筹规划,突出重点,改革创新,狠抓落实,切实提升职业院校教师队伍整体素质和建设水平,加快建成一支师德高尚、素质优良、技艺精湛、结构合理、专兼结合的高素质专业化的"双师型"教师队伍,为建设具有中国特色、世界水平的现代职业教育体系提供强有力的师资保障。

目前,我国共有60余所高校正在开展职教师资培养,但由于教师培养标准的缺失和培养课程资源的匮乏,制约了"双师型"教师培养质量的提高。为完善教师培养标准和课程体系,教育部、财政部在"职业院校教师素质提高计划"框架内专门设置了职教师资培养资源开发项目,中央财政划拨1.5亿元,系统开发用于本科专业职教师资培养标准、培养方案、核心课程和特色教材等系列资源。其中,包括88个专业项目,12个资格考试制度开发等公共项目。该项目由42家开设职业技术师范专业的高等学校牵头,组织近千家科研院所、职业学校、行业企业共同研发,一大批专家学者、优秀校长、一线教师、企业工程技术人员参与其中。

经过三年的努力,培养资源开发项目取得了丰硕成果。一是开发了中等职业学校88个专业(类)职教师资本科培养资源项目,内容包括专业教师标准、专业教师培养标准、评价方案,以及一系列专业课程大纲、主干课程教材及数字化资源;二是取得了6项公共基础研究成果,内容包括职教师资培养模式、国际职教师资培养、教育理论课程、质量保障体系、教学资源中心建设和学习平台开发等;三是完成了18个专业大类职教师资格标准及认证考试标准开发。上述成果,共计800多本正式出版物。总体来说,培养资源开发项目实现了高效益:形成了一大批资源,填补了相关标准和资源的空白;凝聚了一支研发队伍,强化了教师培养的"校—企—校"协同;引领了一批高校的教学改革,带动了"双师型"教师的专业化培养。职教师资培养资源开发项目是支撑专业化培养的一项系统化、基础性工程,是加强职教教师培养培训一体化建设的关键环节,也是对职教师资培养培训基地教师专业化培养实践、教师教育研究能力的系统检阅。

自 2013 年项目立项开题以来,各项目承担单位、项目负责人及全体开发人员做了大量深入细致的工作,结合职教教师培养实践,研发出很多填补空白、体现科学性和前瞻性的成果,有力推进了"双师型"教师专门化培养向更深层次发展。同时,专家指导委员会的各位专家以及项目管理办公室的各位同志,克服了许多困难,按照两部对项目开发工作的总体要求,为实施项目管理、研发、检查等投入了大量时间和心血,也为各个项目提供了专业的咨询和指导,有力地保障了项目实施和成果质量。在此,我们一并表示衷心的感谢。

编写委员会
2016 年 3 月

前言

百年大计,教育为本。强国富民,教育为先。职业教育是与基础教育、高等教育和成人教育地位平行的四大教育板块之一。职业教育受益于社会,社会也可受益于职业教育,促进社会发展是职业教育的应有之义和神圣职责。《国家中长期教育改革和发展规划纲要(2010—2020年)》发布之后,职业教育向科学化发展,对中等职业学校教师队伍建设提出了更高的要求。

2012年11月教育部、财政部在"职业院校教师素质提高计划"框架内专门设置了100个培养资源开发项目,系统开发应用于本科专业职教师资培养的专业教师标准、专业教师培养标准、评价方案,以及一系列专业课程大纲、主干课程教材及数字化资源。特色教材《汽车车身底盘电控技术与检修》属于车辆工程专业职教师资培养资源开发项目课题中的子课题。

作为车辆工程专业职教师资培养的重要教学资料,针对学生是未来中职教师这一特点,根据职业教师培养目标和行业人才能力要求,以设计的课程大纲为基础,以岗位需求为依据,按照"项目导向、任务驱动、理实一体"的原则,培养具有技术性、师范性、职业性三性融合一体的专业人才,构建适应车辆工程专业职教师资培养需求的专业教材。

《汽车车身底盘电控技术与检修》教材编写课题组的成员经过深入而广泛的探讨,确定教材通过工作任务分析,建立学习领域。在各学习领域中,以工作项目为载体,以完成工作任务为主要学习方式,组织教学内容。贯彻资讯、计划、决策、实施、检查、评价六步教学法。教材选取本专业职业领域中劳动、技术和职业教育三者的基本问题并兼顾应用于实践生产过程的新技术,有效促进学生理论知识与实操技能的掌握。

本教材具有以下特点:

(1)强调以知识为基础,以能力为重点,技术性、师范性、职业性三性有机结合。

(2)内容组织和体现形式符合学生认知和技能养成规律,体现以应用为主线。

(3)体现行业需求、职业要求和岗位规范,尤其是紧跟技术更新趋势。

(4)配套开发多媒体教学课件,充分利用数字化信息技术建立网络教学平台,打造立体化教材。

本书条理清晰,层次分明,语言简练,图文并茂,内容宽泛,重点突出,简明扼要地反映了现代汽车电器设备新知识、新技术,是一本具有鲜明特色的实用教材。

本教材分八个项目对汽车车身底盘电控技术与检测进行介绍。项目一为自动变速器电子控制系统与检修,项目二为防抱死制动系统结构与检修,项目三为驱动防滑控制系统结构与检修,项目四为电控助力转向系统结构与检修,项目五为电控悬架系统结构与检修,项目六为汽车巡航控制系统结构与检修,项目七为安全气囊结构与检修,项目八为汽车 CAN 总线系统检修。本教材在内容安排上风格一致,易于理解和掌握,因此便于教学和自学。本教材可作为高职院校职师本科汽车类专业(方向)的教材,同时对从事汽车电子技术维修、应用与研究的工程技术人员也具有一定参考价值。

本教材由广西科技大学张彦会编写项目三和项目六;曾清德(广西科技大学)编写项目二和项目四;张成涛(广西科技大学)编写项目一和项目八;朱立宗(广西科技大学)编写项目五和项目七;叶文海(柳州市第一职业技术学校)编写教学设计能力拓展训练。此外,研究生孟祥虎、肖婷等也为本书做了大量的文字工作。在本教材的编写过程中,编者参考了大量国内外的论文及论著的研究内容,在此对这些论文及论著的作者表示衷心的感谢!

鉴于现代汽车电子技术的飞速发展,不断有新的理论和技术诞生,加之编者掌握的资料不足及水平有限,书中内容难免有疏漏和不足之处,因此欢迎广大读者提出宝贵意见和建议,以便丰富、完善和补充本教材。

编 者
2016 年 3 月

目录

项目一　自动变速器电子控制系统与检修 ································· 1
　　任务一　自动变速器的结构与拆装 ··································· 1
　　任务二　自动变速器性能检验与检修 ································· 17
　　任务三　自动变速器电子控制系统检修 ······························· 46
　　【教学设计能力拓展训练一】　自动变速器电控系统结构与检修教学目标设计训练 ··· 69

项目二　防抱死制动系统结构与检修 ······································ 72
　　任务一　ABS 各个部件安装位置认识及使用注意事项 ···················· 72
　　任务二　ABS 控制系统故障诊断与排除 ······························· 82

项目三　驱动防滑控制系统结构与检修 ···································· 87
　　任务一　驱动防滑控制系统结构及拆装 ································ 87
　　任务二　驱动防滑控制系统检测与故障诊断 ···························· 94
　　任务三　典型驱动防滑控制系统检修 ································· 106
　　【教学设计能力拓展训练二】　ABS/ASR 系统结构与检修教学内容设计训练 ········ 117

项目四　电控助力转向系统结构与检修 ···································· 120
　　任务一　电控助力转向系控制电路检测及故障诊断 ······················ 120
　　任务二　电动机式电子转向系控制电路检测及故障诊断 ·················· 130
　　【教学设计能力拓展训练三】　电控动力转向系统结构与检修教法与学法设计训练 ··· 140

项目五　电控悬架系统结构与检修 ·· 143
　　任务一　认识典型的电控悬架的结构、工作原理及其元件名称 ············· 143
　　任务二　电控悬架系统检修 ·· 164
　　【教学设计能力拓展训练四】　电控悬架系统结构与检修教学过程设计训练 ········ 168

项目六　汽车巡航控制系统结构与检修 ···································· 171
　　任务一　汽车巡航控制系统结构与检修 ································ 171
　　任务二　典型汽车巡航控制系统的检修 ································ 186

项目七　安全气囊系统结构与检修 ·· 235
　任务一　认识典型的安全气囊的结构、工作原理及其元件名称 ·············· 235
　任务二　安全气囊系统检修 ··· 247
项目八　汽车 CAN 总线系统检修 ··· 253
　任务一　丰田轿车汽车总线系统结构与故障诊断 ······························ 253
　任务二　汽车 CAN 总线系统检修 ·· 273
　【教学设计能力拓展训练五】　车身电控系统结构与检修教学评价设计训练 ·············· 284
参考文献 ·· 288

项目一　自动变速器电子控制系统与检修

项目	职　业　技　能	技　术　知　识
任务一	学会自动变速器拆卸方法	掌握自动变速器结构组成及工作原理
任务二	学会自动变速器各总成和零件检修方法	掌握自动变速器性能检验目的和作用
任务三	学会自动变速器电控系统故障诊断与排除方法	掌握自动变速器电子控制系统组成及工作原理

任务一　自动变速器的结构与拆装

姓名_____　班级_____　学号_____　成绩_____

客户任务	丰田 LS400 轿车,搭载 A341E 自动变速器,累计行驶 15 万 km。该车主反映加速时升挡困难,上坡时行驶无力,经检查发现变速器油呈棕黑色且有烧焦味,判断故障原因可能为变速器内的离合器、制动带等摩擦元件有磨损或烧毁,在获得车主的同意下拆解变速器
任务目的	制订工作计划,利用汽车自动变速器拆装试验台对自动变速器进行拆装;加深对自动变速器主要零部件认识,学会自动变速器拆装步骤,为下一步进行各总成的检修做好前期工作

一、资讯

1. 自动变速器的分类有_____。
2. 自动变速器系统的功用是_____。
3. 自动变速器的优点和缺点是_____。
4. 世界上比较有名自动变速器企业有_____。
5. 自动变速器的工作原理是_____。
6. 日本丰田公司生产的自动变速器型号 A341E,其中编号"4"的含义是_____。
7. 自动变速器按照汽车驱动方式不同,可分为_____和_____两种。

二、决策与计划

根据任务要求,确定需要的检测仪器、工具,并对小组人员合理分工,制订详细的自动变速器零部件拆卸计划。

1. 拆装需要的仪器工具。
_____
_____

2. 小组成员分工。
_____
_____

3. 自动变速器拆卸计划。
_____
_____

续上表

三、实施

1. 故障检修步骤：
(1) 首先检查该车自动变速器油的液面高度，是否在正常标准范围之内。
(2) 检查自动变速器油的品质，变速器油是否呈棕黑色并伴有焦味。
(3) 分析变速器内的离合器、制动带等摩擦元件有无磨损或烧毁。
(4) 在获得车主同意的情况下拆解变速器。
(5) 经检修排查，找出故障原因。
(6) 更换磨损部件，清洗各零件并更换自动变速器油。
(7) 试车，确定故障排除。

2. 自动变速器拆卸注意事项：
(1) 应将所有零件按拆卸顺序依次排放整齐以便变速器的组装。
(2) 安装时不要用蛮力使零件安装到位，防止卡死和零件变形。
(3) 出现零件难以安装的现象时，应使用适量自动变速器油，便于安装。
(4) 注意变速器加工表面毛刺和未倒角的锋利地方，以防受伤。

3. 丰田 LS400 自动变速器拆卸步骤：
(1) 关闭汽车点火开关，拆下蓄电池负极电缆，放掉自动变速器油。
(2) 利用专用设备将自动变速器从车上拆下。
(3) 拆卸自动变速器前后壳体、油底壳及阀板。
(4) 拆卸油泵总成。
(5) 分解行星齿轮变速机构。

4. 分解行星齿轮变速机构，掌握十个换挡执行元件结构，弄清楚各挡位的动力传递线路。

实验步骤：
_____
_____

实验结果：
_____
_____

5. 通过上述工作实施，结合自动变速器工作原理，分析该客户车辆故障可能原因并提出解决方案。
_____
_____

四、检查

1. 检查自动变速器：起步时踩下加速踏板，使发动机转速很快升高，观察车速是否快速升高或不变。
_____
_____

2. 通过检查分析，得出以下结论
_____
_____

五、评估

1. 根据自己完成任务情况，对自己的工作进行自我评估，并提出改进意见。
_____
_____

2. 教师对小组工作情况进行评估与点评。
_____
_____

一、电控液力自动变速器结构与工作原理

现代汽车使用的自动变速器,广泛采用电控液力自动变速控制。它由液力变矩器与行星齿轮机构组合实现动力传递和变速。电控液力自动变速器能对不同负荷和车速选择最佳速比,使发动机工作在相应最佳转速。所有换挡工作由变速器自行完成,驾驶员仅用加速踏板表达对车速变化的意图和通过选挡杆选择要求的运行状态。

电控自动变速器主要由液力变矩器、齿轮变速器机构、供油系统(油泵)、液压及电子控制系统、换挡操纵系统等总成构成,如图 1-1 所示。电控自动变速器通过各种传感器,将发动机的转速、节气门开度、车速、发动机冷却液温度、自动变速器油温等参数信号输入 ECU,ECU 根据这些信号,按照设定的换挡规律,向换向电磁阀、油压电磁阀等发出动作控制信号,换挡电磁阀和油压电磁阀再将 ECU 的动作控制信号转变为液压控制信号,阀板中的各控制阀根据这些液压控制信号,控制换挡执行元件的动作,从而实现自动换挡过程。

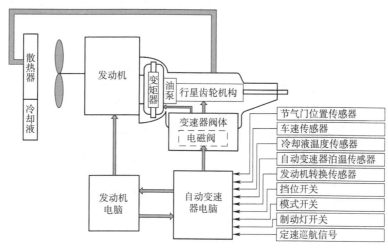

图 1-1 电控自动变速器基本结构

1. 液力变矩器

(1)液力变矩器安装位置及工作原理

液力变矩器位于自动变速器的最前端,安装在发动机的飞轮上,其作用与采用手动变速器的汽车中的离合器相似。液力变矩器是以液压油为介质,通过液力传递动力,在一定范围内可实现减速增矩和无级变速,当达到一定车速时,可利用其锁止离合器对液力变矩器进行锁止操作,以提高传动效率。变矩器的环形外壳由金属冲压件焊接而成,其外形如图 1-2 所示。其内部包括 4 个元件,即泵轮、涡轮、导轮和锁止离合器组成,其剖面图如图 1-3 所示。

液力变矩器利用油液循环流动过程中动能的变化将发动机的动力传递给机械变速器的输入轴,并能根据汽车行驶阻力的变化,在一定范围内自动地、无级地改变传动比和转矩比,具有一定的减速增矩功能。

图1-2 液力变矩器

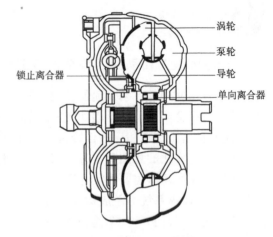

图1-3 液力变矩器结构

泵轮与变矩器外壳一体由发动机直接带动,发动机转动时变矩器充满一定油压的变速器油液。当泵轮转动时,离心力将发动机动力变成油液动能,使油液从中心向外甩撞击在涡轮(输出部分)叶片上,引起涡轮旋转带动齿轮箱输入轴,油液离开涡轮叶片后流入导轮(反作用元件)(图1-4)。

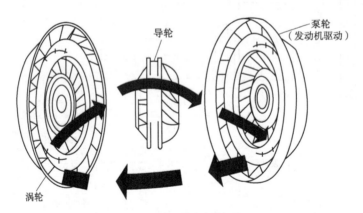

图1-4 变矩器液流分解图

当汽车行驶阻力大时,涡轮转速低于泵轮转速,从涡轮流入导轮的油液方向与泵轮(发动机)旋转方向相反,此时导轮通过单向离合器与变速器壳体固定,对油流起反作用。其特殊的曲线叶片改变油液流入泵轮的角度,帮助发动机驱动泵轮,达到增矩的作用,克服增大的阻力,改善动力性。当涡轮转速接近零时,增矩作用达到最大(2倍左右),此时效率接近零。

当汽车行驶阻力小时,涡轮转速提高到与泵轮转速接近,两个元件的油液离心力几乎相同,达到所谓的变矩器"耦合点",变矩比为1:1,耦合效率高于90%。此时,从涡轮流入导轮的油液方向与泵轮旋转方向趋于一致,导轮可以相对单向离合器内圈自由旋转,以减少阻力。当正常驾驶时,根据发动机的负荷,变矩比将在大约2:1和1:1之间连续变换。

(2)锁止离合器工作原理

当汽车行驶阻力小时,发动机转速较高,变矩器工作在耦合状态,此时导轮自由旋转不增矩。泵轮和蜗轮之间存在的转速差(滑转)约为10%,能量以变速器油的热量形式损失掉,这导致高速巡航时经济性下降。为了限制滑转可以采用锁止离合器。如图1-5所示是锁止离合器的工作剖面图。锁止离合器由20～30mm宽的摩擦衬面组成,粘在薄的金属盘上(有时称为活塞),它通过扭转减振弹簧与涡轮相连,由变速器ECU通过电磁阀控制油液流入变矩器腔。

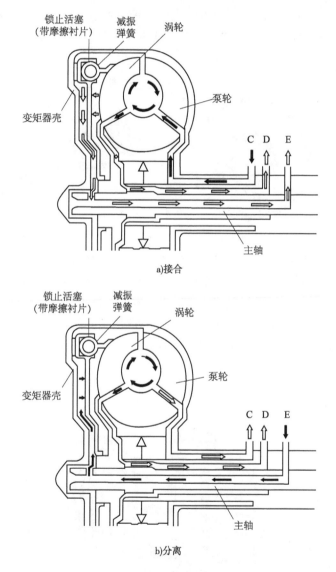

图1-5 锁止离合器工作原理

当变速器ECU确定变矩器可以锁止时,油从C流入,从D和E流出。锁止离合器和变矩器壳接合,将变矩器的泵轮和蜗轮锁住,变矩器变成直接传动,以提高传动效率,可以节油5%左右。反之,当汽车行驶阻力大时,涡轮转速低于泵轮转速,变速器ECU决定锁止离合器应分开,电磁阀工作,使油从E流入,从C和D流出,推动离合器活塞离开泵轮,变矩器恢复液力驱动,能够进行增矩。

2. 齿轮变速机构

自动变速器中的变速齿轮机构所采用的形式有普通齿轮式和行星齿轮式两种。行星齿轮机构是自动变速器的重要组成部分之一。目前绝大多数轿车自动变速器中的齿轮变速器采用的是行星齿轮式。变速齿轮机构主要包括行星齿轮机构和换挡执行机构两部分。

（1）行星齿轮变速机构

单排行星齿轮机构主要由具有内齿的齿圈、装有数个行星齿轮的行星架和太阳轮组成，如图1-6所示。当三元件中一个元件保持静止或两个元件锁在一起时，才能通过行星齿轮机构传递动力。

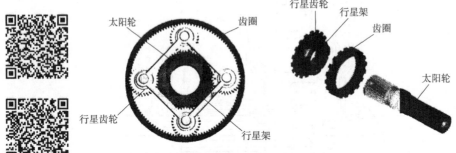

图1-6　单排行星齿轮机构的组成

两个以上的行星排进行组合，选取不同的基本元件作为输入或输出，以及采用执行元件不同的工作方式，可得到不同类型的行星齿轮变速器。但考虑到效率的高低、行星齿轮机构的复杂程度，目前常用的自动变速器的行星齿轮装置有辛普森式和拉威娜式两种。

根据变速器 ECU 的信号，按照一定规律通过电液控制阀完成换挡执行机构和管路油压的控制，从而可以选择适当的速比。整个换挡过程中，行星齿轮组还在运动，动力传递没有中断，因而实现了动力换挡。

如图1-7所示的是辛普森行星齿轮机构中提供三个前进挡以及倒挡的双排行星齿轮。

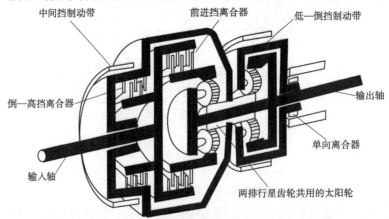

图1-7　双排行星齿轮机构

低挡通过接合前进离合器，将发动机的动力直接传给第一排行星齿轮的齿圈，行星齿轮顺时针带动共用的太阳轮反时针转动。单向离合器锁止第二排行星齿轮行星架旋转，于是行星齿轮通过复合减速带动输出轴。发动机的制动是通过低—倒挡制动带接合，以免除单向离合器的自由轮状态。

中间挡通过中间挡制动带锁住共用的太阳轮旋转。前进挡离合器的接合动力传到第一排齿圈，从而带动行星齿轮绕太阳轮旋转，使输出轴以简单减速驱动。

高挡是将前进挡和倒—高挡离合器都接合上，将太阳轮和第一排齿圈锁住，使整个轮系以输入轴同一转速旋转得到直接驱动。

倒挡通过接合倒—高挡离合器和低—倒挡制动带接合得到。动力通过太阳轮到第二排轮系的行星齿轮，以相反方向带动齿圈旋转。低—倒挡制动带锁住第二排轮系的行星齿轮架转动，使输出轴旋转。

四挡辛普森式行星齿轮机构能提供四个前进挡和一个倒挡，其结构特点是采用三排行星齿轮机构，其中包括十个换挡执行元件：三个离合器（C_0、C_1、C_2）、四个制动器（B_0、B_1、B_2、B_3）和三个单向离合器（F_0、F_1、F_2），其结构简图如图1-8所示，其传动原理图如图1-9所示。

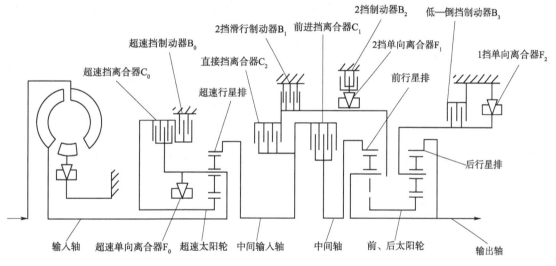

图1-8 四挡变速器结构简图

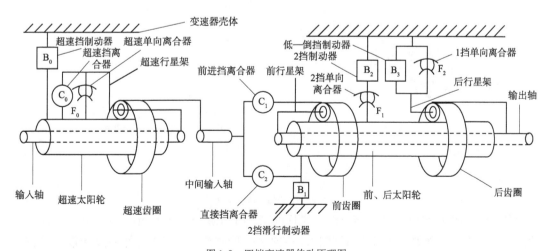

图1-9 四挡变速器传动原理图

（2）换挡执行机构

换挡执行机构主要是用来改变行星齿轮机构中的主动元件或限制某个元件的运动，改变动力传递的方向和速比。主要由多片式离合器、制动器和单向离合器等组成。

如图1-10所示为湿式多片离合器的零件分解图。离合器的作用是把动力传给行星齿轮机构的某个元件使之成为主动件。多片湿式离合器在使用中必须注意调整离合器片的自由间隙，自由间隙过小，离合器分离不彻底；间隙过大，离合器将严重打滑，不能正常传递动力。结构类型相同的液力自动变速器，型号不同，离合器的片数不等，其自由间隙也不相同。不同结构类型的液力自动变速器，其自由间隙的调整方法也不相同。

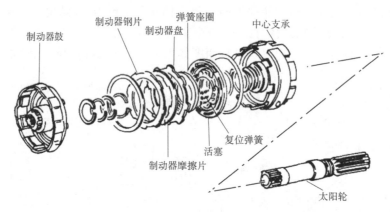

图1-10 离合器零件分解图

如图1-11所示为湿式多片制动器的零件分解图。制动器的作用是将行星齿轮机构中的某个元件抱住，使之不动。多片式制动器与多片式离合器基本相似，不同之处在于制动器的油缸是固定的，而离合器的油缸是旋转的。

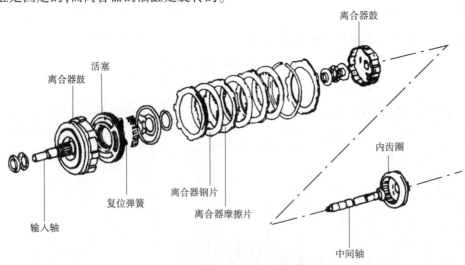

图1-11 离合器零件分解图

单向离合器的作用是阻止行星齿轮机构的某一元件相对于另一元件发生某一方向的运动。单向离合器有楔块式和滚柱式两种。单向离合器主要由内座圈、外座圈和带有保持架的楔块等部件组成，图1-12所示为楔块式单向离器结构。

图1-12 楔块式单向离合器

3. 供油系统

供油系统主要由油泵、油箱、滤清器、调压阀及管道所组成。油泵是自动变速器最重要的总成之一,它通常安装在变矩器的后方,由变矩器壳后端的轴套驱动,其实物图如图1-13所示。在发动机运转时,不论汽车是否行驶,油泵都在运转,为自动变速器中的变矩器、换挡执行机构、自动换挡控制系统部分提供一定油压的液压油。油压的调节由调压阀来实现。

图1-13 油泵实物图

4. 自动换挡控制系统

自动换挡控制系统能根据发动机的负荷(节气门开度)和汽车的行驶速度,按照设定的换挡规律,自动地接通或切断某些换挡离合器和制动器的供油油路,使离合器接合或分开、制动器制动或释放,以改变齿轮变速器的传动化,从而实现自动换挡。自动变速器的自动换挡控制系统有液压控制和电液(电子)控制两种。

(1)液压控制系统

液压控制系统实物如图1-14所示,其由阀体和各种控制阀及油路所组成的,阀门和油路设置在一个板块内,称为阀体总成。

图1-14 液压控制系统

（2）电子液压控制系统

在液压控制系统中，增设电磁阀和自动变速器电脑等，用以控制某些液压油路，则成为电子控制的换挡系统。某车型的自动变速器电子液压控制系统实物如图1-15所示。

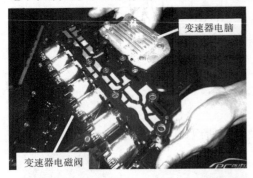

电控液压自动变速器是以微机为基础的变速器控制单元（变速器ECU）来控制，它与发动机控制单元（发动机ECU）通信，提供整个动力传动系统的管理。变速器ECU根据装在发动机和变速器上的各种传感器接受的电信号做出决定，根据其微机存储有关各种车速和负荷条件下最佳挡位的数据，以及由发动机和变速器的温度修正系数、制动踏板行程等数据一起决定的理想挡位。应用修正的数据，变速器ECU控制电磁阀通电，使最主要的工况处于最佳挡位。变速器ECU还具有自诊断功能，当发现故障时使系统进入安全工作模式。某型号的变速器控制系统结构，如图1-16所示。

图1-15 某车型的电子液压系统实物

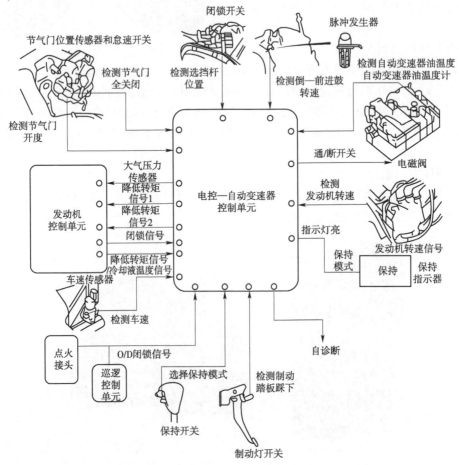

图1-16 某型号的自动变速器控制系统结构

5. 自动变速器的换挡操纵机构

自动变速器换挡操纵机构主要包括手动换挡阀的操纵机构和节气门阀的操纵机构等。驾驶员通过自动变速器的操纵手柄改变阀板内的手动阀位置,控制系统根据手动阀的位置及节气门开度、车速、控制开关的状态等因素,利用液压自动控制原理或电子自动控制原理,按照一定的规律控制齿轮变速器中的换挡执行机构的工作,实现自动换挡。自动变速器选挡杆挡位如图1-17所示,该车型变速器挡位是P、R、N、D、2、L,这些字母的含义如下:

P(驻车)——此模式变速器在空挡且变速器输出轴由"驻车棘爪"锁住。

R(倒挡)——选择并保持单速倒挡,发动机制动有效。

N(空挡)——与驻车挡相同,但输出轴不锁。

D(行驶)——这是向前行驶的正常挡位选择。根据估算的车速和发动机负荷,通过自动升挡、降挡,汽车可以从停止一直到最高车速。当要超车迅速加速时,驾驶员将加速踏板踩到底,迅速降到较低的挡。

2(2挡)——不同厂家运行状态不同,一般变速器只工作在1挡或2挡,在下坡和牵引时提供发动机制动。

1(1挡)——变速器锁在1挡,以提供有力的发动机制动,在下陡坡和牵引时采用。

图1-17 自动变速器的选挡杆

二、拆卸自动变速器

在拆卸自动变速器之前,应首先将自动变速器从车上拆下,此时应关闭汽车点火开关,拆下蓄电池负极电缆,放掉自动变速器油,拆除相关部件,具体相关部件位置关系如图1-18所示。

三、自动变速器的分解

A341E自动变速器是日本丰田公司专门为LS400豪华轿车开发的一种高性能电子控制自动变速器。该自动变速器采用了特大流量的带有锁止离合器的液力变矩器,它的行星齿轮变速器采用由三个行星排组成的辛普森四速行星齿轮变速器,有十个换挡执行元件。自动变速器的电液式控制系统和发动机控制系统共用一个ECU。

自动变速器分解步骤分为三步:

(1)拆卸自动变速器前后壳体、油底壳及阀板。

(2)拆卸油泵总成。

(3)分解行星齿轮变速机构。

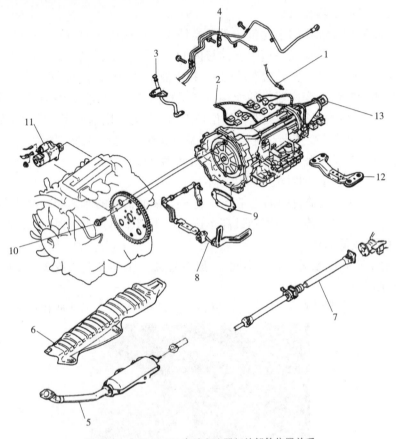

图1-18 丰田A341E自动变速器相关部件位置关系

1-车速表软轴；2-线束；3-油尺及加油管；4-散热器油管；5-排气管中段；6-护罩；7-传动轴；8-操纵手柄拉杆；9-飞轮壳盖板；10-变矩器与飞轮的连接螺栓；11-起动机；12-支架；13-自动变速器

1. 拆卸自动变速器前后壳体、油底壳及阀板

A341E自动变速器的分解如图1-19所示，其分解过程如下：

（1）从自动变速器前方取下变矩器，并清洁自动变速器外部。

（2）拆除所有安装在自动变速器壳体上的部件，如加油管、挡位开关、车速传感器、输入轴传感器等。

（3）松开紧固螺栓，拆下自动变速器前端的变矩器壳。

（4）拆除输出轴凸缘和自动变速器后端壳，从输出轴上拆下车速传感器感应转子。

（5）拆下油底壳：拆下19个油底壳连接螺栓后，用维修专用工具的刃部插入变速器及油底壳之间，小心切开所涂密封胶，注意不要损坏油底壳凸缘。

（6）检查油底壳中的颗粒。拆下磁铁，观察其收集的金属颗粒，若是钢（磁性）材料，则说明轴承、齿轮和离合器钢片存在磨损，若是黄铜（非磁性）材料，则说明衬套磨损。

（7）拆下连接在阀板上的所有线束插头。

（8）拆下4个电磁阀，拆下与节气门阀连接的节气门拉索。

（9）用螺丝刀把液压油管小心地撬起取下。

（10）松开进油滤网与阀板之间的固定螺栓，从阀板上拆下进油滤网。

项目一　自动变速器电子控制系统与检修

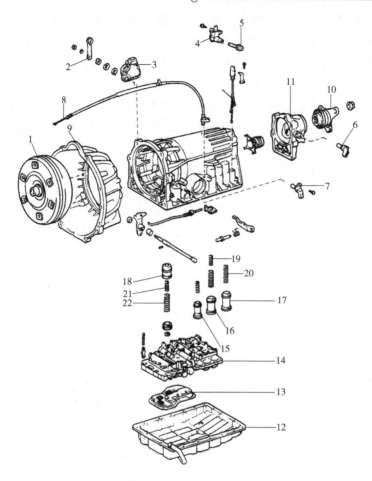

图1-19　A341E自动变速器的分解图

1-液力变矩器；2-手动阀摇臂；3-挡位开关；4-车速传感器；5-车速传感器驱动齿轮；6-车速传感器；7-输入轴转速传感器；8-节气门拉索；9-变矩器壳；10-输出轴凸缘；11-后端壳；12-油底壳；13-进油滤网；14-阀板；15、16、17、18-减振器活塞；19、20、21、22-减振弹簧

（11）拆下阀体与自动变速器之间的连接螺栓，如图1-20所示，取下阀体总成。

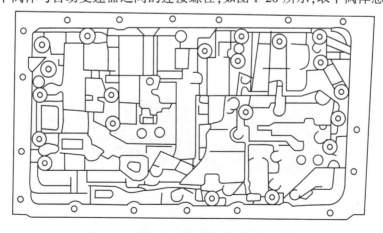

图1-20　阀体与自动变速器壳体间的固定螺栓

阀体上的螺栓除了一部分是固定在变速器壳体上之外,还有许多是上下阀体之间的连接螺栓。在拆卸阀体总成时,应对照该车型的维修手册,认准阀体与自动变速器之间的固定螺栓。若没有维修手册,则在拆卸阀体时,应先松开阀体四周的固定螺栓,再检查阀体总成是否松动,若未松动,可将阀体中间的固定螺栓逐个松开少许,直至阀体松动为止,即可找出阀体上所有固定在自动变速器壳体上的螺栓。阀体总成是重要部件,以整体结构装在自动变速器下部,又有精密的配合偶件,稍有差错,散落碰伤,就会影响自动变速器的正常工作,所以不要轻易分解。

(12)取出自动变速器壳体油道中的止回阀和弹簧。

(13)取出自动变速器壳体油道中的蓄压器活塞,方法是:用手指按住蓄压器活塞,从蓄压器活塞周围相应的油孔中吹入压缩空气,如图1-21所示,将蓄压器活塞吹出。

(14)拆下手动阀拉杆和停车闭锁爪,必要时也可卸下手动阀操纵轴。

2. 拆卸油泵总成

具体步骤如下:

(1)拆下油泵固定螺栓。

(2)用专用工具拉出油泵总成,如图1-22所示。

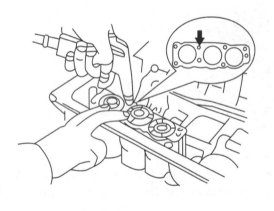 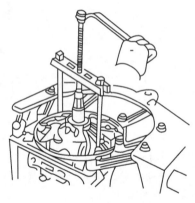

图1-21 用压缩空气吹出蓄压器活塞　　图1-22 用专用工具拉出油泵

3. 分解行星齿轮变速机构

行星齿轮变速机构各部件位置,如图1-23所示。

图1-23 行星齿轮变速机构

（1）从自动变速器前方取出超速行星架和超速（直接挡）离合器组件及超速齿圈。

（2）拆卸超速制动器。用旋具拆下超速制动器卡环，取出超速制动器钢片和摩擦片。拆下超速制动器鼓的卡环，松开壳体上的固定螺栓，用拉具拉出超速制动器鼓，如图1-24所示。

（3）拆卸2挡强制制动带活塞。从外壳上拆下2挡强制制动带液压缸缸盖卡环，用手指按住液压缸缸盖，从液压缸进油孔中吹入压缩空气，将液压缸缸盖和活塞吹出。

（4）取出中间轴，拆下高、倒挡离合器和前进离合器组件。

（5）拆出2挡强制制动带销轴，取出制动带。

（6）拆出前行星排。取出前齿圈，将自动变速器立起，用木块垫住输出轴，拆下前行星架上的卡环，拆出前行星架和行星齿轮组件。

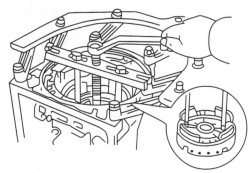

图1-24　用拉具拉出超速制动器鼓

（7）取出前后太阳轮组件和低挡单向离合器。

（8）拆卸2挡制动器。拆下卡环，取出2挡制动器的所有摩擦片、钢片及活塞衬套。

（9）拆卸输出轴、后行星排和低、倒挡制动器组件。拆下卡环，取出输出轴、后行星排、前进单向离合器、低倒挡制动器和2挡制动器鼓组件。

在分解自动变速器时，应将所有组件和零件按分解顺序依次排放，以便于检修和组装，要特别注意各个止推垫片、推力轴承的位置，不可错乱。

一、电控双离合器自动变速器

双离合自动变速器DSG（Direct Shift Gearbox，直接换挡变速器），采用两套多片湿式离合器1和2，离合器1驱动输入轴1，此轴上安装1、3、5和倒挡主动齿轮（1、R挡齿轮共用）；离合器2驱动输入轴2，此空心轴上安装了2、4、6挡主动齿轮（4、6挡齿轮共用）。根据电控单元指令换挡时一个离合器分离，另一个离合器接合，两个输入轴交替传递动力，切换时间0.3~0.6s，换挡迅速且冲击小。其结构如图1-25所示。

输出轴1上有1、2、3、4挡从动齿轮和主减速输入齿轮，1、3挡用一个同步器，2、4挡用一个同步器。输出轴2上有5、6、R挡从动齿轮和主减速输入齿轮，5挡用一个同步器，6、R挡用一个同步器。4个同步器通过拨叉由8个挡位调节油缸控制。倒挡齿轮轴上一个齿轮与输入轴1上的1/R挡齿轮啮合，另一个齿轮与输出轴2上有倒挡的滑动齿轮啮合，它改变了输出轴2的旋转方向。图中离合器1和1挡处于（工作状态）以实线表示传递发动机动力的路线，离合器2和2挡处于（非工作状态）以虚线表示当换入2挡后将传递发动机动力的路线。

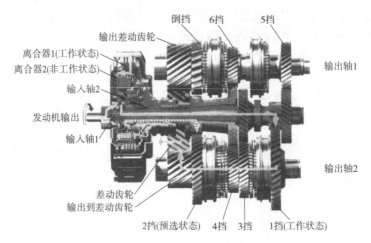

图 1-25 双离合器自动变速器 DSG

二、电控无级变速器

与电控机械自动变速器液力自动变速器相比,机械无级自动变速器最主要的优点是它的速比变化是连续的,在各种行驶工况下都能选择最佳的速比,其动力性、经济性和排放性能与液力自动变速器比较,大约可以改善 5%。机械无级自动变速器不能实现换入空挡,在倒挡和起步时还需有一个自动离合器。有的采用液力变矩器,有的采用模拟液力变矩器起步特性的电控湿式离合器或电磁离合器。目前机械式无级变速器多采用金属带无级变速器。

图 1-26 为发动机前置前驱动汽车金属带无级传动变速器结构原理图。传动带由大约 280 块套在柔性钢带上具有 V 形侧面的冲压钢片组成,每个精加工件由高摩擦钢制造,两个带轮间的动力传递是靠作为推力块的金属片的推力实现的,它们通过两个薄的带环在两个带轮之间导向。

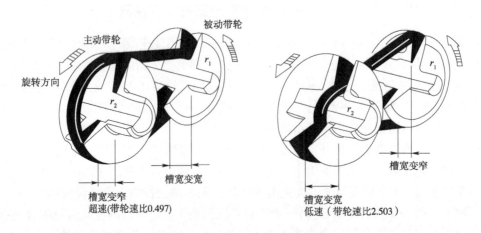

图 1-26 无级传动变速器结构原理

发动机转矩通过电磁动力离合器传给主动带轮,它通过钢片推力带驱动被动带轮,每个带轮都有两个斜面,称为 V 形带轮,带轮一侧固定在变速器相应的轴上,另一侧由油缸液压控制其移动。当传动器的主、被动带轮的可动部分轴向移动时,两个带轮槽宽成反比变化。改变传动带与带轮接合的半径,可以改变传动比。金属带无级传动变速器的速比变化范围 $i=0.445\sim2.6$,$i=1$ 时传动效率最高(约92%)。

任务二 自动变速器性能检验与检修

姓名_____ 班级_____ 学号_____ 成绩_____

客户任务	丰田 LS400 轿车,搭载 A341E 自动变速器,累计行驶 15 万 km。该车主反映加速时升挡困难,上坡时行驶无力,经检查发现变速器油呈棕黑色且有烧焦味,判断故障原因可能为自动变速器离合器或制动器摩擦片烧蚀
任务目的	制订工作计划,利用自动变速器专用设备进行性能检验,判定自动变速器可能存在故障原因;掌握自动变速器性能检验的目的及检验方法,学会变速器各总成的检修方法

一、资讯

1. 液力变矩器的功用是_____。
2. 四元件液力变矩器主要由_____、_____、_____和_____组成。
3. 自动变速器基本检查的目的是_____。
4. 通常,在我国道路条件和使用环境下,自动变速器轿车每正常行驶_____km 应更换一次自动变速器油。
5. 自动变速器试验的目的为_____。
6. 自动变速器试验包括_____、_____、_____、_____和_____等。
7. 自动变速器检修内容主要包括液力变矩器检修、_____检修、_____检修、_____检修和_____检修。

二、决策与计划

根据任务要求,确定需要的检测仪器、工具,并对小组人员合理分工,制订详细的诊断和修复计划。

1. 需要检测仪器工具。
_____
_____

2. 小组成员分工。
_____
_____

3. 自动变速器检修和组装计划。
_____
_____

三、实施

1. LS400 汽车液力变矩器总成的拆卸。
(1)拆除所有安装在液力变矩器壳体上的零部件。
(2)取下液力变矩器,松开紧固螺栓,拆下自动变速器前端的液力变矩器壳。
(3)拆除输出轴凸缘和自动变速器后端壳,从输出轴上拆下车速传感器的感应转子。
(4)拆除液力变矩器外壳的螺栓。
(5)拆下连接在阀板上的所有线束插头,拆下所有电磁阀。
(6)拆下与节气门阀连接的节气门拉索。
(7)分解出内部的锁止离合器、涡轮、导轮、单向离合器和锁止机构等。

2. 油泵分解步骤。
(1)拆下油泵后端轴颈上的密封环。

续上表

(2)按照对称交叉的顺序依次松开油泵的连接螺栓,打开油泵。
(3)用油漆在小齿轮和内齿轮上作一记号,取出小齿轮及内齿轮。
(4)拆下油泵前端盖上的油封。
注意:在分解油泵时,不要损伤油泵前端盖,不可用冲子在油泵齿轮和油泵壳上做记号。

3. 离合器、制动器的分解。
(1)分解超速离合器(C_0)。
(2)分解超速制动器(B_0)。
(3)分解前进挡离合器(C_1)。
(4)分解直接挡离合器(C_2)。
(5)分解2挡滑行制动器(B_1)。
(6)分解低、倒挡制动器(B_3)。

4. 行星排、单向离合器的分解。
(1)分解超速挡行星排、超速单向离合器。
(2)分解前行星排、2挡单向离合器F_1。

5. 液压控制系统的分解。
(1)拆下阀体上的手动阀阀芯及电磁阀等零件。
(2)松开上下阀体之间的固定螺栓,将上下阀体分开。
(3)从上阀体一侧取下隔板,取出上阀体油道内的所有止回阀阀球。
(4)顺序拆出上阀体中的控制阀。
(5)按顺序拆出下阀体上所有的控制阀。
注意:
(1)阀体分解时应特别小心,不能丢失或分散小的节流阀、安全阀、随动阀和有关的弹簧。
(2)在拿起上阀体时,为了防止阀体油道内的单向节流阀阀球掉落,应将上下阀体之间的隔板和上阀体一同拿起,并将上阀体油道一面朝上放置后再取下隔板。特别是在没有详细技术资料的情况下检修自动变速器时,更要注意。如果阀体油道内的某个阀或其他小零件掉出,由于阀体油道的形状十分复杂,往往因找不到这些小零件的原有位置而不能正确安装,导致修理后的自动变速器工作异常。
(3)在拆除每个控制阀时,应先取出锁销和挡塞,再让阀芯和弹簧从阀孔中自由落出。若阀芯在阀孔中有卡滞,不能自由落出,则可用木锤或橡胶锤敲击阀体将阀芯振出;不要用铁丝或钳子伸入阀孔去取阀芯,以免损坏阀孔内表面或阀芯。

6. 自动变速器的基本检查与试验。
实验步骤:
_____
_____

实验结果:
_____
_____

7. 通过上述检查结果分析,得出结论并提出解决方案。
_____
_____

四、检查

1. 液力变矩器检修。
_____
_____

续上表

2. 油泵检修。
_____
_____

3. 离合器、制动器检修。
_____
_____

4. 行星排、单向离合器检修。
_____
_____

5. 液压控制系统检修。
_____
_____

6. 自动变速器组装。
_____
_____

五、评估
1. 根据自己完成任务情况,对自己的工作进行自我评估,并提出改进意见。
_____
_____

2. 教师对小组工作情况进行评估与点评。
_____
_____

 相关知识

一、电控自动变速器的性能检验

1. 基础检查

基础检查主要包括对自动变速器油液液面高度和品质的检查、发动机怠速的检查、节气门阀拉索的检查与调整、操纵手柄位置检查与调整、空挡起动开关的检查与调整和超速挡开关(O/D)的检验等内容。

（1）自动变速器油液(ATF)的检查

自动变速器油液的检查,包括油液液面高度、油液品质以及油液泄漏部位的检查。这是检修有故障变速器(不论是什么故障现象)要做的第一件事。

①自动变速器油液液面高度的检查

通常,有油尺检查法和溢流孔检查法两种。

A. 双刻线油尺检查

检查自动变速器油液面高度之前,应起动发动机,怠速运转或行车使自动变速器油温达到正常温度(50~80℃)。

将车辆停放在平坦的路面上,拉紧驻车制动器手柄,保持发动机怠速运转。将变速器操

纵手柄分别置于各个挡位停留片刻,以便各控制阀油腔、油道充满自动变速器液压油。最后将操纵手柄置于 P 位或 N 位。

打开油尺锁定杆,拉出油尺,用干净的布擦拭后完全插入,拉出油尺检查油面高度,油面应在 max 和 min 之间。检查完后插回油尺,并将其锁定。

B. 溢流孔检查

溢流孔平时用螺塞拧紧,检查油液液面高度时将车辆水平停放,保持发动机怠速运转,将操纵手柄分别置于各个挡位停留片刻,然后将操纵手柄置于 P 位或 N 位,拧开螺塞,如果有少量油液溢出即为合适。

②自动变速器油液品质的检查

自动变速器随着运行时间的延长,内部相对运动件的磨损,会不可避免地产生各种故障,同时伴有自动变速器油液变质、变色。因此,在诊断自动变速器故障时,可以通过油液颜色和品质的变化来判断故障产生的原因。

检测方法:

拆下油底壳。由于磨粒多沉淀在油底,要想准确地分析油液中磨料的含量及种类,最好将油液放尽后拆下油底壳,从油底沉淀物中分析磨粒的成分,以便判断故障产生的原因。

用油尺。如果不拆油底壳,则应首先将发动机发动,使发动机怠速运转,并将操纵手柄放在空挡与 1 挡间反复移动几次,以便使变速器油液充分流动到位,然后将操纵手柄置于 P 位或 N 位,拔出油尺,用干净的纸巾擦拭油尺上的油液或用拇指与食指搓捻油液,以便检查油液品质。此项工作可结合检查油液液面高度同时进行。

③自动变速器油液泄漏的检查

可按照如下方法进行检查:

将车辆停在大的硬纸板上,等待 1~2min 后,根据滴在硬纸板上油滴的位置确定大概的滴漏部位。

仔细检查可疑的渗漏组件和它周围的区域,要特别注意衬垫的配合面。在不易观察到的部位,可用一面小镜子协助检查。

如果还不能发现渗漏,可用清洗剂或溶剂将可疑部位彻底清洗干净,然后让汽车以不同的车速行驶几千米再检查可疑渗漏部位。对于难以发现的外部渗漏,还可以向怀疑漏油的部位喷显像粉,再用紫外线灯照射,可将渗漏处显示出来。

自动变速器油液的更换及其周期。自动变速器换油步骤:

换油之前应先将车辆行驶一段路程,使自动变速器油温达到正常工作温度(50~80℃)。

拆下自动变速器油底壳底部的放油螺塞,将油底壳内的油液放干净。有些车型的自动变速器油底壳上没有放油螺塞,应拆卸油底壳放油。

放油后应将油底壳以及其他有关零件清洗干净。有些自动变速器油底壳上的放油螺塞是带磁性的,有些自动变速器油底壳内还专门放置一块磁铁,目的都是为了吸附油液中的铁屑,清洗时应注意将吸附的铁屑清洗干净。

每次换油时必须清洗自动变速器油滤清器滤网,更换滤清器滤芯。

清洗装复后,加入规定牌号和容量的自动变速器油液,起动车辆行驶一段路程至正常油温后再次检查油液液面高度,直到符合要求为止。建议使用专用自动变速器换油设备换油。

目前,有专用的自动变速器清洗换油设备,用此设备换油既可将自动变速器彻底清洗,又可将旧油液全部换出。采用油底螺塞放油法只能换掉50%~60%的旧油,其余的油液在液力变矩器和油冷却器内无法换出,因此,须用专用设备更换自动变速器油液。

(2)发动机怠速的检查

发动机怠速不正常,如怠速过高,会使自动变速器工作不正常,出现换挡冲击等故障;如怠速过低,轻则引起汽车车身振动,重则发动机熄火。因此,在对自动变速器做进一步检查之前,应先检查发动机的怠速是否正常。检查怠速时,应将自动变速器操纵手柄置于停车挡(P)或空挡(N)位置。

具体检查方法:

将转速表接至发动机,开始怠速检查,使发动机以2500r/min的转速高速空转1.5s,然后再检查怠速转速的高低。装有自动变速器的汽车发动机怠速为750r/min。若怠速不符合规定,则应检查怠速控制阀和进气装置,并予以调整。

(3)节气门阀拉索的检查与调整

节气门的开度会影响自动变速器的工作,发动机熄火后,节气门应全闭,当加速踏板踩到底时,节气门应全开。节气门拉索的索芯不应松弛,索套端和索芯上限位之间的距离应为0~1mm(图1-27)。若节气门拉索调整不当,对于液力控制自动变速器来说,会导致换挡时刻不正常,造成过早或过迟换挡,使汽车加速性能变差或产生换挡冲击;对于电子控制自动变速器来说,会导致主油路压力异常,造成油压过低或过高,使换挡执行元件打滑或产生换挡冲击。

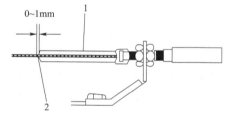

图1-27 节气门拉索的调整
1-节气门拉索索套;2-节气门拉索索芯

节气门拉索的检查方法:

①目视检查

目视检查拉索连接是否正常,拉索有无损坏,拉索的固定是否可靠,与车体上的固定部分是否弯曲,拉索金属丝是否有折断等现象。

②手感检查

首先检查在加速踏板完全放松时,节气门拉索是否过松。如果节气门拉索过松,而自动变速器的节气门阀拉索过紧,则会造成节气门阀油压过高,使换挡延迟。

③通过连接标记检查

很多自动变速器的节气门阀拉索是靠标记来定位(节气门阀端的铁挡块或油漆标记),它表示节气门完全关闭时,节气门阀拉索的正确位置。通过检查限位标记是否在设定的位置,以检查节气门阀拉索是否正确。

④断开拉索连接检查

节气门阀拉索在拉索套内应运动自如,如果拉索的伸缩不畅,必然影响节气门阀的动作,与节气门的开度不匹配,造成节气门阀油压不正常,为此可断开拉索连接,用手拉动拉索,感觉拉索在拉索套内的运动情况,如不畅,应修复。

节气门拉索的调整步骤是:

①推动节气门连杆,检查节气门是否全开,如节气门不全开,则应调节气门连杆。

②把节气门踩到底。
③把调整螺母拧松。
④调整节气门拉索。
⑤拧动调整螺母,使橡皮套与拉索止动器间的距离为0～1mm。
⑥拧紧调整螺母。
⑦重新检查调整情况。

(4)操纵手柄位置的检查与调整

操纵手柄调整不当,会使操纵手柄的位置与自动变速器阀板中手动阀的实际位置不符,造成挂不进停车挡或前进挡,或操纵手柄的位置与仪表盘上挡位指示灯的显示不符,甚至生成在空挡或停车挡时无法起动发动机。

操纵手柄的调整方法如下:
①拆下操纵手柄与自动变速器手动阀摇臂之间的连接杆。
②将操纵手柄拨至空挡位置。
③将手动阀摇臂向后拨至极限位置(停车挡位置),然后再退回2格,使手动阀摇臂处于空挡位置。
④稍稍用力将操纵手柄靠向R位方向,然后连接并固定操纵手柄与手动阀摇臂之间的连杆。

(5)空挡起动开关的检查与调整

将操纵手柄拨至各个挡位,检查挡位指示灯与操纵手柄位置是否一致、P挡位和N挡位时发动机能否起动,R挡位倒挡灯是否能亮起。发动机应只能在空挡(N挡)和停车挡(P挡)能起动,其他挡位不能起动。若有异常,应调节空挡起动开关螺栓和开关电路。
①拧开空挡起动开关的固定螺钉,将操纵手柄放到N挡位。
②将槽口对准空挡基准线,有些自动变速器的挡位开关外壳上有一条基准线,调整时,应将基准线和手动阀摇臂轴上的槽口对齐,也有一些自动变速器的挡位开关上有一个定位孔,调整时应使摇臂上的定位孔和挡位开关上的定位孔对准。
③挡位开关调整后,拧紧固定螺钉。

(6)超速挡控制开关(O/D OFF)的检验

超速挡控制开关是向发动机和变速器ECU发出信号,使自动变速器能进行在直接挡和超速挡之间来回变换。通过检查超速挡控制开关主要目的是判断其是否损坏和失效,与开关连接的导线、插接件是否接触不良、断路或短路故障。

具体检查步骤如下:

检查时,自动变速器油液温度应处于正常状态(50～80℃),然后将发动机熄火,点火开关置于ON位置,按下超速挡(O/D)控制开关,查听位于自动变速器内的相应电磁阀有无发出的"咔嗒"声,如有"咔嗒"声,则表明被检超速挡电控系统工作正常。若要验证自动变速器在按下超速挡控制开关时,能否在发动机节气门开度和汽车行驶速度适宜的情况下,产生3挡与4挡(超速挡)的升降挡变换,则必须进行道路试验。

2. 手动换挡试验

所谓手动换挡试验就是将电控自动变速器所有换挡电磁阀的线束插接器全部脱开,此时自动变速器 ECU 不能通过换挡电磁阀来控制换挡,自动变速器的挡位只取决于操纵手柄的位置。不同车型的电子控制自动变速器,在脱开换挡电磁阀线束插接器后的挡位和操纵手柄的关系不完全相同。

手动换挡试验的步骤:

(1)脱开电子控制自动变速器的所有换挡电磁阀线束插接器。

(2)起动发动机,将操纵手柄拨至不同位置,进行道路试验(也可以将驱动轮悬空进行台架试验)。

(3)观察发动机转速和车速的关系,以判断自动变速器所处的挡位。不同挡位时,发动机转速与车速的关系可以参考表1-1。由于变矩器的减速作用与传递的转矩有关,因此,表中的车速只能作为参考,实际车速将随着节气门开度的不同而有一定的变化。

不同挡位时发动机转速与车速的关系　　　　表1-1

挡　位	发动机转速(r/min)	车速(km/h)
1挡	2000	18~22
2挡	2000	34~38
3挡	2000	50~55
超速挡	2000	70~75

(4)若操纵手柄置于不同位置时,自动变速器所处的挡位与表1-1相同,则表明电子控制自动变速器的阀板及换挡执行元件基本上工作正常。否则,表明自动变速器的阀板或换挡执行元件有故障。

(5)试验结束后,接上电磁阀线束插接器。

(6)清除自动变速器 ECU 存储器中的故障代码,防止因脱开电磁阀线束插接器而产生的故障代码保存在自动变速器 ECU 存储器中,影响自动变速器的故障自诊断。

3. 失速试验

操纵手柄位于 D 位或 R 位时,踩住制动踏板不动。完全踩下加速踏板时,发动机处于最大转矩工况,而此时自动变速器的输出轴及输入轴均静止不动,即液力变矩器的涡轮不动,只有液力变矩器壳及泵轮随发动机一同转动,此工况称为发动机失速工况,此时的转速称为发动机的失速转速,此种试验称为失速试验。

失速试验的步骤:

(1)将自动变速器油液温度升至50~80℃。

(2)用三角木固定前、后车轮,拉紧驻车制动器,将车辆制动。

(3)保持发动机怠速运转,分别将操纵手柄置于 D 位和 R 位测试。

(4)测试时,左脚踩紧制动踏板,右脚将加速踏板踩到底,迅速读出发动机转速不再升高稳定时的转速值,该转速称为失速转速。

(5)读取发动机转速后,立即松开加速踏板。

(6)将操纵手柄置入 P 位或 N 位,使发动机怠速运转 1min,以防止油液温度过高而变质。

(7)将操纵手柄拨入其他挡位(R 位、L 位或2位、1位),做同样的试验。

做上述试验时,由于变矩器的涡轮已制动,发动机的全部机械能都转变为变矩器内自动变速器油的动能,冲击和摩擦很大,故每次从踩下加速踏板到松开加速踏板的整个过程的时间不要超过5s,试验次数不要多于3次,以防油温急剧升高损坏变矩器。

4. 时滞试验

在急速状态将操纵手柄从N位换入D位或R位,从开始换挡直至感到汽车出现振动(或车辆运动)时存在一定的时差,称为时滞。时差大小取决于自动变速器油路油压高低、油路密封情况、离合器和制动器磨损情况。测量自动变速器时差大小的试验,称为时滞试验。时滞试验的目的是判断主油路油压和离合器、制动器等换挡执行元件的工作是否正常。

试验步骤:

(1)将自动变速器油液温度升至50~80℃。

(2)拉紧驻车制动器操纵手柄。

(3)使发动机保持标准急速运转,将操纵手柄位置分别从N位换入D位和R位,用秒表测量从N位换入D位或R位后直至有振动感时所经历的时间。每次试验间隔时间为1min,取3次试验时间的平均值。

时滞试验结果的标准值为:N、D时滞不大于1.2s;N升R时滞不大于1.5s。

5. 油压试验及油压电磁阀的测试

该试验的目的是检测液压控制系统的故障。通过测试油压可以判断油泵、主调压阀、节气门阀、速控阀等阀工作是否正常。油压试验对诊断换挡粗暴、换挡时刻错误等故障有重要意义。具体步骤如下:

①驾驶被检汽车,使发动机及自动变速器达到正常工作温度(50~80℃)。

②检查发动机急速和自动变速器油的液面高度,并使其达到规定标准。

③准备一个量程为2MPa的压力表。

④自动变速器各个油路测压孔位置的区分。

通常,测压孔在自动变速器外壳上用几个方头螺塞堵住,在不同车型上的自动变速器维修手册中,以图示的方法标有自动变速器测压孔的位置。

(1)主油路油压测试程序

①急速时前进挡主油路油压的测试

A. 拆下变速器壳体上主油路测压孔或前进挡油路测压孔螺塞,接上油压表。

B. 起动发动机,将操纵手柄放在前进挡D位置,读出发动机急速运转时的油压。该油压即为急速工况下的前进挡主油路油压。

②前进挡失速工况下的主油路油压的测试

A. 用左脚踩紧制动踏板,同时用右脚将加速踏板完全踩下,在失速工况下读取油压。该油压即为失速工况下的前进挡主油路油压。

B. 将操纵手柄放在N位或P位,使发动机急速运转1min以上。将操纵手柄放在S、L位置(或2、1位置),重复上述步骤,读出各个前进低挡位在急速工况下和失速工况下的主油路油压。

③急速时倒挡主油路油压的测试

A. 拆下自动变速器壳体上的主油路测压孔螺塞或倒挡油路测压孔螺塞,接上油压表。

B. 起动发动机,将操纵手柄放在倒挡位置。在发动机急速运转工况下读取油压值,即急速工况下的倒挡主油路油压。

④倒挡失速工况下的主油路油压测试

A.用左脚踩紧制动踏板,同时用右脚将加速踏板完全踩下,在发动机失速工况下读取油压,即失速工况下的倒挡主油路油压。

B.将操纵手柄放在N位置,让发动机怠速运转1min以上,以保证离合器和制动器完全分离以及自动变速器油液的冷却。

(2)油压电磁阀工作性能的测试

电控自动变速器采用油压电磁阀控制主油路油压或蓄压器背压。所以在对电控自动变速器进行液压试验时,应测试油压电磁阀的工作性能,方法是向油压电磁阀施加电信号,同时测量主油路油压的变化,以检查油压电磁阀的工作是否正常。

测试步骤:

①将油压表接至自动变速器蓄压器背压的测压孔。

②对照电路图,找出自动变速器ECU线束插头上油压电磁阀控制端的接线端子,将一个5W灯泡的一个端子与油压电磁阀控制端的接线端子SLN连接,以便进行搭铁和不搭铁试验。

③拉紧驻车制动器手柄,并用三角木块将4个车轮塞住。

④起动发动机,检查并调整好发动机怠速。

⑤踩住制动踏板,将操纵手柄放入前进挡D位置。

⑥读出SLN端子搭铁和不搭铁两种情况的蓄压器背压并记录。

其正常值:SLN端子搭铁时为0kPa,不搭铁时为177~255kPa。若不搭铁时所测背压值与正常值不符(或高或低),则可能由于节气门阀拉索失调,节气门阀、电磁调压阀或蓄压器控制阀故障。若端子SLN搭铁时,蓄压器背压不是0kPa,则可能是蓄压器电磁阀故障。

6.道路试验

自动变速器道路试验目的是对自动变速器各项性能的综合性测试,以确定自动变速器工作是否正常及其故障部位,包括自动变速器内部的各离合器和制动器是否打滑,操纵手柄在各位置时换挡点的速度是否正确,换挡时车辆的平顺性,行驶时自动变速器内有无异常响声,各种行驶模式时车辆的行驶性能,液力变矩器的锁止离合器工作状况和发动机制动作用等。

道路试验是诊断、分析自动变速器故障的最有效手段之一,此外,自动变速器在修复之后,也应进行道路试验,以检验其工作性能和修理质量。在道路试验之前,应先让汽车以中低速行驶5~10min,使发动机和自动变速器都达到正常工作温度。在试验中,如无特殊需要,通常应将超速挡开关置于"ON"位置(即超速挡指示灯熄灭),并将模式开关置于普通模式或经济模式位置。

道路试验的方法如下:

(1)升挡过程的检查

将选挡杆拨至前进挡D位,踩下加速踏板,使节气门保持在1/2开度左右,让汽车起步加速,检查自动变速器的升挡情况。自动变速器在升挡时发动机会有瞬时的转速下降,同时车身有轻微的闯动感。正常情况下,汽车起步后随着车速的升高,试车者应能感觉到自动变

速器能顺利由1挡升入2挡,随后再由2挡升入3挡,最后升入超速挡。若自动变速器不能升入高挡(3挡或超速挡),说明控制系统或换挡执行元件有故障。

(2)升挡车速的检查

将选挡杆拨至前进挡D位,踩下加速踏板,并使节气门保持在某一固定开度,让汽车起步并加速。当察觉到自动变速器升挡时,记下升挡车速。一般四挡自动变速器在节气门开度保持在1/2时1挡升至2挡的升挡车速为25~35km/h。由2挡升至3挡的升挡车速为55~70km/h,由3挡升至4挡(超速挡)的升挡车速为90~120km/h。由于升挡车速和节气门开度有很大的关系,即节气门开度不同,升挡车速也不同,而且不同车型的自动变速器各挡位传动比的大小都不相同,其升挡车速也不完全一样,因此,只要升挡车速基本保持在上述范围中,而且汽车行驶中加速良好,无明显的换挡冲击,都可认为其升挡车速基本正常。若汽车行驶中加速无力,升挡车速明显低于上述范围,说明升挡车速过低(即过早升挡);若汽车行驶中有明显的换挡冲击,升挡车速明显高于上述范围,说明升挡车速过高(即过迟升挡)。升挡车速太低一般是控制系统的故障所致,升挡车速太高则可能是控制系统的故障所致,也可能是换挡执行元件的故障所致。

(3)升挡时发动机转速的检查

有发动机转速表的汽车在自动变速器道路试验时,应注意观察汽车行驶中发动机转速变化的情况。它是判断自动变速器工作是否正常的重要依据之一。在正常情况下,若自动变速器处于经济模式或普通模式,节气门保持在低于1/2开度范围内,则在汽车由起步加速直至升入高挡的整个行驶过程中,发动机转速都将低于3000r/min。通常,在加速至即将升挡时发动机转速可达到2500~3000r/min,在刚刚升挡后的短时间内发动机转速将下降至2000r/min左右。如果在整个行驶过程中发动机转速始终过低,加速至升挡时仍低于2000r/min,说明升挡时间过早或发动机动力不足;如果在行驶过程中发动机转速始终偏高,升挡前后的转速在2500~3000r/min,而且换挡冲击明显,说明升挡时间过迟;如果在行驶过程中发动机转速过高,经常高于3000r/min,在加速时达到4000~5000r/min,甚至更高,则说明自动变速器的换挡执行元件(离合器或制动器)打滑,应拆检自动变速器。

(4)换挡质量的检查

换挡质量的检查内容主要是检查有无换挡冲击。正常的自动变速器只允许有不太明显的换挡冲击,特别是电子控制自动变速器的换挡冲击应十分微弱。若换挡冲击太大,说明自动变速器的控制系统或换挡执行元件有故障,其原因可能是油路油压过高或换挡执行元件打滑,应做进一步的检查。

(5)锁止离合器工作情况的检查

液力变矩器中的锁止离合器的工作是否正常也可以采用道路试验的方法进行试验。试验中,让汽车加速至超速挡,以高于80km/h的车速行驶,并让节气门开度保持在低于1/2的位置,使变矩器进入锁止状态。此时,快速将加速踏板踩下至2/3开度,同时检查发动机转速的变化情况。若发动机没有太大变化,说明锁止离合器处于接合状态;反之,若发动机转速升高很多,则表明锁止离合器没有接合,其原因通常是锁止离合器控制系统有故障。

(6)发动机制动作用的检查

检查自动变速器有无发动机制动作用时,应将选挡杆拨至前进低挡(S、L或2、1)位置,在汽车以 2 挡或 1 挡行驶时，突然松开加速踏板，检查是否有发动机制动作用。若松开加速踏板后车速立即随之而降，说明有发动机制动作用，否则说明控制系统或相关的离合器、制动器有故障。

(7) 强制降挡功能的检查

检查自动变速器的强制降挡功能时，应将选挡杆拨至前进挡 D 位，保持节气门开度为 1/3 左右，在以 2 挡、3 挡或超速挡行驶时突然将加速踏板完全踩到底，检查自动变速器是否被强制降低一个挡位。在强制降挡时，发动机转速会突然上升至 4000r/min 左右，并随着加速升挡，转速逐渐下降。若踩下加速踏板后没有出现强制降挡，说明强制降挡功能失效。若在强制降挡时发动机转速异常升高达 5000r/min 左右，并在升挡时出现换挡冲击，则说明换挡执行元件打滑，应检修自动变速器。

(8) P 位制动效果的检查

将汽车停在坡度大于 9% 的斜坡上，选挡杆拨入 P 位，松开驻车制动，检查机械闭锁爪的锁止效果。

7. 故障自诊断

电控自动变速器 ECU 具有故障自诊断功能，在汽车行驶过程中不断监测自动变速器控制系统各部分的工作情况，能检测出控制系统中大部分故障，并将故障以故障码的形式存储在自动变速器 ECU 存储器中。维修时，维修人员可通过读取故障码确定故障所在范围，以便快捷、准确地进行维修。

(1) 人工读取故障码

目前，大部分车型的自动变速器 ECU 存储器中故障码的人工读取方法是用一根专用检查导线，将故障检测插座内设定的两个插孔短接，然后通过观察仪表盘上"O/D OFF"指示灯所示的闪烁规律读取故障码。不同车型的汽车自动变速器 ECU 故障检测插座形状及插孔分布也都不尽相同。

(2) 利用汽车电脑故障诊断仪读取故障码

目前，在电控汽车的控制电路上有一个专用的电脑故障检测插座，它通常位于发动机附近或驾驶室仪表盘下方，如图 1-28 所示。诊断故障时，只要把适合该车型的电脑检测仪与汽车上的电脑故障检测插座连接，然后接通点火开关，就可方便地对汽车的发动机、自动变速器及其他部分电子控制系统的故障进行检测。

通常步骤如下：

(1) 读取故障码并确定其含义。

(2) 进行数据传输。通过数据流传输可以根据自动变速器工作过程中控制系统各种技术参数的变化来判断控制系统的工作状况。

(3) 清除故障码。目前，新型轿车的电脑检测仪可以通过向汽车 ECU 发出指令的方法来清除汽车存储的故障码，可以避免通过断开蓄电池电源的方法清除故障码。

图 1-28 电脑故障检测插座在汽车上的位置

二、液力变矩器的检修

轿车自动变速器的液力变矩器外壳都是采用焊接式的整体结构,不可分解。液力变矩器内部除了导轮的单向离合器和锁止离合器压盘之外,没有互相接触的零件,因此,使用中基本上不会出现故障,液力变矩器的维修工作主要是清洗和检查。

液力变矩器的分解如图1-29所示。

图1-29 液力变矩器

1. 变矩器的检查

(1)检查液力变矩器外部有无损坏和裂纹、轴套外径有无磨损、驱动油泵的轴套缺口有无损伤,如有异常,应更换液力变矩器。

(2)检查单向离合器。如图1-30所示,将专用工具插入液力变矩器鼓缺口和单向离合器的外座圈中,转动定子齿面,检查单向离合器工作是否正常,在逆时针方向转动时应锁住,而在顺时针方向应能自由转动。如有异常,说明单向离合器损坏,应更换液力变矩器。

(3)测量驱动盘(飞轮后端面)的端面圆跳动。安装百分表如图1-31所示,测量驱动盘的端面圆跳动,其最大值不超过0.20mm。

(4)测量液力变矩器轴套径向圆跳动。暂时将液力变矩器装在驱动盘上、安装百分表,如图1-32所示。径向圆跳动最大值超过0.30mm,可通过重新调整液力变矩器的安装方位进行校

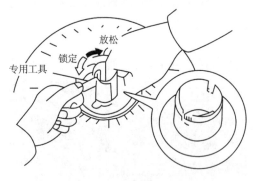

图1-30 单向离合器的检查

正,若无法校正,应更换液力变矩器。

(5)检查液力变矩器的安装情况。用游标卡尺和直尺测量液力变矩器安装面至自动变速器壳体正面的距离,应为17.7mm,若距离小于该值,则应检查是否由于安装不当所致。

2. 变矩器的清洗

(1)倒出液力变矩器中残余的液压油。

(2)向液力变矩器内加入2L干净的液压油,摇动液力变矩器以清洗其内部,然后将液压油倒出。

(3)再次向液力变矩器内加入2L干净的液压油,清洗后倒出。

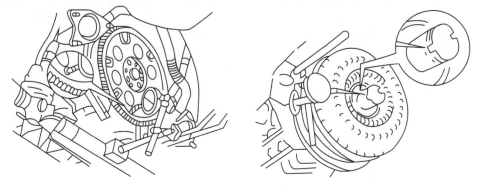

图1-31 检查驱动盘的端面圆跳动　　　图1-32 测量液力变矩器轴套径向圆跳动

三、油泵的检修

油泵的分解,如图1-33所示。

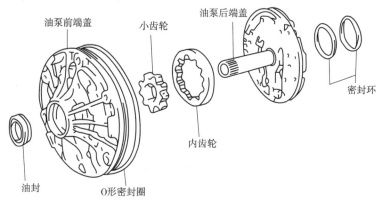

图1-33 油泵的分解

1. 油泵零件的检查

油泵零件检查步骤包括:

(1)如图1-34所示,用厚薄规分别测量油泵内齿轮外圆与油泵壳体之间的间隙、小齿轮及内齿轮的轮齿与月牙板之间的间隙、小齿轮及内齿轮端面与端盖平面的端隙。将测量结果与表1-2的数值对照,如不符合标准,应更换齿轮、泵壳或油泵总成。

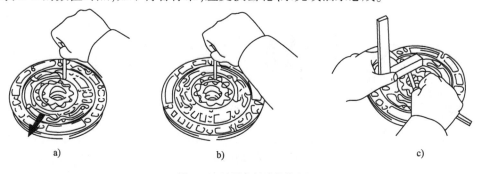

图1-34 油泵各间隙的检查

油泵各间隙标准 表1-2

检 查 项 目	标准间隙(mm)	最大间隙(mm)
油泵内齿轮外圈与油泵壳体之间	0.07~0.15	0.3
齿轮与月牙板之间	0.11~0.14	0.3
齿轮端面与端盖平面	0.02~0.05	0.3

(2)检查油泵小齿轮、内齿轮、泵壳端面有无肉眼可见的磨损痕迹,如有应换用新件。

2. 油泵的组装

用干净的煤油清洗油泵的所有零件,并用压缩空气吹干,再在清洁的零件上涂少许自动变速器油,然后按下列步骤组装:

(1)在油泵前端盖上装入新的油封。

(2)更换所有的O形密封圈,并在新的O形密封圈上涂自动变速器油。

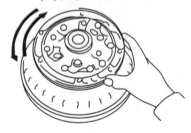

图1-35 油泵性能的检查

(3)按分解时相反的顺序组装油泵各零件。

(4)按照对称交叉的顺序,依次拧紧油泵盖紧固螺栓,拧紧力矩10N·m。

(5)在油泵后端轴颈上的密封环槽内涂上润滑脂,安装新的密封环。

(6)检查油泵运转性能:将组装后的油泵插入液力变矩器中,如图1-35所示,转动油泵,油泵齿轮转动应平顺,无异响。

四、离合器、制动器的检修

离合器、制动器的检修工作包括离合器及制动器的分解、检验,离合器、制动器损坏零件的更换,以及所有O形密封圈和密封环的更换。

1. 离合器、制动器的分解

(1)超速离合器(C_0)的分解

速超速离合器零部件分解,如图1-36所示。

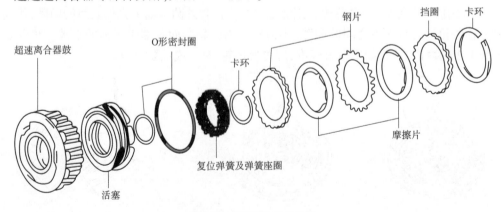

图1-36 超速离合器的分解

超速离合器(C_0)分解的具体步骤为:

①用旋具拆除卡环,取出挡圈、摩擦片、钢片。
②使用专用工具将活塞复位弹簧座圈压下,用卡环钳或旋具拆下卡环,取出弹簧座圈和复位弹簧。
③先将油泵装在液力变矩器上,再将超速离合器装在油泵上,向油道内吹入压缩空气取出活塞。
④拆下活塞上的O形密封圈。
（2）超速制动器（B_0）的分解

在分解自动变速器时,超速制动器的摩擦片和钢片已经拆出,具体包括零部件如图1-37所示。

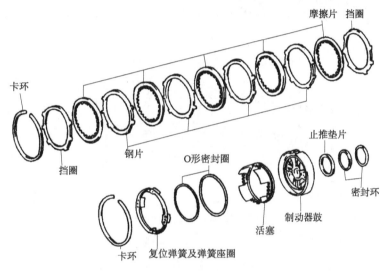

图1-37 超速制动器的分解

①使用专用工具将活塞复位弹簧座圈压下,用旋具拆下卡环,取出复位弹簧和弹簧座圈。
②将超速制动器鼓装在直接挡离合器上,从油道内用压缩空气吹出活塞。
③拆下活塞内、外圆上的O形密封圈及制动鼓后端轴颈上的密封环和推力轴承座。
（3）前进挡离合器（C_1）的分解

前进挡离合器的零部件组成,如图1-38所示。

①用旋具拆下卡环,取出前进挡离合器的挡圈、摩擦片、钢片。
②使用专用工具,将前进挡离合器活塞复位弹簧座圈压下,用卡环钳或旋具拆下卡环,取出复位弹簧及弹簧座圈。
③将前进挡离合器装在超速制动器鼓上,从油道内吹入压缩空气取出前进挡离合器活塞。
④取下活塞内外圆上的两个O形密封圈及前进挡离合器鼓前端轴颈上的密封环。
（4）直接挡离合器（C_2）的分解

直接挡离合器的零部件组成如图1-39所示。

具体分解步骤为：
①用旋具拆下卡环,取出直接挡离合器的挡圈、摩擦片、钢片。

②使用专用工具,将直接挡离合器活塞复位弹簧座圈压下,用卡环钳或旋具拆下卡环,取出复位弹簧及弹簧座圈。

③将直接挡离合器装在超速制动器鼓上,向油道内吹入压缩空气,取出活塞。

④取下活塞内、外圆上的两个O形密封圈。

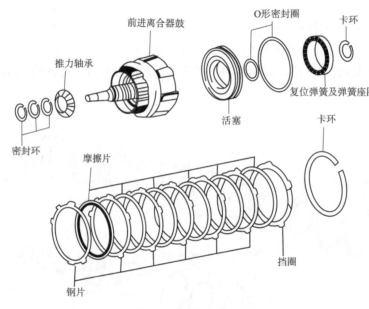

图1-38 前进挡离合器的分解

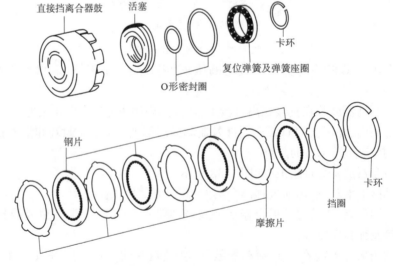

图1-39 直接挡离合器的分解

(5) 2挡滑行制动器(B_1)的分解

2挡滑行制动器的零部件组成,如图1-40所示。

在分解自动变速器时,2挡滑行制动器的摩擦片和钢片已经拆除,这里只要进一步分解2挡滑行制动器鼓,步骤如下:

①使用专用工具将2挡滑行制动器活塞复位弹簧座圈压下,用旋具或长环钳拆下卡环,

取出复位弹簧及弹簧座圈。

②向 2 挡滑行制动器鼓外圆上的油孔内吹入压缩空气,取出活塞。

(6) 低、倒挡制动器(B_3)的分解

低、倒挡滑行制动器的零部件组成,如图 1-41 所示。

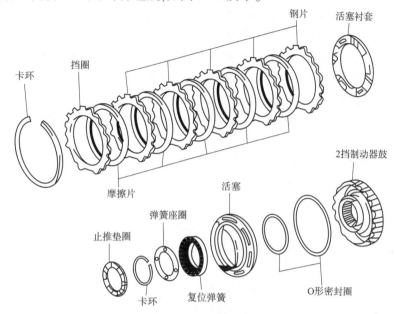

图 1-40 2 挡滑行制动器的分解

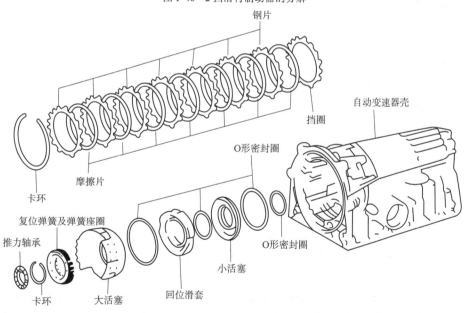

图 1-41 低、倒挡制动器的分解

具体分解步骤为:

①使用专用工具,将自动变速器壳内的低、倒挡制动器活塞的复位弹簧座圈压下,用旋具或卡环钳拆下卡环。

②向壳体上的低、倒挡制动器进油孔内吹入压缩空气,取出大活塞。

③用专用工具取出回位滑套和小活塞。

2. 离合器、制动器的检修

离合器、制动器的检修应包括:摩擦片、钢片、制动带的检查,离合器鼓、制动器鼓的检查,离合器和制动器活塞的检查,复位弹簧的检查等内容。

(1)检查离合器、制动器摩擦片和钢片

①离合器、制动器表面如有烧焦、表面粉末冶金层脱离或翘曲变形,应予以更换。许多自动变速器摩擦片表面上印有符号,若这些符号已被磨去,说明摩擦片已磨损至极限,应更换。也可以测量摩擦片的厚度,若小于极限厚度,应更换。

②带式制动器的制动带内表面如有烧焦、表面粉末冶金层脱落或表面符号已被磨去也应更换。

③检查钢片如有磨损,表面起槽或翘曲变形应更换。

④检查挡圈的摩擦面,如有磨损,应更换。

(2)检查离合器、制动器鼓

检查离合器、制动器鼓的液压缸内表面应无损伤或拉毛,与钢片配合的花键槽应无磨损。如有异常应换用新件。带式制动器鼓的外表面应无损伤、拉毛或起槽,如有异常应换用新件。

(3)检查离合器、制动器活塞

①检查离合器、制动器的活塞,其表面应无损伤、拉毛或起槽,否则应更换新件。

②检查离合器活塞上的单向阀,其阀球应能在阀座内活动自如。用压缩空气或煤油检查单向阀的密封性,从液压缸一侧往单向阀内吹气,密封应良好。如有异常应更换活塞。

③更换所有离合器、制动器及制动带液压缸活塞上的 O 形密封圈及轴颈上的密封环。新密封圈或密封环上应涂上少许自动变速器油或凡士林后装入。

(4)检查复位弹簧和密封圈

测量活塞复位弹簧的自由长度,并与制动器维修手册比较。若弹簧自由长度过小或有变形,应换用新弹簧。

3. 离合器、制动器的装配

在装配离合器、制动器之前,应将所有零件用清洁的煤油清洗干净,油道、单向阀孔等处要用压缩空气吹干净,以免被脏物堵塞。

按照与分解相反的顺序装配各个离合器和制动器。在装配时应注意以下几点。

(1)装配前应在所有配合零件表面上涂少许自动变速器油。

(2)更换摩擦片时,应将新摩擦片放在干净的自动变速器油中浸泡 30min 后安装。

(3)安装复位弹簧座圈的卡环时,应确认卡环已落在弹簧座圈上的凸凹槽内,保证安装要到位。

(4)摩擦片和钢片要按拆卸时的顺序交错排列。摩擦片和钢片原则上没有方向性,正反面都可安装,但在重新安装使用过的钢片和摩擦片时,应按拆装前的顺序安装。在安装挡圈时有台阶的一面应朝上,让平整的一面与摩擦片接触。有碟形环的离合器或制动器应将碟形环放置在下面第一片的位置上,使之与活塞接触并使碟形的凹面向上。

(5)每个离合器或制动器装配后,都应检查活塞的工作是否正常。可按照分解时的方法,向油道内吹入压缩空气,检查活塞能否向上移动,将钢片和摩擦片压紧。若吹入压缩空气后活塞不能移动,则应检查漏气的部位,分解修复后再重新安装。

(6)用厚薄规测量离合器和制动器的自由间隙,或用千分表测量离合器和制动器的自由间隙。若自由间隙不符合标准,可采用更换不同厚度挡圈的方法来调整。

五、行星排、单向离合器的检修

1. 行星排、单向离合器的分解

在分解行星排、单向离合器之前,应先确认各单向离合器的锁止方向,其方法是,用双手分别握住与单向离合器内外圈连接的零件,朝不同方向相对转动,检查并记下内外圈的相对锁止方向。在没有详细技术资料的情况下维修自动变速器时,一定要做好这一记录,以防在装配时将单向离合器装反,使自动变速器不能正常工作,而必须再次分解自动变速器,造成返工。

(1)超速挡行星排、超速单向离合器的检查与分解

①按图1-42所示方法,检查超速单向离合器的锁止方向,应使该单向离合器外圈(行星架)相对于内圈(超速离合器鼓)在逆时针方向(由自动变速器前方看,下同)锁止,在顺时针方向可以自由转动。

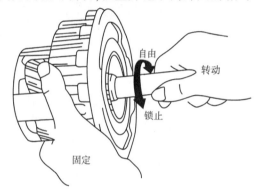

图1-42 超速单向离合器检查

②按图1-43所示顺序分解超速挡行星排和超速单向离合器。

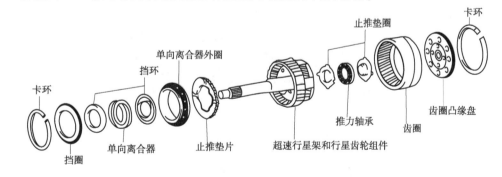

图1-43 超速行星排的分解

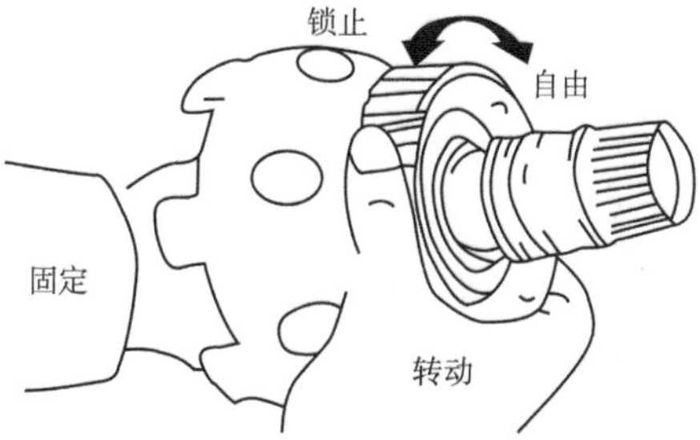

(2)前行星排、2挡单向离合器F_1的分解

①用左手握住太阳轮驱动鼓,右手转动2挡单向离合器外圈,检查2挡单向离合器的锁止方向,见图1-44,应使外圈相对于内圈在逆时针方向锁止,在顺时针方向能自由转动。

②按图1-45所示顺序分解前行星排和2挡单向离合器。

图1-44 2挡单向离合器的检查

(3)后行星排、1挡单向离合器F_2的分解

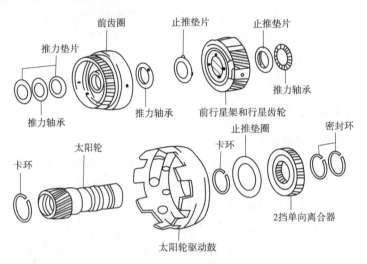

图 1-45 前行星排的分解

①按图 1-46 所示方法，用左手握住后行星架，右手转动 1 挡单向离合器内圈，检查其锁止方向，应使内圈相对于外圈在顺时针方向锁止，在逆时针方向可以自由转动。

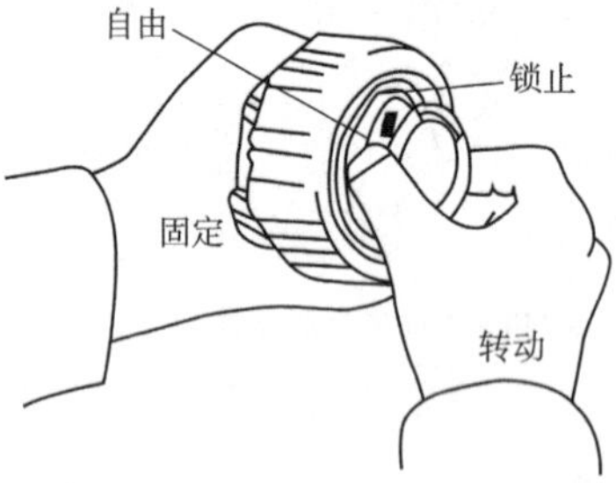

②按图 1-47 所示顺序分解后行星排和 1 挡单向离合器。

2. 行星排、单向离合器的检验

行星排、单向离合器检验的步骤为：

（1）检查太阳轮、行星轮、齿圈的齿面，如有磨损或疲劳剥落，应更换整个行星排。

图 1-46 1 挡单向离合器的检查

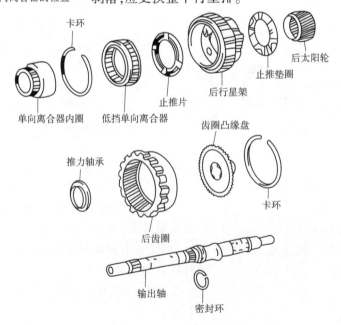

图 1-47 后行星排的分解

(2) 检查行星轮与行星架之间的间隙(图1-48)其标准间隙为0.2~0.6mm,最大不得超过1.0mm,否则,应更换止推垫片、行星架和行星轮组件。

(3) 检查太阳轮、行星轮、齿圈等零件的轴颈或滑动轴承处有无磨损。如有异常磨损应换用新件。

(4) 检查单向离合器,如滚柱破裂、滚柱保持架断裂或内外圈滚道磨损起槽,应换用新件。如果在锁止方向上有打滑或在自由转动方向上有卡滞,也应更换。

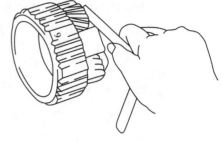

图1-48 行星齿轮与行星架之间的间隙检查

3. 行星排、单向离合器的装配

(1) 将行星排和单向离合器的所有零件清洗干净,涂上少许自动变速器油,按分解相反的顺序进行装配。

(2) 装好单向离后应再次检查,保证其锁止方向正确,在自由转动方向上转动灵活。

六、液压控制系统的检修

1. 阀体的分解

阀体分解时应特别小心,不能丢失或分散小的节流阀、安全阀、随动阀和有关的弹簧。阀体零部件分解如图1-49所示,其中上阀体的零部件分解图如图1-50所示,下阀体的零部件分解如图1-51所示。

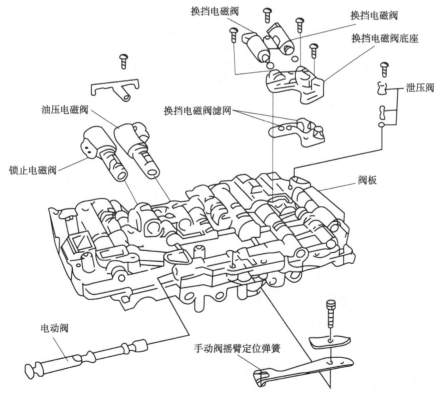

图1-49 自动变速器的分解

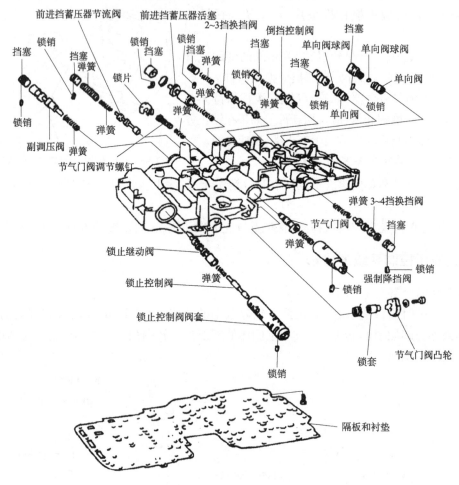

图1-50 上阀体的分解

2．阀体零件检修

具体检修步骤如下：

（1）将上下阀体和所有控制阀的零件用清洁的煤油清洗干净。

（2）检查控制阀阀芯表面，如有轻微刮伤痕迹可用金相砂纸抛光。

（3）检查各阀弹簧有无损坏，测量弹簧长度，应符合自动变速器维修手册的要求，如不符合，应更换。

（4）检查滤油器，如有损坏或堵塞，应更换。

（5）如控制阀卡死在阀孔中应更换阀体总成。

（6）更换隔板上的纸质衬垫。

（7）更换所有塑胶阀体。

3．阀体的装配

具体步骤如下：

（1）将清洗后的上下阀体和所有控制阀零件放入干净的自动变速器油中浸泡几分钟。

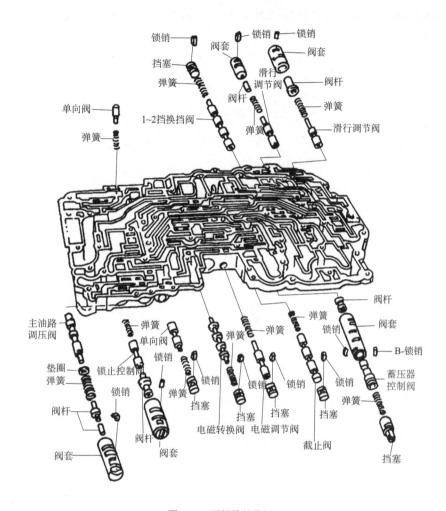

图 1-51 下阀体的分解

(2)按图 1-50、图 1-51 相反的顺序安装上下阀体各控制阀,注意各控制阀弹簧的安装位置,切不可将各控制阀的弹簧装错。必要时可参考自动变速器维修手册,以区分各个控制阀的弹簧。

(3)按图 1-52 所示位置,将上阀体油道内的阀球装入。

(4)用螺钉将隔板衬垫固定在上阀体上。

(5)将上下阀体合在一起,将三种不同规格的阀体螺栓安装在不同的位置上,分 2~3 次将所有螺栓拧紧。阀体螺栓的标准拧紧力矩为 6.1N·m。

(6)按图 1-49 相反的顺序安装电磁阀、手动阀等零件。

4. 检修阀体时的注意事项

(1)检修阀体时,切不可让阀芯等重要零件掉落。不要将铁丝、旋具等硬物伸入阀孔中,以免损伤阀芯和阀孔的精密配合表面。

(2)阀体分解后的所有零件在清洗后,可用压缩空气吹干。不允许用棉布擦拭,以免沾上细小的纤维丝,造成控制阀卡滞。

(3)装配阀体时,应检查各控制阀阀芯是否能在阀孔中活动自如。如有卡滞应拆下,经清洗后重新安装。

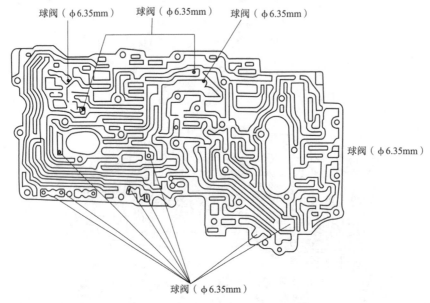

图1-52 自动变速器球阀的安装位置

(4)不要在阀体衬垫及控制阀的任何零件上使用密封胶或黏合剂。

(5)在更换隔板衬垫时,要将新旧件进行对比,确认无误后再装入,以防止因零件规格不符而影响自动变速器的正常工作。有些自动变速器的修理包中没有阀体的隔板衬垫,在维修中如果旧衬垫破损,可用青稞纸(即电工用绝缘纸)自制,方法是:将旧衬垫的形状画在青稞纸上,用割纸刀和圆冲照原样刻出。

(6)在分解、装配阀体时,要有详细的技术资料(如阀体的分解图),以作为对照。如果在检修时没有这些资料可作参考,可以在分解之前先画出阀体的外形简图,然后每拆一个控制阀,就在阀体简图的相应位置上画下该控制阀零件的形状和排列顺序,同时测量并记下各个弹簧的外径、自由长度和圈数,以此作为装配时的参考。拆下的各个控制阀零件要按顺序排放,以便重装。

另外,在分开上下阀体时,要特别注意不要使阀体油道中的阀球、滤网等小零件掉出。在拿起上面的阀体时,要将隔板连同阀体一同拿起,待翻转阀体使油道一面朝上后再拿开阀体;认清上下阀体油道中所有阀球等零件的位置,并画在简图上,同时测量并记下不同直径阀球的位置,然后才能取出阀球等零件,做进一步分解及阀体清洗工作。如果阀球脱落、安装时记不住阀球的安装位置,则可仔细看阀体上的印痕,从而确认阀球安装位置。

5. 自动变速器壳体的检修

(1)检查自动变速器壳体,如壳体变形或裂纹,应更换。

(2)油底壳接合平面的平面度超差应用锉刀修整。

(3)清除所有密封平面上残留的密封衬垫或密封胶。

(4)用煤油将自动变速器壳体清洗干净,用压缩空气将所有油道吹净。

(5)更换壳体上的所有O形密封圈。

七、自动变速器的组装

自动变速器的组装应在所有零部件均已清洗干净,各离合器、制动器、阀体、油泵等总成均已装配好并调整完毕后进行。在组装时,应注意以下几个问题:

(1)组装自动变速器时,应更换自动变速器各接合平面及轴颈上的所有密封圈或密封环。

(2)在安装一些小零件(如推力轴承、推力垫片、密封环等)时,为了防止零件掉落,可在小零件表面上涂抹一些润滑脂,以便将小零件固定在安装位置上。

(3)在组装过程中,应特别注意各个推力轴承、止推垫片和止推垫圈的位置、方向,不能错乱。

图1-53为丰田A140E自动变速器各个推力轴承及止推垫片的位置,表1-3为它们的规格。

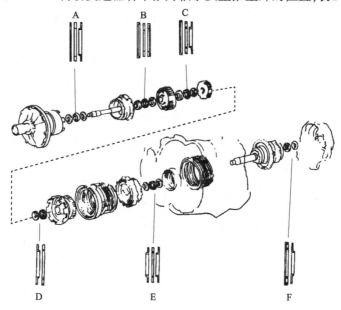

图1-53 丰田A140E自动变速器各个推力轴承及止推垫片的位置

丰田A140E自动变速器滚针轴承和座圈规格　　　　表1-3

位置		A	B	C	D	E	F
前座圈	外径	43.0	37.9	←	45.0	37.3	—
	内径	30.5	22.0	←	28.0	24.1	—
轴承	外径	42.0	36.0	←	45.0	37.6	46.3
	内径	28.9	22.2	←	30.0	24.0	262
后座圈	外径	42.0	35.7	35.0	—	37.6	43.0
	内径	27.1	23.0	19.0	—	22.2	24.5

注:←表示轴承尺寸与B相同。

1. 行星齿轮变速机构的组装

(1)将推力轴承和装配好的输出轴、后行星排和低、倒挡制动器组件装入变速器壳。

(2)装入2挡制动器鼓,注意将制动器鼓上的进油孔朝向自动变速器下方(即阀体一侧)。安装卡环时,注意使卡环有倒角的一面朝上。

(3) 用厚薄规测量低、倒挡制动器的自由间隙,其标准自由间隙应符合维修手册上规定的间隙。如不符合标准,应取出低、倒挡制动器,更换不同厚度的挡圈,予以调整。

(4) 装入2挡制动器活塞衬套、止推垫片和1(低)挡单向离合器。注意1挡单向离合器的安装方向。

(5) 将2挡制动器的钢片和摩擦片装入变速器壳体,装入卡环。用厚薄规测量2挡制动器自由间隙。如不符合标准,应更换不同厚度的挡圈,予以调整。

(6) 装入前后太阳轮组件、前行星架和行星齿轮组件及推力轴承。

(7) 将自动变速器立起,用木块垫住输出轴,安装前行星架上的卡环及止推垫片。

(8) 安装2挡滑行制动带及制动带销轴。

(9) 将已装配好的直接挡离合器组件、前进离合器组件及前齿圈组装在一起,注意安装好各组件之间的推力轴承及止推垫片。

(10) 让自动变速器前部朝下,将组装在一起的直接挡离合器组件、前进挡离合器组件及前齿圈装入变速器,如图1-54a)所示,让直接挡离合器鼓上的卡槽插入前后太阳轮驱动鼓上的卡槽内。

(11) 如图1-54b)所示,用厚薄规测量直接挡离合器鼓与前后太阳轮驱动鼓卡槽之间的轴向间隙,其值应为9.8~11.5mm。如不符,说明安装不当,应拆检并重新安装。

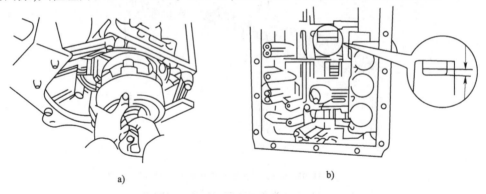

图1-54 直接挡离合器鼓等组件的安装

(12) 安装2挡滑行制动带活塞及液压缸缸盖。

(13) 在2挡滑行制动带活塞推杆上作一记号,如图1-55a)所示。将压缩空气吹入2挡滑行制动带液压缸进油孔,使活塞推杆伸出,然后用厚薄规测量推杆的移动量,如图1-55b)所示。

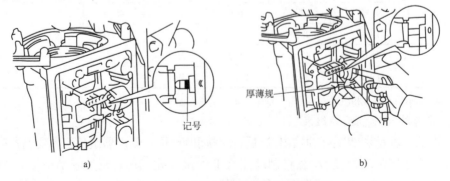

图1-55 2挡滑动制动器制动带自由间隙的检查

(14)安装推力轴承、止推垫片和超速制动器鼓。注意使超速制动器鼓上的进油孔和固定螺栓孔朝向阀体一侧。拧紧制动鼓固定螺栓,装上卡环。

(15)测量自动变速器输出轴的轴向间隙,其值应为 1.23～2.49mm。如不符,说明安装不当,应拆检后重新安装。

(16)安装超速制动器钢片和摩擦片,装上卡环。

(17)将压缩空气吹入超速制动器进油孔,检查超速制动器工作情况,并测量超速制动器自由间隙。如不符合标准,应更换不同厚度的挡圈,予以调整。

(18)装入超速齿圈和推力轴承、止推垫片。

(19)装入超速行星架、超速离合器组件及推力轴承。

(20)安装油泵,拧紧油泵固定螺栓,其拧紧力矩为 21N·m。

(21)用手转动自动变速器输入轴,应使它在顺时针和逆时针方向都能自由转动。如有异常,应拆检后重新安装。

(22)再次将压缩空气吹入各个离合器、制动器的进油孔,如图 1-56 所示,检查其工作情况。在吹入压缩空气时,应能听到离合器或制动器活塞移动的声音。如有异常,应重新拆检并找出故障原因。

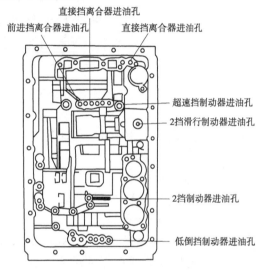

图 1-56 各离合器和制动器进油孔的位置

2. 阀体、油底壳及前后壳体的组装

(1)安装四个蓄压器活塞及其弹簧,如图 1-57 所示。在安装之前,应更换所有蓄压器活塞上的 O 形密封圈,并在活塞上涂少许液压油。为防止装错蓄压器弹簧,应测量各个弹簧的长度,并与表 1-4 进行比较。

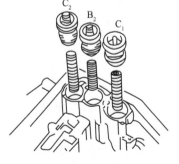

图 1-57 蓄压器活塞的安装

蓄压器弹簧规格　　　　表 1-4

蓄压器弹簧	自由长度(mm)	颜色
C_1	57.64	红紫
B_2	69.39	绿白
C_2	70.21	紫

(2)装入壳体油道上的单向阀。

(3)将阀体总成装入自动变速器,按图 1-58 所示方法,将不同长度的固定螺栓装入,按 10N·m 的力矩拧紧各个固定螺栓。

(4)安装节气门拉索,将节气门拉索与节气门阀连接。

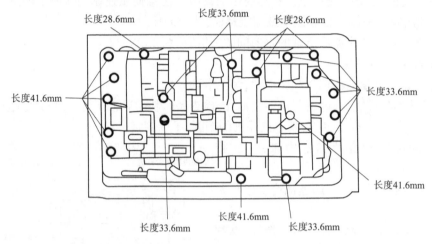

图 1-58 阀体固定螺栓位置及规格

(5) 接上各个电磁阀的线束插头。

(6) 安装进油滤网。

(7) 安装油底壳。

(8) 将车速传感器装上输出轴。

(9) 安装自动变速器后端壳和输出轴凸缘,输出轴凸缘的紧固螺母的拧紧力矩为 123N·m。用冲子将紧固螺母锁死在输出轴上。

(10) 安装自动变速器前端壳。其固定螺栓有大小两种规格,大螺栓的拧紧力矩为 57N·m,小螺栓的拧紧力矩为 34N·m。

(11) 安装自动变速器外壳上的其他部件,如车速传感器、输入轴转速传感器、挡位开关、加油管等的位置。

(12) 向液力变矩器内注入 2L 干净的自动变速器油,将加满液压油的液力变矩器装入自动变速器前端。

3. 自动变速器的安装及调整

在将自动变速器装上汽车之前,应先测量液力变矩器前端面(与飞轮的接合平面)与自动变速器前端面之间的距离,并与标准值进行比较,如图 1-59 所示。

表 1-5 为几种常见车型自动变速器前端面与液力变矩器前端面的距离标准值。若测得的距离小于标准值,说明液力变矩器未安装到位,其后端轴套上的缺口未插入油泵驱动齿轮中间的凸块内。对此,应取出液力变矩器,使液力变矩器后端轴套上的缺口与油泵驱动齿轮

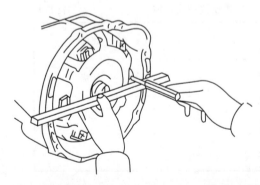

图 1-59 测量自动变速器前端面与液力变矩器前端面的距离

中间的凸块对准,之后装入,使其安装到位,否则,在装上汽车时会压坏自动变速器的油泵齿轮。

几种常见车型自动变速器前端面与液力变矩器前端面的距离标准　　　表1-5

车　型	发动机型号	自动变速器型号	壳体前端面与液力变短器前端面的距离(mm)
LS400	1UZ-FE	A341E、A342E	17.7
丰田 CROWN3.0	2JZ-CE	A340E	26.0
马自达	JE	R4A-EL	29.5
丰田 CORONA	2C	A241L	13.0
	4A-FE、3S-FE	A240E、A241E	13.0
尼桑	VG30	L4N71B	35.0

装车时,按拆卸时相反的顺序,将自动变速器装上汽车。注意在安装时一定要让自动变速器前端面与发动机飞轮壳后端面完全贴合后才能锁紧固定螺栓,以防损坏自动变速器的油泵齿轮。

知识拓展

根据自动变速器油液品质进行故障诊断

自动变速器随着运行时间的延长和内部相对运动件的磨损,不可避免地会产生各种故障,同时伴有自动变速器油液变质、变色。因此,在诊断自动变速器故障时,可以通过油液颜色和品质的变化来判断故障产生的原因。

正常的油液颜色为红色或粉红色的透明液体,并有类似新机油的气味。使用半年以上的油液为略带褐色的红色透明液体,是正常的自动变速器油液。

故障分析:

1.油液变成黑色并有烧焦味

产生这种现象的主要原因是制动器、离合器严重磨损,摩擦材料产生的磨粒污染油液所致。主要是由于离合器、制动器装配间隙不当、油压不足、液面过低造成制动器离合器分离不彻底或打滑。

2.油液变成红褐色并有烧焦味

产生这种现象主要是变速器油液使用时间过长或油质不佳;离合器或制动器有轻微的打滑,以及使用不当或变速器经常在超负荷下工作而造成摩擦片磨损。发现此种现象,应换用新油液,以免导致自动变速器严重工作不良。

3.从加油口冒气或油液极易变质变色

此现象多由液力变矩器锁止离合器分离不彻底,离合器、制动器打滑,制动器、离合器装配间隙过小或油冷却系统因循环不畅冷却效果不佳等原因造成油温过高,从而导致油液变质并产生蒸气。

4.油液呈现乳色泡沫状

此现象是因为冷却液进入油冷却器造成,冷却液渗入油液中在油流循环中被搅动,使油液成乳状。这种现象出现后将影响自动变速器正常工作,严重时会导致变速器早期损坏。

5. 油液中有气泡并伴有"嗡嗡"的响声

此种现象多为油液加注过多或过少,油液加注过多,淹没自动变速器内的旋转元件,使油液被高速旋转的元件搅动造成气泡进入液压系统产生异响。油液加注过少,空气从油泵进入液压系统产生异响。产生此现象必会影响自动变速器性能,应立即排除。

6. 油液中有杂质

自动变速器相对运动的元件是由铝合金、铜合金、钢、橡胶、尼龙、铜基粉末冶金摩擦材料等组成,这些运动的元件若因某种原因磨损时,其磨粒必掺杂在油液中。因此,通过分析磨粒成分,可判断故障产生在何处。若油液中有尼龙磨削成碎块,则为单向离合器骨架损坏;若油液中有橡胶碎块或磨粒,则为制动器、离合器活塞密封橡胶圈损坏;若有白色发亮的金属屑,则可能是滚针轴承或齿轮严重磨损。

7. 纤维丝状物堵塞滤网

由于拆卸组装制动器时,使用易脱落的丝毛物品擦洗自动变速器,导致油底壳内有纤维状丝毛杂质,这些杂质极易堵塞滤网,使自动变速器不能正常工作。

任务三 自动变速器电子控制系统检修

姓名_____ 班级_____ 学号_____ 成绩_____

客户任务	一汽大众捷达轿车客户反映车在换挡时车身耸一下,车辆行驶里程为7000km,变速器配置为01M型自动变速器
任务目的	制订工作计划,并利用专业检测设备对自动变速器电控系统进行故障检修,判定导致该故障原因;掌握电控自动变速器故障诊断与排除的基本程序,学会借助自动变速器电控系统自诊断功能进行故障检修方法

一、资讯

1. 自动变速器中,按控制方式主要有_____和_____两种形式。
2. 电控自动变速器控制系统主要由输入装置、_____和_____组成。
3. 电控自动变速器中O/D OFF开关作用有_____。
4. 自动变速器的电子控制系统的执行器主要指电磁阀和_____。
5. 电子控制系统的执行器有_____。
6. 自动变速器的电子控制单元ECU的主要功能有_____。
7. 维修人员读取电控自动变速器ECU故障码的方法包括_____和_____。

二、决策与计划

根据任务要求,确定需要的检测仪器、工具,并对小组人员合理分工,制订详细的诊断和修复计划。

1. 需要检测仪器工具。
_____
_____

2. 小组成员分工。
_____
_____
_____

续上表

3.变速器电控系统故障诊断工作计划。

三、实施

1.自动变速器电子控制系统的检修。
(1)查询故障检测条件,例如蓄电池电压是否正常、熔丝是否完好。
(2)用故障诊断仪读取电子控制单元的故障码。
(3)对应故障码列表查出故障。
(4)如果故障不能排除,则进行线路检测。
(5)用检测盒对ECU的各端子进行线路检测。
(6)进行元件检测,保证传感器工作正常。
(7)故障修复后应清除故障码。
2.拆下来的节气门位置传感器、车速传感器、空挡起动开关、电磁阀等部件进行测试。
实验步骤:

实验结果:

3.通过上述检查结果分析,得出结论并提出解决方案。

四、检查

1.检查电子控制系统复装后,故障现象是否消除。

2.通过行驶之后,得出以下结论:

五、评估

1.根据自己完成任务情况,对自己工作进行自我评估,并提出改进意见。

2.教师对小组工作情况进行评估与点评。

相关知识

一、自动变速器电控系统组成

自动变速器的电子控制装置由传感器、控制开关、自动变速器控制单元(微电脑)等部件组成,如图1-60所示。控制单元是控制系统的核心,它根据安装在发动机、自动变速器上的各种传感器所测得的节气门开度、汽车车速、变速器油温等运行参数以及各种控制开关传来的当前状态信号,进行运算比较和分析,然后调用其内设定的控制程序,向各个执行器件发出指令,以使各液压控制阀动作,从而实现对自动变速器的控制。自动变速器电子控制系统工作原理,如图 1-61 所示。

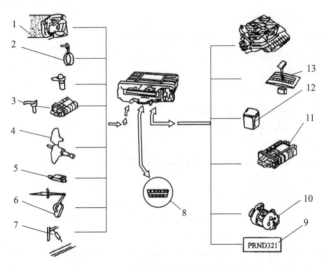

图 1-60 01M 型自动变速器电控系统组成

1-节气门位置传感器 G69;2-变速器传感器 G38;3-发动机转速传感器 G28;4-多功能开关 F125;5-制动灯开关;6-强制低挡开关 F8;7-变速器机油温度传感器 G93;8-自诊断接口;9-变速杆位置指示板;10-空调装置;11-发动机控制单元 J220;12-起动锁和倒车灯继电器 J226;13-换挡杆

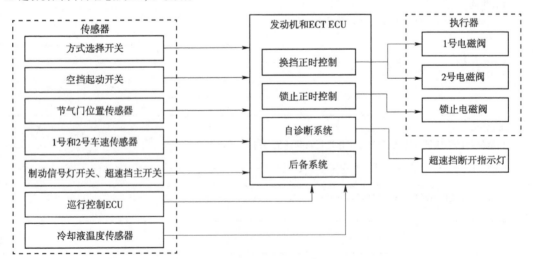

图 1-61 自动变速器电子控制系统工作原理

自动变速器电控系统电路如图 1-62 所示。图 1-63 为自动变速器各元件安装在汽车上的位置。

1. 节气门位置传感器 G69

节气门位置传感器与节气门连在一起,不断地将节气门位置和加速踏板踏下速度的信号传给发动机控制单元,然后由发动机控制单元传给自动变速器控制单元。

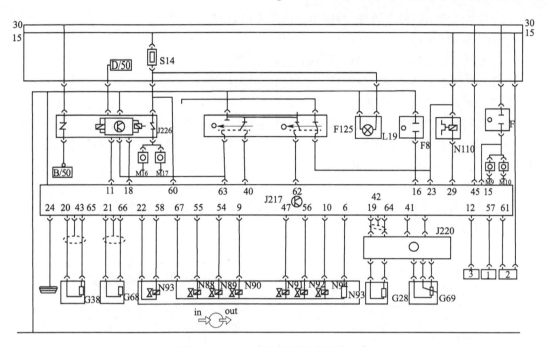

图 1-62 01M 型自动变速器电控系统电路

B/50-起动机(接线柱50); D/50-点火开关(接线柱50); F-制动灯开关; F8-强制低速挡开关; F125-多功能开关; G28-发动机转速传感器; G38-变速器转速传感器; G68-车速传感器; G69-节气门电位计; G93-变速器机油温度传感器; J226-起动锁和倒车灯继电器; J220-发动机控制单元; J217-自动变速器控制单元; L19-挡位指示板照明灯; M16/M17-倒车灯; M9/M10-制动灯和尾灯; N88-电磁阀1; N89-电磁阀2; N90-电磁阀3; N91-电磁阀4; N92-电磁阀5; N93-电磁阀6; N94-电磁阀7; N110-变速杆锁止电磁阀; S14-熔断器; 附加信号: 1-变速杆位置指示板; 2-速度调节装置; 3-空调装置

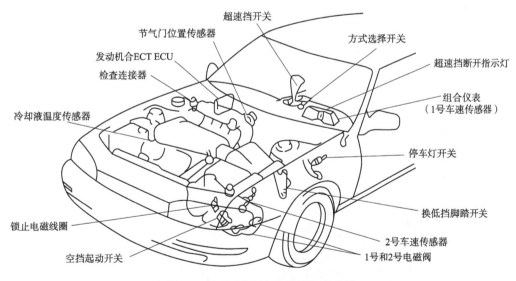

图 1-63 自动变速器电控系统元件位置图

该信号的作用:

(1)计算按载荷变化的换挡时刻。

(2)根据挡位按载荷变化对自动变速器油压进行调整。

(3)按加速踏板的踏下速度,控制单元确定换挡时刻。

信号中断的影响:

(1)控制单元用发动机平均负载来确定换挡时刻。

(2)自动变速器油压按挡位调整到节气门全开时的油压。

2.变速器转速传感器G38

变速器转速传感器是感应式传感器,位于变速器壳体内,用于指示行星齿轮系中大太阳轮的转速,如图1-64所示。利用大太阳轮转速,控制单元可准确识别换挡时刻,控制多片离合器。换挡过程中,通过减小点火角来减小发动机转矩。该信号中断后,控制单元进入应急状态。

3.传感器G68

车速传感器安装在变速器壳体内,如图1-65所示。通过主动齿轮上的脉冲叶轮,由感应式传感器接收车速信息,如图1-66所示。

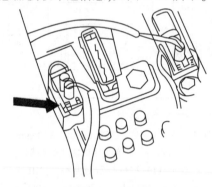
图1-64 转速传感器G38

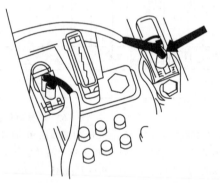
图1-65 车速传感器G68

信号作用:

(1)决定应换入某一挡位。

(2)作为速度调节装置的控制信号(某些车型未使用)。

(3)进行变矩器锁止控制。

信号中断的影响:

(1)控制单元用发动机转速作为代用信号。

(2)锁止离合器失去锁止功能。

4.发动机转速传感器G28

自动变速器控制单元使用发动机管理系统的发动机转速信号,如图1-67所示。

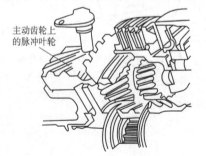
图1-66 主动齿轮上的脉冲叶轮

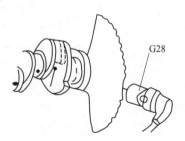
图1-67 发动机转速传感器G28

信号作用：

（1）控制单元将发动机转速信号与车速进行对比。按转速差识别出锁止离合器的打滑状况。如果滑动过大，即转速差过大，控制单元就增大锁止离合器压力，滑动相应减小。

（2）发动机转速传感器信号可作为车速传感器信号的替代值。

信号中断的影响：控制单元进入应急状态。

5. 多功能开关 F125

位于变速器壳体内，由变速杆拉索控制，如图 1-68 所示。

信号作用：

（1）将选挡位置的信息传给变速器控制单元。

（2）负责倒车灯的开启。

（3）防止起动机在行驶状态啮合，并锁住变速杆。

信号中断的影响：控制单元进入应急状态。

6. 制动灯开关 F

制动灯开关安装在脚踏板支架上，控制单元通过该开关判断汽车是否制动。

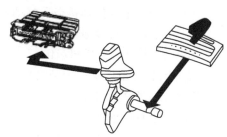

图 1-68　多功能开关 F125

信号作用：制动灯开关信号用于锁止变速杆。静止的车辆只有踏下制动踏板，变速杆才能脱离 P 或 N 位。

信号中断的影响：如果接触点断开，变速杆锁止功能解除。

7. 强制低速挡开关 F8

该开关与节气门拉索装成一体，加速踏板踏到底并超过节气门全开点时，此开关工作，如图 1-69 所示。

信号作用：

（1）压下此开关，变速器马上强制换入相邻低挡（如从 4 挡到 3 挡）；升挡需在发动机转速较高时才能进行。

（2）压下此开关后，为加大输出功率，空调装置切断 8s。

强制低挡开关信号中断时，当加速踏板踏到行程的 95% 时，控制单元设定该开关起动。

8. 变速器油温传感器 G93

变速器油温传感器位于浸在自动变速器油内的滑阀箱上的传输线上。该传感器用于感知变速器油温度，如图 1-70 所示。

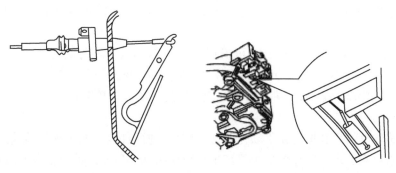

图 1-69　强制低速挡开关 F8　　图 1-70　变速器油温度传感器

变速器油温度传感器 G93 是一个负温度系数电阻。随变速器油温度升高,其电阻降低。机油温度达到最高值150℃时,锁止离合器接合。液力变矩器卸载荷,自动变速器油开始冷却。如果变速器油温度还不下降,控制单元使变速器降一挡。该信号中断后,无替代功能。

9. 起动锁和倒车灯继电器 J226

起动锁和倒车灯继电器 J226 是一个组合继电器,装在中央继电器盘上,接收多功能开关 F125 的信号。

该继电器作用:

(1)防止车辆在挂挡状态下起动发动机。

(2)挂上倒挡可接通倒车灯。

10. 变速杆锁止电磁阀 M10

变速杆锁止电磁阀位于变速杆上。该电磁阀与点火系统接通,起到挡位锁止作用。踏下制动踏板,锁解除,变速杆可推入其他挡位。

11. 带电磁阀的滑阀箱

电磁阀 N88~N94 位于变速器的滑阀内,由控制单元控制。有两种不同的电磁阀,如图 1-71 所示。

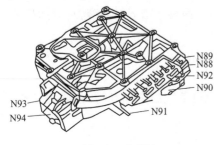

图 1-71 电磁阀

电磁阀 N88、N89、N90、N92 和 N94 是"是—非"阀,其作用:

(1)控制单元通过电磁阀 N88、N89 和 N90 打开或关闭某一油道,使变速器换入确定的挡位。

(2)电磁阀 N92 和 N94 使换挡平顺。电磁阀 N91 和 N93 是调节阀。这两个阀用来调节离合器和制动器压力大小,油压由控制单元来控制,控制油压低表示压力大。

具体作用:

(1)电磁阀 N91 调节锁止离合器压力。

(2)电磁阀 N93 控制多片式离合器和制动器的压力。

信号中断的影响:控制单元进入应急状态。

12. 变速器控制单元 J217

该控制单元控制自动变速器的所有电气及液压系统工作。

(1)包括与驾驶员和行驶状况有关的行驶程序,由模糊逻辑控制,满足不同驾驶员的驾驶要求。

(2)与行驶阻力有关的行驶程序,可识别如上坡、顶风及下坡等的行驶阻力。

(3)应急状态。如果控制单元出了故障,可通过操纵变速杆在滑阀箱内换挡,使 1 挡液压、3 挡液压、倒挡仍有效。变速杆在 D 位,汽车通过液压以 3 挡起动。

13. 自诊断系统

监控传感器电信号和执行元件动作,对控制单元进行自检。如出现故障,替代功能立即生效。从控制单元的永久性存储器中可读出故障说明,所以,即使蓄电池断开及控制单元插头已拔下,故障存储仍保留。

在读出故障时,控制单元区分出永久故障和偶发故障。在几个行驶周期内只发生一次的故障即认为是偶发故障。如果一个故障在汽车行驶1000km后不再出现,它自动从存储器中清除。如果在控制单元运行周期内故障仍存在,那么控制单元认为它是永久故障。

二、电控自动变速器故障诊断原则

电控自动变速器的故障诊断是一项非常复杂的工作,必须按照一定的原则和程序进行。

(1)分清故障引起的部位。故障是由发动机还是自动变速器液压自动操纵系统、电子控制系统引起的,或是液力自动变速器本身引起的。只有分清了故障部位,才能有针对性地去查找故障根源,少走弯路。

(2)坚持先简后难、逐步深化的原则。按故障的难易程度,先从最简单、最容易检查的地方开始检查,如开关、拉索、油液状况等,从那些最易于接近的部位、易于忽视的部位和影响因素开始,最后再深入实质性故障。

(3)区别故障的性质。故障是机械性质的、液压系统的,还是电子控制系统的;是需要维护方面的,还是需拆卸自动变速器彻底修理的。

(4)充分利用自动变速器各检验项目(基础检验、手动换挡试验、失速试验、时滞试验、油压试验、道路试验),为查找故障提供思路和线索。通过这些检验项目的试验,一定可以发现自动变速器的故障所在。

(5)充分利用电子控制自动变速器的故障自诊断功能。电子控制自动变速器ECU内部有一个故障自诊断电路,它能在汽车行驶过程中不断地监视自动变速器控制系统各部分的工作情况,并能检验出控制系统中大部分故障,将故障以码的形式记录在ECU中。维修人员可以按照特定的方式将故障码从ECU中读出,为自动变速器控制系统的检修和故障排除提供依据。

(6)必须在拆检后才能确诊的故障,应是故障诊断的最后程序,电子控制自动变速器是绝不要轻易分解的。

(7)在进行故障诊断与排除前,最好先阅读有关故障指南、使用说明书和该车型的维修手册,掌握必要的结构原理图、油路图、电子控制系统电路等有关技术资料。

三、电控自动变速器故障诊断程序

一般情况下,自动变速器的检修过程按照由简单到复杂的程序,一步一步地进行。检修内容包括基本检查、故障自诊断测试、手动换挡试验、机械系统试验、电控系统测试及按故障诊断表检测等几部分。检修程序可按图1-72进行。

1. 基本检查

这一步用于检查自动变速器是否在正常前提条件下进行工作。通过这一步的检查,常常可以解决许多故障,因此,这一步必不可少。这一步包括:节气门及拉索的检查、怠速的检查、自动变速器油的检查、电子控制自动变速器控制开关的检查、电子控制自动变速器传感器的检查等。

2. 故障自诊断测试

电子控制自动变速器在进行基本检查后仍存在故障,可通过电脑自诊断系统进行故障自诊断测试，调出故障码，帮助寻找故障发生部位。排除故障以后要记得清除故障码。不同公司生产的不同车型，其故障自诊断测试方法不尽相同。

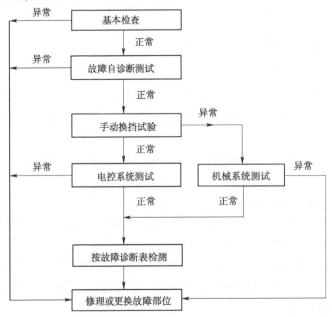

图 1-72 自动变速器故障诊断程序

3. 手动换挡试验

为了确定故障存在的部位，区分故障是由机械系统（包括齿轮变速系统和液压控制系统）还是由电子控制系统引起的，应当进行手动换挡测试。手动换挡测试是人为地使电子控制自动变速器脱离车上电子控制单元 ECU 的控制，由测试人员手动进行各挡位的试验。手动换挡试验可在试验台上做，也可以进行路试来做，若每一挡位动作都正常，则说明故障出现在电子控制系统，应进行电控系统的测试，若有某一挡位动作异常或各前进挡很难区分，则说明故障在变速器机械系统，包括液力变矩器、齿轮变速系统和液压控制系统部分，应进行机械系统的测试。

4. 机械系统的测试

机械系统的测试包括失速试验、时滞试验、油压试验、道路试验等几项内容，因厂家不同内容又有一定的差异。通过这几项试验，可以准确地判断出变速器机械系统的故障发生部位。

5. 电控系统测试

电控系统的测试主要是按系统电路图检查线束导线及各插接件有否断路、短路以及搭铁接触不良问题，检测各电控元件是否损坏和失效，其检测内容和方法根据车型各不相同。

6. 按故障诊断表检测

当按前述诊断步骤未发现异常，或者根据前述几个诊断步骤的结果很难准确判断具体的故障部位时，则为疑难故障。对疑难故障的诊断和查找，一般应用维修手册上提供的故障诊断表所列的产生某一故障现象可能的诸多因素，采取逐项排除法查找故障部位。不同厂家编制的故障诊断表各具特色，一般都列出了产生某一故障现象的各种可能的原因，并将这些原因按可能性大小排序,在故障排除时可参照表中顺序进行。

对自动变速器的故障进行检修时,正确的判断非常重要。千万不能盲目、轻率地下结论,盲目听信客户或旁人的推测,以免错误地将完好的自动变速器解体造成越修越糟的被动局面。而要进行多方面的测试,正确判断故障性质和故障部位,确实做到拆修前心中有数。

四、检修注意事项

自动变速器检修注意事项可分为检修前、检修中、检修后三部分。

1. 检修前应注意

(1)在将故障自动变速器汽车拖回修理厂时,应把驱动轮抬起后用牵引车拖回。对于装有由输出轴驱动的辅助油泵的自动变速器的汽车,在因故被牵引时,则可以不必抬起驱动轮,但牵引距离不得超过50km,时速不得超过30km/h。

(2)举升车辆时一定要注意安全。若只是顶起车辆的前端或后端,要用三角木将车轮抵住,以确保安全;若是要将整车举起,一定要使举升器的支撑点与车架相接触。

(3)修理自动变速器的场地应清洁无尘,并在分解自动变速器前,应彻底清洁自动变速器外壳,以防灰尘或其他杂质污染解体后的自动变速器内部精密液压元件,而影响修复质量。

2. 检修中应注意

(1)拆检电气元件时,应先拆下蓄电池负极接线;检查电气元件最好采用数字式万用表;换新熔断器时,绝不使用超过或低于规定数值的熔断器。

(2)拆卸自动变速器时,一定要将零件按拆卸顺序排放在零件架上,必要时做好标记,这样可以避免混淆同时放在工作台上看起来相似而实际不同的零件,以便能正确、快捷地将所有零件装回原位,防止个别零件漏装或错装。

(3)对不可重复使用的零件(如开口销、垫片、O形圈、油封等),在相应的汽车《自动变速器维修手册》中均用特殊符号标出,在重新装配时,这类零件一定要使用新品。

(4)磨损的衬套必须连同带衬套的零件一起更换,推力轴承和座圈滚道若已磨损或损坏时必须更换。

(5)在修理装配时,对新换的密封油环、摩擦片、钢片、零部件各摩擦副之间的旋转或滑动表面,都应涂抹自动变速器油液;新的摩擦片在装配前,还应在自动变速器油液中浸泡30min以上。在换用新的离合器或制动器总成时,装用前也要在自动变速器油液中至少浸泡30min。

(6)螺栓、螺母在原厂装配前已涂好一层密封紧固胶。如果预涂件被重新以任何方式拧动过,在重新装配时,都必须按规定重新涂抹密封紧固胶。重新涂时,应首先清除掉螺栓、螺母或其他安装零件螺纹上的旧密封紧固胶,并用压缩空气吹干后再涂新胶。预涂件在相应车型《自动变速器维修手册》中也用特殊符号标示。所有螺栓、螺母都应按规定力矩拧紧。

(7)在重新组装自动变速器之前,应用普通的非易燃溶剂仔细地清洗所有的零件,然后用风吹的方法吹干,不能用普通的棉纱擦拭零件,以防棉纱留下棉绒影响自动变速器的修复质量。

(8)在组装自动变速器时,应在所有零件涂上一层自动变速器油。为了暂时使轴承、垫圈和O形圈定位,以便于装配,可在其上涂凡士林,但不得使用其他的润滑脂。在装配过程中,注意不要损伤O形圈和衬垫等密封零件。

(9)在组装自动变速器时,推荐使用专用工具。装配时,应在确定卡簧两端没有对准任一切口后再将之装入定位槽中,凡是滚针轴承和座圈滚道都要保证装在正确的位置和方向。

3. 检修后应注意

自动变速器检修后,应在自动变速器检测台上进行油压测试和电磁阀检查,测试没有问题后再行装车。装车后,还应进行基本检查和机械系统的测试以确保自动变速器正常使用。

五、01M型自动变速器的自诊断功能及自诊断

1. 自诊断功能

01M型自动变速器是用电子/液压方式操纵的。自动变速器控制单元J127接收与换挡有关部件的信号,并将该信号处理后传到电磁阀,电磁阀操纵滑阀箱内的滑阀运动。因此,如果电子部件发生故障或导线断路,自动变速器控制单元马上就可识别出故障原因。控制单元中有一个故障存储器,通过电信号识别故障并将其代码存储到存储器中。

(1)变速器控制单元的功能

自动变速器控制单元J127中有一个故障存储器,如果被监控的传感器、执行元件出现故障,那么该故障连同故障说明一起被存入故障存储器中。只出现一次的故障属偶然故障,这种偶然出现的故障作为附加故障识别。自动变速器控制单元按信号综合分析结果区分出是偶然故障还是稳定故障,并将该故障存入存储器。车运行最少5km或6min,最多20km或24min后,如果故障不再出现,那它就被作为偶然故障。

对于影响行驶状况的电气故障,可以用故障阅读仪V.A.G1551来确定。自诊断功能只有使用故障阅读仪V.A.G1551的"快速数据传输"功能才可解读。

(2)变速器控制单元的安全功能

①如果行驶过程中出现严重故障,那么变速器进入应急状态,如果D、3、2挡有故障,进入应急状态后,3挡仍可工作。

②如果1、P、N或R挡出现故障,进入应急状态后,当时行车挡仍可工作。

③汽车进入应急状态并重新起动后,若变速杆位于D、3或2挡位置,这时出现故障,则变速器由液压控制以3挡工作,直至故障排除。

④当出现导致进入应急状态的故障时,变速器进入应急状态,过一定时间后,如果控制单元没有发现故障,则解除应急状态。

导致进入应急状态的故障有导线断路和短路、电气或液压部件故障。

(3)变速器控制单元对故障的识别

如果出现故障,该故障就作为稳定故障存入存储器,经过一定时间或行驶一定距离后,若故障不再出现,则变为偶然故障。使用V.A.G1551可将偶然出现的故障显示出来,并在显示屏右侧带有"/SP"标记。接通打印机后,可按故障说明将"偶然出现的故障"打印出来。偶然出现的故障在车行驶1000km或20h后,自动从故障存储器中清除。

2. 自诊断步骤

01M自动变速器自诊断框图如图1-73所示,详细具体步骤如下。

项目一 自动变速器电子控制系统与检修

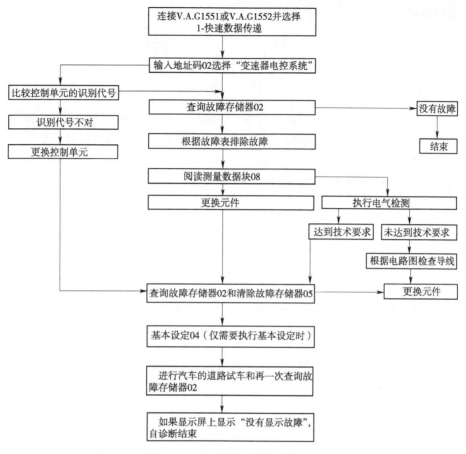

图1-73 01M自动变速器自诊断框图

(1)连接故障阅读仪V.A.G1551和选择功能

连接故障阅读仪V.A.G1551和选择功能前应保证汽车电源电压正常、14和21号熔断丝正常、变速器电控单元搭铁状况正常并使变速杆位于位置"P"并拉紧驻车制动器手柄。

检查位于继电器盘左侧的搭铁点是否锈蚀和接触不良,检查蓄电池地线和蓄电池与变速器间的地线是否正常。如有必要,进行修理后再进行自诊断。

①拆下烟灰盒,按箭头方向推自诊断接口处的护板,断开点火装置,将故障阅读仪V.A.G1551与自诊断线V.A.G1551/3连接起来,如图1-74所示。

图1-74 连接故障检测仪V.A.G1551与自诊断线V.A.G1551/3

显示屏显示：

```
V.A.G 自诊断                帮助
1-快速数据传输（交替出现）
2-闪光码输出（交替出现）
```

用 V.A.G1551 的 HELP 键,可查询附加上的使用说明。按键可进行下一步操作。运行方式 1"快速数据传输"可实现自动检测(键 00),可自动查询车上所有的控制单元。具体内容见 V.A.G1551 故障阅读仪的使用说明。

②打开点火开关。用 Print 键接通打印机(键内指示灯亮)。按键 1,选择"快速数据传输"。

显示屏显示：

```
快速数据传输              帮助
输入地址码××
```

③按下键 0 和 2(用 02 输入地址码"变速器电子装置")。

显示屏显示：

```
快速数据传输              Q
02-变速器电子装置
```

④按 Q 键确认输入。

显示屏显示：

```
01M 927733BB 4 挡自动变速器 01M2029
编码  00000    WSC00000
```

其中:01M 927733BB AG4 Getriebe 2029:程序号。
控制单元的版本号。01M:4 挡自动变速器 01M。
编码 00000:现在未使用 WSC00000:V.A.G1551 操作码。
控制单元版本号按结构位置(程序状态)不同,控制单元的显示可能与例子中不同,控制单元匹配见备件目录。

⑤如果显示屏显示：

```
控制单元无应答！         帮助
```

按下 HELP 键,打印出可能的故障原因。排除可能的故障原因后,再输入地址码 02"变速器电子装置"并确认,如果仍显示"控制单元无应答",则检查控制单元电源电压并电气检查以及检查与自诊断接口相连的接线。如果控制单元有故障,参见"故障代码表"——故障代码 65535 控制单元有故障的排除方法。

⑥按下->键。

显示屏显示：

快速数据传输	帮助
功能选择××	

⑦按下 HELP 键后,打印出可执行的功能。

利用 V.A.G1551 进行自诊断时可选的功能,见表1-6。

可选择功能一览表　　　　　　　　　　　　　　　　表1-6

功能代码	功　　能	功能代码	功　　能
01	查询控制单元版本号	05	清除故障代码
02	查询故障代码	06	结束输出
04	基本调整	08	读取测量数据块

⑧查询一项功能后,V.A.G1551 回到下面的初始状态,显示屏显示:

快速数据传输	帮助
功能选择××	

(2)查询故障代码

①连接故障阅读器 V.A.G1551,输入地址码"02-变速器电子装置"继续操作,直至显示屏上显示"功能选择"。显示屏显示:

快速数据传输	帮助
功能选择××	

②按下键 0 和 2(02 用来选择功能"查询故障代码")。

显示屏显示:

③用 Q 键确认输入。

快速数据传输	Q
02-查询故障代码	

识别到×个故障!

没有识别到故障!

显示屏显示存储的是故障数量或"没有识别到故障",存储器的故障将依次显示或打印出来。

④按下 – > 键。最后一个故障显示并打印后,可按故障代码表排除故障。按下 – > 键。显示屏显示:

快速数据传输	帮助
功能选择××	

⑤查询故障代码并排除故障后清除故障代码。

（3）故障代码表

自动变速器控制单元 J217 识别电气故障，在查询故障代码时由连接的故障阅读仪 V.A.G1551 显示出来，并以故障代码形式排列。

如果故障只是偶然出现或排除故障后清除了故障代码，那么在一定时间内变速器控制单元将这些故障是作为"偶然故障"识别并显示的。如果在查询故障代码时显示出故障部件，那么还需按电路图检查部件导线是否短路和断路。故障代码在"快速数据传输"状态时可用 V.A.G1551 打印机打印出来。01M 自动变速器自诊断故障代码、可能的故障原因及故障排除方法，见相关维修手册。

只有在确定可能的故障原因并排除下列故障后，比如机械故障、液压故障、严重的电气/电子部件及导线连接故障才可更换控制单元 J217，更换自动变速器 J217 应对系统进行基本调整。

（4）清除故障代码

①清除故障代码前应先查询过故障代码。查询故障代码后，显示屏显示：

```
快速数据传输        帮助
功能选择××
```

②按下键 0 和 5（用 05 选择功能"清除故障代码"）。显示屏显示：

```
快速数据传输        Q
05 清除故障代码
```

③按下 Q 键确认输入。显示屏显示：

```
注意！
未查询故障代码
```

如果在查询和清除故障代码之间关闭了点火开关，清除故障代码的工作不能进行。必须严格遵守工作程序，即先查询故障代码，然后再清除故障代码。显示屏显示：

```
快速数据传输
故障代码已清除
```

④显示出现约 5s 后，故障代码被清除，清除故障代码的工作完成。重新查询故障代码需等 1min。显示屏显示：

```
系统查询工作未准备就绪
```

⑤打印机打出结果：

```
有故障！
00811    3333
系统查询工作未准备就绪
```

说明控制单元 J217 来不及识别故障。查询和清除故障代码后需要进行试车并重新查询故障代码。

（5）基本调整

如果更换了发动机或更换了发动机控制单元、改装了节气门或调整节气门（怠速调整）、更换节气门电位计 G69 或调整节气门电位计 G69（如在调整怠速开关时）以及更换了自动变速器控制单元 J217,则需要对自动变速器控制单元进行基本调整。

基本设定的条件：

①发动机、自动变速器电控系统无故障码。

②节气门开度小于 5°。

基本设定的方法：

①连接 1552 输入地址码 02。

②输入 04 进入基本调整。

③输入 000 组号。

④系统显示"系统处于进本调整状态"，同时加速踏板踩到底,使强制降挡开关接通,并在这个位置上保持 3s。

⑤退出。

⑥让车辆大负荷行驶 50km。

3. 变速器电气检查

包含自动变速器控制单元、电磁阀、变速器转速传感器、强制减挡开关、变速器机油温度传感器等部件的电路图如图 1-75 所示,其他电路图详见"01M 型自动变速器维修手册"。

进行自动变速器电气检查前应满足以下条件：

①蓄电池电压正常。

②14 和 21 号熔断丝正常。

③正位于继电器左侧搭铁点正常。

④检查蓄电池搭铁线和蓄电池及变速器之间的搭铁线。

进行变速器电气检查时用手动万用表 V.A.G1526 和成套辅助接线 V.A.G1594 进行检测。为了避免损坏自动变速器电气部件,连接测试接线前应将测试仪设置在相应最大量程。如果测量值与额定值不符,应按电路图查明故障。如果测量值与额定值差别很小,那么应清洁测试仪和测试接线的插口与插头,然后再检测。更换相应有故障部件之前,应先检查其导线和接头。尤其是额定值在 10Ω 以下的电阻,为了确保其测试准确,可对其再测试一遍。

（1）电气检查具体步骤

①自动变速器控制单元 J217 位于后座下。关闭点火开关,按箭头方向拔下多孔插塞连接并从控制单元上取下,如图 1-76 所示。

②将检测盒 V.A.G1598/18 装到多孔插塞连接（图 1-77）。按箭头 1 安装并按箭头 2 方向定位。使用检测盒 V.A.G1598/18 可按电路图检测导线。

电气检测完成后,将多孔插塞连接插到控制单元 J217 上并定位（图 1-78）。安装时注意,导向装置（箭头所示）必须装到控制单元的定位销上。

③自动变速器控制单元 J217 的 68 孔插头（插口在 V.A.G1898/18 上）端子功能,见表 1-7。

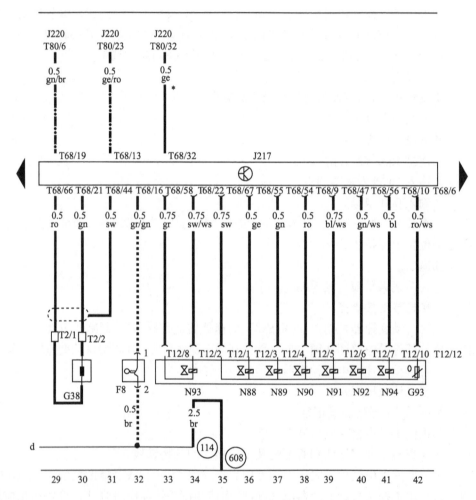

图 1-75　变速器机油温度传感器等部件的电路

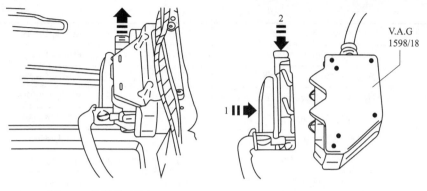

图 1-76 控制单元插头　　　　图 1-77 连接检测仪

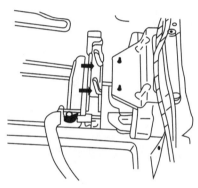

图 1-78 连接控制单元插头连接

自动变速器控制单元 J217 的 68 孔插头端子功能　　　　表 1-7

1	搭铁（接线柱 31）	20	车速传感器 G68
2	未使用	21	变速器转速传感器 G38
3	未使用	22	电磁阀 6—N93—电压
4	未使用	23	电源电压（接线柱 15）
5	节气门电位计 G69 信号	24	自诊断 K 线
6	变速器机油温度传感器 G93	25	未使用
7	未使用	26	未使用
8	未使用	27	未使用
9	电磁阀 3—N90	28	节气门电位计 G69 地线
10	电磁阀 7—N94	29	变速杆锁止电磁铁 N110
11	停车/空挡信号	30	未使用
12	使用空调时挂低速挡	31	未使用
13	点火时刻控制	32	未使用
14	未使用	33	未使用
15	制动灯开关 F 信号电压	34	未使用
16	强制低速挡开关 F8	35	未使用
17	未使用	36	自诊断 L 线
18	多功能开关 F125	37	未使用
19	TD（转速）信号	38	未使用

续上表

39	未使用	54	电磁阀 2—N89
40	多功能开关 F125	55	电磁阀 1—N88
41	从发动机控制单元来的负荷信号	56	电磁阀 5—N92
42	柴油发动机转速传感器(屏蔽)	57	变速杆位置指示
43	车速传感器 G68(屏蔽)	58	电磁阀 6—N93
44	变速器转速传感器 G38(屏蔽)	59	未使用
45	电源电压(接线柱 30)	60	车速调节装置(输入 15 号接线柱)
46	未使用	61	车速调节装置(输出)
47	电磁阀 4—N91	62	多功能开关 F125
48	未使用	63	多功能开关 F125
49	未使用	64	发动机转速传感器 G28(柴油发动机)
50	节气门电位计 G69(5V)	65	车速传感器 G68
51	未使用	66	变速器转速传感器 G38
52	未使用	67	电磁阀电压
53	未使用	68	接线柱 30(输出)

④自动变速器控制单元检测步骤(68 孔插头连接)见表 1-8,只进行故障代码表中和测量数据块中所列的检测步骤。

自动变速器控制单元检测步骤　　　　　　表 1-8

被检部位	执行检测步骤	被检部位	执行检测步骤
从控制单元 J217 来的电压	执行检测步骤 1	电磁阀 4—N91	执行检测步骤 9
变速杆锁止电磁铁 N110	执行检测步骤 2 和 13	电磁阀 5—N92	执行检测步骤 10
制动灯开关 F	执行检测步骤 3	电磁阀 6—N93	执行检测步骤 11
节气门电位计 G69	执行检测步骤 4	电磁阀 7—N94	执行检测步骤 12
多功能开关 F125	执行检测步骤 5	强制低速挡开关 F8	执行检测步骤 14
电磁阀 1—N88	执行检测步骤 6	变速器机油温度传感器 G93	执行检测步骤 15
电磁阀 2—N89	执行检测步骤 7	车速传感器 G68	执行检测步骤 16
电磁阀 3—N90	执行检测步骤 8	变速器转速传感器 G38	执行检测步骤 17

(2)检测表

01M 型自动变速器控制单元电气检测步骤,见表 1-9。

01M 型自动变速器控制单元电气检测　　　　　　表 1-9

检测步骤	V. A. G1598/18 插口	被检内容	检测条件附加工作	额定值	与额定值不符时应采取的措施
1	23 + 1	从控制单元 J217 来的电压	打开点火开关	约为蓄电池电压	1. 按电路图检查导线 2. 检查触点 1 和地间导线 3. 检查触点 23 和中央电器盒接线柱 15 间导线

续上表

检测步骤	V.A.G1598/18 插口	被检内容	检测条件附加工作	额定值	与额定值不符时应采取的措施
2	29+15	变速杆锁止电磁铁 N110	打开点火开关不踏下制动踏板	约为蓄电池电压	1. 按电路图检查导线 2. 更换变速杆锁止电磁铁 3. 维修维护换挡操纵机构
			踏下制动踏板	0.2V	
3	15+1	制动灯开关 F	打开点火开关不踏下制动踏板	0V	1. 按电路图检查导线 2. 更换制动灯开关 F
			踏下制动踏板	约为蓄电池电压	
4	5+28	节气门位置传感器 G69①	关闭点火开关,加速踏板位置处于急速位置	0.7~1.8kΩ	1. 按电路图检查导线 2. 从急速到节气门全开过程中,电阻值稳步变化 3. 调整节气门位置传感器,如需要,则更换 4. 对系统进行基本调整
			节气门全开	2.1~3.9kΩ	
	5+50	节气门位置传感器 G69①	急速	2.1~3.9kΩ	
			节气门全开	0.7~1.8kΩ	
5	63+1	多功能开关 F125	变速杆位置 R、N、D、3 和 2	电阻无穷大	1. 按电路图检查导线 2. 检查多功能开关插塞连接触点是否锈蚀,如需要,更换 3. 更换多功能开关 F125
			变速杆位置 R 和 1	0.8~1Ω	
	40+1		变速杆位置 P、R、2 和 1	电阻无穷大	
			变速杆位置 N、D 和 3	0.8~1Ω	
	62+1		变速杆位置 R、R、N 和 D	电阻无穷大	
			变速杆位置 3、2 和 1	0.8~1Ω	
	18+1		变速杆位置 P、R 和 N	约为蓄电池电压	
			变速杆位置 D、3、2 和 1	0V	
6	55+67	电磁阀 1—N88	关闭点火开关	55~65Ω	1. 按电路图检查导线 2. 更换传输线或滑阀箱
	55+1			电阻无穷大	
7	54+67	电磁阀 2—N89	关闭点火开关	55~65Ω	1. 按电路图检查导线 2. 更换传输线或滑阀箱
	54+1			电阻无穷大	
8	9+67	电磁阀 3—N90	关闭点火开关	55~65Ω	1. 按电路图检查导线 2. 更换传输线或滑阀箱
	9+1			电阻无穷大	
9	47+67	电磁阀 4—N91	关闭点火开关	55~65Ω	1. 按电路图检查导线 2. 更换传输线或滑阀箱
	47+1			电阻无穷大	
10	56+67	电磁阀 5—N92	关闭点火开关	55~65Ω	1. 按电路图检查导线 2. 更换传输线或滑阀箱
	56+1			电阻无穷大	
11	58+22	电磁阀 6—N93	关闭点火开关	4.5~6.5Ω	1. 按电路图检查导线 2. 更换传输线或滑阀箱
	58+1				
	22+1			电阻无穷大	

续上表

检测步骤	V.A.G1598/18 插口	被检内容	检测条件附加工作	额定值		与额定值不符时应采取的措施
12	10+67	电磁阀7—N94	关闭点火开关	55~65Ω		1.按电路图检查导线
	10+1			电阻无穷大		2.更换传输线或滑阀箱
13	23+29	变速杆锁止电磁铁N110	关闭点火开关	14~25Ω		1.按电路图检查导线 2.更换传输线或滑阀箱
14	1+16	强制低速挡开关F8	关闭点火开关未踏下加速踏板	电阻无穷大		1.按电路图检查导线
			踏下加速踏板,直至触动低速挡开关	小于1.5Ω		2.调整或更换节气门拉索
15	6+67	变速器机油温度传感器G93	关闭点火开关自动变速器机油温度约20℃将手动万用表V.A.G1526换至200kΩ挡 约60℃ 约120℃	0.247MΩ 48.8kΩ 7.4kΩ		1.接电路图检查导线 2.更换传输线
16	20+65	车速传感器G68	关闭点火开关	最小	0.8kΩ	1.按电路图检查导线
				最大	0.9kΩ	2.更换车速传感器G68
17	21+65	变速器转速感器G38	关闭点火开关	最小	0.8kΩ	1.按电路图检查导线
				最大	0.9kΩ	2.更换转速传感器G38

注:①带Monomotronic多点喷射装置的发动机冷却液最低温度应达到80℃,6缸发动机的车和带有Simos喷射和点火装置的车无法检查,节气门位置传感器G69的信号是从发动机控制单元传到变速器控制单元上并且只能在测量数据块中检查。

4.变速器进行基本设定

具体步骤如下:

(1)先查询变速器控制单元故障码,若有则按故障码指示排除,若没有则按下面步骤进行。

(2)02-10-00原来的数据记忆。

(3)查询发动机控制单元故障码,若有则按故障码指示排除,若没有则按下面步骤进行。

(4)01-04-060或098做节气门的基本设定。

(5)01-04-063强制降挡的设定(要求:输入063后立即踩下加速踏板并保持,直到V.A.S5051上相应的数据显示正常为止)。

(6)试车观察变速器和发动机是否正常工作。

变速器电控单元ECU控制功能

电控自动变速器可与发动机电控燃油喷射系统共用一个或独立使用一个电控单元,称为 ECU 或 TCU。电子控制单元由接收器、控制器和输出装置组成。接收器接收各输入装置的输出信号,并对信号进行放大处理或调制;控制器将这些信号与电子控制单元内存中的数据进行比较,根据对比结果做出是否进行换挡等决定,再由输出装置把控制信号输送给电磁阀。

电子控制单元具有以下控制功能:

1. 换挡控制

汽车在行驶时,电子控制单元根据模式选择开关和挡位开关信号从存储器中选出相应的换挡图,再将车速传感器、节气门位置传感器检测得到的车速、节气门开度与所选的自动换挡图比较。例如,在一定的节气门开度下行驶的汽车达到所设定的换挡车速时,电子控制单元即可向换挡电磁阀发出控制指令,电磁阀控制阀体中的换挡阀将压力油通往各执行元件,实现挡位自动变换。自动变速器换挡控制原理,如图 1-79 所示。

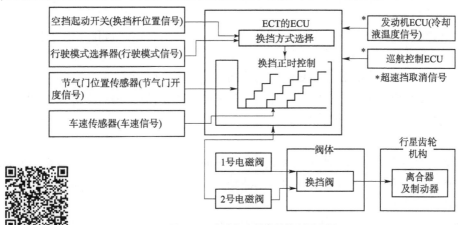

图 1-79　自动变速器换挡控制原理图

2. 主油路油压控制

有的电控自动变速器已经取消了机械式节气门阀(如大众的 01M 自动变速器),由油压电磁阀控制主油路调压阀形成主油路油压。主油路油压应随发动机负荷增大而增大,以满足传递大功率时对离合器、制动器等换挡执行元件工作压力的要求。油压电磁阀是一种线性脉冲式电磁阀,电控单元根据节气门位置传感器测得的节气门开度值,控制输送给油压电磁阀的电信号,以改变油压电磁阀开度大小,产生随节气门开度变化的节气门油压。节气门油压作为控制油压反馈至主油路调压阀,使主油路调压阀随节气门开度的大小改变主油压的大小,使自动变速器获得不同负荷下的主油路油压的最佳值。电子控制单元根据挡位开关信号,在换挡手柄位于倒挡位置时,可提高倒挡时的主油路油压。主油路油压随节气门开度变化曲线,如图 1-80 所示。

电控组件还能根据各个传感器检测出的自动变速器的工作状况,对主油路油压进行修正,使主油路油压更能适应换挡需要。当换挡手柄在前进低挡(S、I 挡或 2、1 挡)位置时,由于汽车的驱动力大,电控组件会使主油路油压高于前进挡时的油压,满足动力传递的需要。在自动变速器换挡过程中,电控组件还能根据节气门开度的大小,通过油压电磁阀适当减小主油路油压,以减小

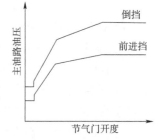

图 1-80　主油路油压曲线

换挡冲击,改善换挡感觉。

3. 自动模式选择控制

自动变速器选择不同的驱动模式,可以满足不同的使用要求。在经济模式中,为了获得良好的燃油经济性,换挡车速较低、动力性能发挥稍差;在动力模式中,为了获得较好动力性,换挡车速较高;在标准模式中,可以同时兼顾到动力性和经济性的发挥。

4. 锁止离合器控制

自动变速器锁止离合器的接合和分离是由电控组件操纵锁止电磁阀来完成的。电控组件根据自动变速器的挡位、控制模式等工作条件,从存储器中选择出相应的锁止程序,再将车速、节气门开度与锁止控制程序进行比较。各种因素均能满足锁定条件时,电控组件即向锁定电磁阀发出锁定信号,使锁定离合器接合。变速器换高挡或换低挡时,ECU 可使锁止离合器暂时分离,有助于减小换挡冲击。

5. 改善换挡感觉控制

自动变速器改善换挡感觉的控制方法有换挡油压控制、减转矩控制和 N-D 换挡控制。

(1) 换挡油压控制

自动变速器在升挡或降挡的瞬间,电控组件通过油压电磁阀适当降低主油路油压,用以减小换挡冲击,改善换挡感觉。有的自动变速器的控制系统换挡时,通过电磁阀控制减小减振器活塞的背压,来减小换挡时的冲击。

(2) 减转矩控制

自动变速器换挡的一瞬间,通过推迟发动机点火时间或减少喷油量,减小发动机瞬间输出的转矩,用以减小换挡冲击和输出轴的转矩波动。

(3) N-D 换挡控制

N-D 换挡控制是指换挡手柄由停车挡或空挡(P 或 N 挡)位置换到前进挡或倒挡(D 或 R)位置,或由 D 挡位或 R 挡位换到 P 挡位或 N 挡位时,通过调整喷油量,把发动机转速变化减小到最小限度,用以改善换挡感觉。

6. 输入轴转速传感器控制

自动变速器电子控制单元根据输入轴转速传感器的电信号检测输入轴转速,以此计算出发动机曲轴和变速器输入轴的转速差,实现精确地控制换挡和锁止工作。

7. 取消超速挡

以丰田 A140E 自动变速器为例,有三个信号会取消超速挡。

(1) 超速挡开关。

如果这个开关被驾驶员关闭,超速挡便被取消,变速器不会升挡至超速挡。变速器如果已在超速挡,则降挡至第 3 挡。

(2) 巡航控制 ECU。

车辆在以超速挡行驶时,如果车速降至比巡航控制中设定的速度低约 10km/h,巡航控制 ECU 便传送一个信号至变速器 ECU,以脱离超速挡,并防止变速器换回超速挡,直至车速达到巡航控制 ECU 存储器中的设定速度才恢复超速挡。

(3) 如果冷却液温度低于设定温度以下,发动机 ECU 便向变速器 ECU 发出信号,变速器将不会换至超速挡,以免发动机动力不足,出现爆震。

【教学设计能力拓展训练一】
自动变速器电控系统结构与检修教学目标设计训练

一、教学目标设计

项　　目	内　　　　　容
三维教学目标	知识与技能目标：本课要使学生应知、应会的内容（知识点和技能点）； 过程与方法目标：本课要使学生经历的过程与学习的方法及其目的； 情感态度和价值观目标：本课要使学生体验的情感、价值观，建立的态度与品质
教学目标描述	教学目标的描述要尽量具体，做到"可观察的行为，可考核的表现"。 教学目标描述一般包括四个部分： 一是对象（即是学习者）； 二是行为表现（即要"做什么"，通常为动宾结构）； 三是条件（完成行为的前提，通常为介宾结构）； 四是标准（表示"做到什么程度"）
教学目标描述示例	学生能够根据中级工维修标准，在45min内独立完成自动变速器的外观检测和壳体结构拆装； 对象：学生； 行为表现：先外观检查后拆装检查，先外后内，先简单后复杂，先无损检查后拆装检查； 条件：在45min内独立完成； 标准：中级工维修标准

二、任务引导

简介中职学校学生学习汽车自动变速器电控系统维修的起点、教学设备、教学目标、教学内容、教学重点难点、学时分配等内容，以便学习者设计教学目标时参考。

1. 中职生的学情分析

（1）文化基础知识薄弱，认知、记忆、思维能力较差，对授课内容难以理解，但渴望被人接纳和爱护，渴望得到别人的认可和称赞，渴望成功，形象思维丰富，好动，喜欢动手实践。

（2）学习过汽车维护、汽车底盘维修、汽车电工电子基础、汽车电气设备维修等前续课程，有一定的汽车构造与维护基础知识、汽车电路基础知识，并掌握基本工具的使用方法。

2. 中职学校自动变速器电控系统维修教学环境

理论实践一体化教室：配置多媒体教学设备、学生查阅资料的电脑、课桌椅、充足的实训台架或教学整车、配套的维修手册、实训工具、课程资源库教学平台（配置相关视频、动画、图片、电子教材、作业单、练习题、考核表等）等。

3. 中职学校自动变速器电控系统维修的教学内容、教学目标与学时分配

任务一　自动变速器的结构与拆装（24学时）

技能目标	学生能够在老师的指导下实车识别自动变速器实物及各挡操作,完成单向离合器、制动器、离合器、行星齿轮结构的拆装实物认识
知识目标	学生能够说出自动变速器构成与种类,识读典型自动变速器各挡传动过程,行星齿轮的结构与工作原理、制动器的类型与工作原理、离合器的结构组成、单向离合器类型及工作原理

任务二　自动变速器组件总成检修(8学时)

技能目标	学生能够对自动变速器中的单向离合器、制动器、离合器、行星排、液压控制系统、液力变矩器等组件进行检修
知识目标	学生能说出主油路、各挡油路走向,液力变矩器的工作过程

任务三　自动变速器维修手册的使用(4学时)

技能目标	学生能够使用万用表、试电笔、诊断仪等常用仪器工具检测判断自动变速器控制电路,会使用纸质版和电子版的维修手册,查到相关信息
知识目标	学生能够说出诊断仪和维修手册的使用方法

任务四　电控自动变速器故障诊断思路(6学时)

技能目标	学生能够按规范的流程(接车问诊→故障现象确认→预检,确定故障范围→执行系统诊断(诊断仪诊断)→部件测试→电路测量→故障部位确认和排除→维修结果确认→现场恢复)诊断简单的电控故障
知识目标	学生能够说出汽车电气故障的规范诊断流程(接车问诊→故障现象确认→预检,确定故障范围→执行系统诊断(诊断仪诊断)→部件测试→电路测量→故障部位确认和排除→维修结果确认→现场恢复)

4.中职学校自动变速器电控系统维修的教学重点、难点

(1)教学重点:自动变速器组成元件的识别与检测、诊断仪使用、高效使用修手册、电子控制故障诊断流程。

(2)教学难点:行星齿轮工作原理、自动变速器电液控制系统的工作过程。

5.中职学校自动变速器电控系统维修教学方法与教学流程

采用理论实践一体化教学,通常采用行动导向教学的教学法。

(1)任务资讯:完成任务引导文,收集必要知识点(例如自动变速器的类型、功用、结构组成等):课前预习加上课上听老师讲解后完成。

(2)布置实训任务:明确每个任务的目标和完成标准(每次课可以有多个细分的实训任务),比如任务一"自动变速器的结构与拆装"可以细分为行星齿轮排拆装、离合器拆装、制动器拆装3个子任务。

(3)教师示范和讲解:教师根据任务的难易程度做必要的示范和讲解,比如制动器、离合器的拆装方法等。

(4)任务实施:学生分组练习,教师巡逻指导→换组,直至完成每个细分的任务(如果有多个细分的实训任务)。

(5)任务检查:学生对照任务目标和完成标准组内自我检查。

(6)任务考核与评价:教师每组抽考1~2个同学,根据各组任务完成情况进行点评小结(可以先让小组汇报后再点评)。

三、项目一子任务教学目标设计任务单

全班分成 4 个设计小组,每组选择项目内的一个任务进行教学目标设计。

组别		设计任务	
设计项目	内　　容		说　　明
教材处理			
学情分析			
三维目标			
展示评价	各组采用海报、PPT 等形式展示本组的设计成果		

四、教学目标设计训练评分标准

序　号	项　　目	内　　容	分　值	得　分
1	教材处理	教材处理得当,内容选取调整符合中职生的认知水平	15	
2	学情分析	对学生知识基础、学习特点及适宜的学习方法进行分析和引导	15	
3	知识与技能目标描述	知识点和技能点明确具体,便于落实和检查	20	
4	过程与方法目标描述	学习过程与学习方法及其目的明确具体,可观测、可考核	20	
5	情感态度与价值观目标描述	要使学生体验的情感、价值观和需要建立的态度与品质明确、具体,可观测、可考核	20	
6	格式与表达	设计格式规范,表达清晰流畅	10	
		总　　分	100	

项目二　防抱死制动系统结构与检修

项　目	职　业　技　能	技　术　知　识
任务一	认识 ABS 各个部件及安装位置及使用注意事项	掌握 ABS 基本组成及工作原理
任务二	能进行 ABS 控制系统故障诊断与排除	熟悉 ABS 系统的控制过程和主要布置形式

任务一　ABS 各个部件安装位置认识及使用注意事项

姓名＿＿＿＿＿　　班级＿＿＿＿＿　　学号＿＿＿＿＿　　成绩＿＿＿＿＿

客户任务	丰田皇冠轿车起动后 ABS 指示灯常亮,制动时明显感到 ABS 系统不在工作状态
任务目的	制订工作计划,并检查丰田皇冠轿车 ABS 全部工作部件是否正常

一、资讯
1. 叙述 ABS 的作用。
2. 参照实物叙述 ABS 的结构。
3. 叙述 ABS 的工作原理。
4. ABS 使用与检修的注意事项。

二、决策与计划
根据任务要求,确定需要的检测仪器、工具,并对小组人员合理分工,制订详细的诊断检测计划。
1. 需要检测仪器工具。
＿＿＿＿＿＿＿＿＿＿＿＿＿＿＿＿＿＿＿＿＿＿＿＿＿＿＿＿＿＿＿＿＿＿＿＿＿＿
＿＿＿＿＿＿＿＿＿＿＿＿＿＿＿＿＿＿＿＿＿＿＿＿＿＿＿＿＿＿＿＿＿＿＿＿＿＿

2. 小组成员分工。
＿＿＿＿＿＿＿＿＿＿＿＿＿＿＿＿＿＿＿＿＿＿＿＿＿＿＿＿＿＿＿＿＿＿＿＿＿＿
＿＿＿＿＿＿＿＿＿＿＿＿＿＿＿＿＿＿＿＿＿＿＿＿＿＿＿＿＿＿＿＿＿＿＿＿＿＿

3. 诊断检测计划。
＿＿＿＿＿＿＿＿＿＿＿＿＿＿＿＿＿＿＿＿＿＿＿＿＿＿＿＿＿＿＿＿＿＿＿＿＿＿
＿＿＿＿＿＿＿＿＿＿＿＿＿＿＿＿＿＿＿＿＿＿＿＿＿＿＿＿＿＿＿＿＿＿＿＿＿＿

三、实施
1. 装备 ABS 的汽车易出现的一些特殊现象
发动机起动时,踏下制动踏板会弹起;而发动机熄火时,制动踏板会下沉。
(1)制动时转转向盘,会感到转向盘有轻微的振动。
(2)制动时,会感到制动踏板有轻微下沉,或轻微振动。
(3)高速行驶急转弯时,或冰雪路面上行驶时,有时会出现制动警告灯亮起的现象。
(4)制动时,ABS 继电器不断地动作,这是 ABS 起作用的正常现象。
(5)制动后期,会有车轮被抱死,在地面上留下拖滑的印痕。这是因为在车速小于 7～10km/h 时,ABS 不起作用。

续上表

此时的印痕很淡,与普通制动时留的长而深的印痕不同。

2. ABS 使用与检修的注意事项

（1）紧急制动时,制动踏板应踩住不放;ABS 工作时踏板有振颤感,听到工作噪声属正常现象。

（2）压力调节器与动力转向共用一个油泵的 ABS(如丰田皇冠等),发动机发动时,制动踏板会上升;发动机熄火时,制动踏板会下降。制动时转方向,转向盘会有轻微振动。

（3）制动液应及时检查、补充,每年更换一次。更换制动液时应注意正确选用制动液的型号,并注意保持器皿清洁。

（4）制动系统出现制动不良故障时,应先判断故障是在常规制动系统还是在 ABS,其方法是断开 ABS 电子控制器线束,让系统以普通制动系统工作,若情况改善,则为 ABS 系统故障。

（5）制动系统空气的排除方法与常规制动系统的空气排除方法一般不同,且不同类型的 ABS,其放气的顺序和程序也可能不同,在进行空气排除时,应按照相应的维护手册所要求的方法和顺序进行。

（6）避免制动液溅到车身上,因为制动液会腐蚀油漆;如制动液已接触到油漆,应立即用清水冲洗。

（7）轮速传感器拆卸时应避免碰撞及敲击。安装时应固定可靠、间隙合适,确保其清洁无油污及脏物。

（8）轮速传感器、压力调节器、电子控制器等元件发生损坏,一般进行换件修理。

（9）对于装有高压蓄能器的 ABS,拆卸前要先卸压(卸压方法参见维修手册),以免高压制动液喷出伤人;安装系统时,未装完前不能接通点火开关,以免电动油泵通电泵油。

（10）点火开关接通的情况下,不能随意断开 12V 用电设备,以免产生瞬时浪涌电压损坏电子控制器。

（11）进行车身电焊操作、烤漆时,应拆下电子控制器。

（12）拆电子控制器之前应断开蓄电池线(断蓄电池线前应了解该车电控系统的特点,如有无音响、防盗密码等),并作好防静电措施。

3. ABS 的自诊断系统

（1）ABS 自检

ABS 自检通常可分静态自检和动态自检两种方法。

①静态自检

当点火开关一接通,ABS 电子控制器就立即对其外部电路进行自检,仪表板上的制动警告灯和 ABS 警告灯亮起,若系统正常(放松驻车制动),警告灯 2~3s 内熄灭,自检过程完成;若系统不正常,警告灯将持续亮起,ABS 电子控制器在将故障信息以代码形式存储的同时关闭 ABS,提示驾驶员应进行检修。

②动态自检

汽车行驶达到一定时速后(因车而异),系统将对诸如电磁阀、回油泵、轮速传感器等进行自检,若发现异常,则点亮 ABS 灯,存储故障代码,关闭 ABS。

（2）故障代码的读取

故障代码的读取方法有人工读取故障代码和仪器读取故障代码两种。

人工读码的基本步骤是先将自诊断座的某些脚短接(如丰田车短接代与 E1),然后根据警告灯的闪烁规律读取,但具体方法及故障代码的含义因车而异,操作者需参考维修手册。

仪器读码则只需将自诊断座与仪器相连,按仪器操作提示进行读取,仪器能对故障码含义进行解释。

（3）故障代码的清除

故障代码的清除方法也有人工清除故障代码和仪器清除故障代码两种方式。

仪器清除故障码安全可靠,但车载电子控制器必须提供仪器清除故障码的可能。

人工清除故障码的常用方法是断开 ABS 系统的 ECU 电源(拆熔断丝或断蓄电池线),但也有例外,如皇冠 3.0 汽车清码方法是先将 Tc 和 E1 短接,然后在 3s 内踩制动踏板 8 次方可清除故障代码。

4. ABS 故障的一般检查方法

（1）车速传感器。

①可能故障

A. 感应线圈短路、断路或接触不良。

续上表

B. 齿圈上有缺损或脏污。
C. 传感器头安装松动或磁极与齿圈之间有脏物。
②检查
A. 检查有无松动,导线或插接器有无松脱。
B. 检查感应线圈电阻,应在规定范围内。
C. 检查输出电压。转动时应有电压,且转速升高,电压也升高。
D. 示波器检查信号电压波形,应为正弦电压波形。
(2) ECU 的检查。
(3) 制动压力调节器的检查。
(4) ABS 控制继电器的检查。
通过上述检查结果分析,得出结论并提出解决方案。

四、检查
1. ABS 外观检查及自检结果:

2. 通过检查分析,得出以下结论:

五、评估
1. 根据自己完成任务情况,对自己工作进行自我评估,并提出改进意见。

2. 教师对小组工作情况进行评估与点评。

相关知识

一、ABS 的作用

ABS 正常工作时,首先由轮速传感器将车轮变化的速度信号及时输送给 ABS 的计算机,由计算机对信号进行分析后,给液压调节器发出制动压力控制指令,液压调节器安装在制动系统的制动主缸与制动轮缸之间,在接收到 ABS 计算机控制指令后,通过液压调节器中的二位二通电磁阀通路的改变(还有液压泵)直接或间接地控制制动压力的增减,从而调节制动器制动力矩,防止制动车轮被抱死。

二、ABS 的结构

ABS 的基本结构由轮速传感器、ECU、执行机构(制动液压装置)组成。
1. 轮速传感器
车速传感器的作用是将车速信号传递给 ABS 电脑,电脑通过计算决定是否开始或准确进行防抱死制动。目前,用于 ABS 的轮速传感器主要有电磁式和和霍尔式轮速传感器两种类型。典型的前、后轮传感器,如图 2-1 所示。

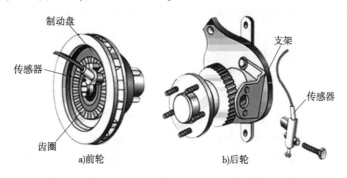

图 2-1　ASR 结构图

电磁感应式转速传感器工作原理如图 2-2 所示,极轴同永磁体相连接,永磁体通过极轴延伸到齿圈并与齿圈构成磁路。感应线圈套在极轴外面,齿圈固装在轮毂上与车轮一同旋转。齿圈旋转时,齿顶和齿隙交替对向极轴。当齿顶对向极轴时,磁路磁阻最小,通过感应线圈的磁通最大;当齿隙对向极轴时,磁路磁阻最大,通过感应线圈的磁通最小。齿顶齿隙交替对向极轴,就使通过感应线圈内部的磁通交替变化从而产生感应电动势,通过线圈末端的电缆将此信号输入 ECU。电脑根据感应电动势信号变化的频率便能精确反映出车轮速度变化。

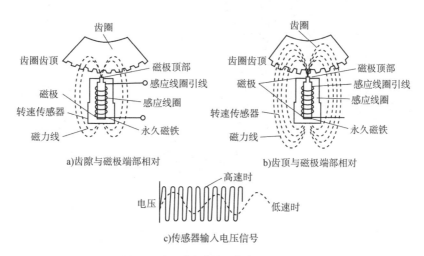

图 2-2　电磁感应式转速传感器工作原理

齿圈上齿数的多少与车型及采用的 ABS 有关,如福特系列车型有 104 个齿(用 35 脚的电脑芯片)、90 个齿(天蝎座车型)和 50 个齿(用 32 脚的电脑芯片),德国 Bosch 公司的有 100 个齿。传感头磁极与齿圈的端面有一空气隙,一般在 1mm 左右,通常可移动传感头的位置来调整间隙。为避免水、泥、灰尘对传感器工作的影响,在安装前需向传感器加注润滑油。

电磁式车轮速度传感器虽然结构简单、成本低,但存在以下缺点:

(1)输出信号的大小随转速的变化而变化,在规定转速范围内,其输出信号的幅值一般在 1~15V 的范围内,若车速过慢,其输出信号低于 1V,无法检测。

(2)频率响应不高。当转速过高时,传感器的频率响应跟不上,容易产生误信号。

(3)抗电磁波干扰能力差,尤其是其输出信号幅值较小时。

目前,国内外防抱死制动系统的控制速度范围一般为 15~160km/h,今后要求控制范围扩大到 8~260km/h,以至更大,显然电磁感应式车轮速度传感很难适应。因此,霍尔式车轮速度传感器在 ABS 中的应用越来越广泛。

2. ABS 的 ECU

ABS 的 ECU 主要是接受轮速传感器、制动开关、储液室液位开关、蓄能器压力开关、点火开关等的输入信号,经 ECU 处理后形成相应的控制指令,对制动液压力装置中的调压电磁阀、电动供液泵、ABS 报警灯等实施控制。除上述控制功能外,ECU 还对 ABS 工作状态进行监测,一旦发现系统存在影响工作的故障,就会关闭 ABS,使制动系统变为普通的制动形式,同时将故障情况以代码形式存储记忆,并使 ABS 报警灯持续点亮。

目前,ABS ECU 的内部电路和控制程序不同,但基本组成是一样的。

ABS 电控单元的内部结构,如图 2-3 所示。为确保系统工作的安全可靠性,在许多 ABS 的 ECU 中采用了两套完全相同的微处理器,一套用于系统控制,另一套则起监测作用,它们以相同的程序执行运算,一旦监测用 ECU 发现其计算结果与控制用 ECU 所算结果不相符,则 ECU 立即让制动系统退出 ABS 控制,只维持常规制动。这种"冗余"的方法可保证系统更加安全。

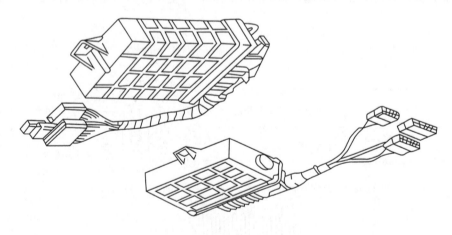

图 2-3　ABS 电子控制单元外形

ECU 的内部电路结构主要包括以下几方面。

(1)输入级电路

以完成波形转换整形(低通滤波器)、抑制干扰和放大信号(输入放大器)为目的,将车轮转速传感器输入的正弦波信号转换成为脉冲方波,经过整形放大后,输给运算电路。输入级电路的通道数视 ABS 所设置的传感器数目而定,通常以三通道和四通道为多见。

(2)运算电路(微型计算机)

根据输入信号运算电磁阀控制参数。主要根据车轮转速传感器输入信号进行车轮线速度、开始控制的初速度、参考滑动率、加速度和减速度等运算,调节电磁阀控制参数的运算和监控运算,并将计算出的电磁阀控制参数输送给输出级。

(3)输出级电路

利用微机产生的电磁阀控制参数信号,控制大功率三极管向电磁阀线圈提供控制电流。

(4)安全保护电路

将汽车12V电源电压改变并稳定为ECU作所需的5V标准电压,监控这种工作电压的稳定性。同时,监控输入放大电路、ECU运算电路和输出电路的故障信号。当系统出现故障时,控制继动电动机和继动阀门,使ABS停止工作,转入常规制动状态,点亮ABS警示灯,将故障以故障码的形式存储在ECU内存中。

3.制动液压装置

制动液压装置由一个双腔制动主缸、液压助力器、制动液储液室、供能装置和调压电磁阀等组成。

制动压力调节器是汽车制动系统中电子控制单元ECU的执行器。其功用是根据ECU的指令,控制压力调节器中电磁阀的动作,适时地调节制动系管路中的液压或气压,以实现控制车轮制动器中压力的自动调节。

通常,制动压力调节器串联在制动主缸与轮缸之间,通过电磁阀直接或间接地调节轮缸的制动压力。当压力调节器直接用于控制轮缸制动压力时,被称为循环调压方式;当压力调节器间接控制制动轮缸时,称为变容积式调节方式。各种调压方式又可细分如下。

(1)循环式制动压力调节器

此种形式的制动压力调节器,如图2-4所示。由电磁阀、回油泵、储液器和单向阀等组成,是在制动主缸与轮缸之间串联进一电磁阀,直接控制轮缸的制动压力。回油泵的功用是当电磁阀在减压过程中,从制动轮缸流出的制动液经储能器由回油泵泵回制动主缸。储能器的功用是当电磁阀在减压过程中,从轮缸流出的制动液由储能器暂时储存,然后由回油泵泵回主缸,因此,储能器也叫储液器。

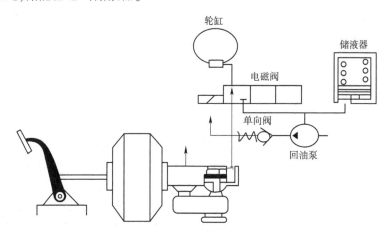

图2-4 循环式制动压力调节器的工作原理

①电磁阀

当给线圈通电时,铁芯变成有磁力的磁铁,产生吸力,吸力的大小与通给线圈的电流强度有关,改变电流的强度即可控制两铁芯之间的吸引力,进而控制衔铁在阀内的轴线位置,如图2-5所示。

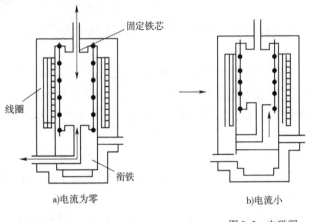
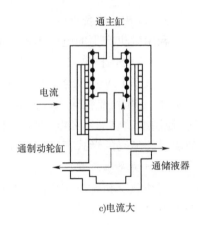

图 2-5 电磁阀

②回油泵与储能器

回油泵多为柱塞泵,由电动机带动凸轮旋转,泵内设有两个单向阀,上阀为进油阀,下阀为出油阀。柱塞上行时,轮缸及储能器的压力油推开上进油阀进入泵体内,柱塞下行时,首先封闭进油孔,继而使泵腔内压力升高,推开下出油阀,将制动液压回制动主缸。

储能器为一内装活塞和弹簧的油缸,位于电磁阀与回油泵之间。由轮缸流入的压力油进入储能器作用于活塞,进而压缩弹簧使储能器容积变大,以暂时储存制动液。有的储能器也采用气囊式储能器。在容器中有气囊将容器分隔为两腔,气囊后部充有氮气,上腔与回油泵和电磁阀回油口相连。从轮缸流入的压力油进入气囊上腔,压力油作用在气囊上使气体压缩,上腔容积增大以暂时储存制动液和能量。

(2)回流泵式调压方式

该压力调节装置(图 2-6)采用两个二位二通电磁阀,其工作原理与再循环式调压器相似。减压时轮缸释放的制动液被回送储能器和制动主缸,同时,油泵也参与将制动液回送主缸的工作,制动液在主缸和轮缸间控制制动液的交换,实现调节作用。ABS 工作时,油泵连续工作。

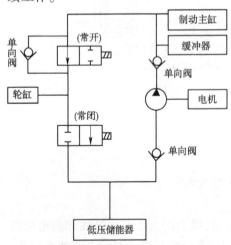

图 2-6 回流泵式调压方式示意图

系统具有以下一些特点:

①系统采用两个二位二通电磁阀取代循环调压方式中的一个三位三通电磁阀,实现 ABS 保压、减压和增压,工作可靠性更高。

②当 ABS 工作,轮缸处于保压状态时,轮缸的压力和来自主缸的压力在单向阀处平衡。

③主缸和油泵之间串联单向阀,并联缓冲器,减缓了制动踏板的抖动,但仍保留了轻微的感觉。

回流泵式调压方式是 ABS 调压方式中比较新的技术,目前 Bosch ABS5.3 和 TEVES MK20(桑塔纳 2000 时代超人装用)均采用了此种方式。

(3)补给式调压方式

在图 2-7 所示的调压系统中,当 ABS 工作时,轮缸的增压由高压储能器中的压力补给,而储能器中的压力则由油泵提供。油泵是否工作取决于高压储能器内的压力,当储能器内压力低于设定压力值时,油泵便开始工作。轮缸减压时的制动液送回到储油罐。进行常规制动时,轮缸的减压液体直接流回制动主缸。坦威斯 TEVES MK2 型 ABS 上采用了此种结构,系统中所设置的高压储能器还取代了真空助力器,储能器中的高压液体兼用于制动助力。此种调压方式当 ABS 处于增压状态时,因主缸、轮缸的油路与高压储能器相通,故制动踏板会有明显的抖动。

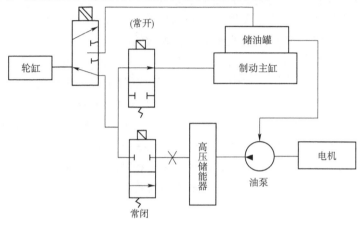

图 2-7　补给式调压方式

（4）可变容积式

可变容积式压力调节装置是在汽车原有的制动管路上增加一套液压装置,用它来控制制动管路容积的增减,从而达到控制制动的压力变化。

可变容积式压力调节装置主要由电磁阀、液压控制活塞、电动泵和蓄压器等组成。其主要特征是有一个液压控制活塞。这种方式随结构的不同,既有有踏板反应的,也有无踏板反应的。

三、ABS 的工作原理

ABS 的基本工作原理是:汽车在制动过程中,车轮转速传感器不断把各个车轮的转速信号及时送给 ABS 电子控制单元 ECU,ABS ECU 根据设定的控制逻辑对转速传感器输入的信号进行处理,计算汽车的参考车速、各车轮速度和减速度,确定各车轮的滑移率。

如果某个车轮的滑移率接近设定值,ABS 的 ECU 就控制液压控制单元,使该车轮的制动压力保持一定,从而使各个车轮的滑移率保持在理想的范围之内,防止车轮完全抱死。

如果某个车轮的滑移率没有达到设定值,ABS ECU 就控制液压控制单元,使该车轮的制动压力增大;如果某个车轮的滑移率超过设定值,ABS ECU 就会发出指令控制液压控制单元,使该车轮制动轮缸中的制动压力减小。

在制动过程中,如果车轮没有抱死趋势,ABS 将不参与制动压力的控制,此时制动过程与常规制动系统相同。如果 ABS 出现故障,电子控制单元将不再对液压单元进行控制,并将仪表板上的 ABS 故障警告灯点亮,向驾驶员发出警告信号。此时,ABS 不起作用,制动过程与没有 ABS 的常规制动系统的工作过程相同。

汽车制动性能分析

1. 制动效能

制动效能即制动距离、制动时间和制动减速度。

由汽车理论可知,制动效能主要取决于制动力的大小,而制动力不仅与制动器的摩擦力矩有关(图2-8),而且还受到车轮与地面的附着系数的制约。

$$Fr_{max} = Z\varphi$$

式中:Z——地面对轮胎法向反作用力;

φ——轮胎道路附着系数。

即制动力的最大值等于附着力。在法向反力一定时,制动力的最大值取决于车轮与地面的纵向附着系数,而纵向附着系数与车轮相对地面的滑移率有关。

2. 汽车地面附着性能

(1) 车轮滑动率

车轮滑动率表明车轮滑动成分即车辆速度与车轮速度之差与车辆速度的比值:

$$S = \frac{V - V_\omega}{V} \times 100\% = \frac{V - r\omega}{V} \times 100\%$$

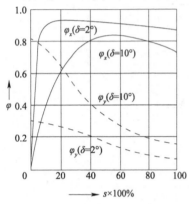

图2-8 侧向附着系数与滑移率的关系

式中:V——汽车车身的速度;

r——车轮的动力半径;

ω——车轮的角速度。

注:制动时,车轮速度小于车辆速度。

附着力是抵抗轮胎在道路上产生滑动的力。

纵向附着系数:

$$\varphi_x = F_x/F_z = f_x(R,T,V,M,S)$$

侧向附着系数:

$$\varphi_y = F_y/F_z = f_y(R,T,V,M,S)$$

式中:F_x——制动力;

F_y——侧向力;

F_z——垂直载荷;

R——路面因素;

T——轮胎因素;

V——汽车因素;

M——制动工况因素。

(2) 附着系数

若路面因素、轮胎因素、汽车因素、制动工况因素等在制动过程确定,则

$$\varphi_x = f_x(S)$$
$$\varphi_y = f_y(S)$$

δ 为车轮侧偏角。

注:δ 增大,φ_x 减小,而 δ 增大,φ_y 增大。

3. 汽车制动防抱死系统的控制技术

制动开始,制动压力和车轮角减速度增加,降到门限值 a(阶段1)

电磁阀转换到"压力保持"车速并在给定的斜率下做相应递减,制动稳定区(阶段2),制动不稳定区降压,角减速度回升(阶段3),角减速度回升门限值 a,保压(阶段4),角减速度进一步回升为角加速度到门限值 b,是高附着系数路面,升压(阶段5),车轮角加速度下降门限值 b,保压(阶段6),进入稳定制动,压力小阶梯上升,如图 2-9 所示。

(1) 高附着系数控制技术

在制动开始时,制动压力和车轮角减速度增加,在阶段 1 末,即轮减速度达到设定的门限值 $-a$(这里指绝对值),相应的电磁阀转换到"压力保持"状态,同时形成参考车速并在给定的斜率下做相应递减,滑动率的值是由参考车速计算得出,如果滑动率小于门限值,系统则进行一段保压(阶段2),当滑动率

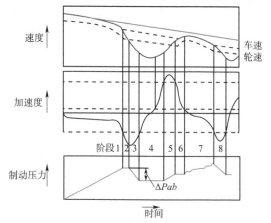

图 2-9 制动过程速度、加速度分析

大于门限值,电磁阀转换到"压力下降"的状态,即阶段3,由于制动压力下降,车轮的角减速度回升,当达到 $-a$ 值时,制动压力开始保持(第4阶段),当轮角减速度随着车轮的回升达到加速,达到门限值 $+a$,这时压力仍然保持,让车轮进一步回升到门限值 $+Ak$(表明是高附着系数路面),这时使制动压力再次增加(第5阶段),使车轮角加速度下降,当车轮角加速度再回到 $+Ak$ 时,进行保压(第6阶段);车轮角加速度值回落到 $+a$ 值,此时车轮已进入稳定制动区域,并且稍有制动不足,这一区域的制动时间要尽可能延长,因此,阶段7的制动压力采用小的阶梯上升,一般较初始压力梯度小得多,直到车轮减速度再次超过门限值 $-a$ 值,以后的控制循环过程就和前面一样了。

(2) 低附着系数控制技术

在进入制动压力保持(阶段3)前段后,由于附着系数低,车轮加速慢,致使在设定的制动压力保持时限内,车轮角加速度达不到门限值,由此判断处于低附着系数路面。

以较低的压力减小率使制动压力减小(阶段3后),直到车轮角加速度超过门限值 $+a$,此后进入压力保持阶段(阶段4)。当车轮的角加速度又低于控制门限值 $+a$ 以后,就以较低的压力升高率使制动压力增大(阶段5),直到车轮的角减速度又低于控制门限值 $-a$ 后,进入下个循环调节。

(3) 高、低附着系数控制技术

在制动压力减小阶段(阶段2),车轮的参考滑动率可能超过下门限 S_1 和上门限 S_2。车轮角减速度从低于门限值 $-a$ 变化到高于门限值 $-a$ 时,要对车轮参考滑动率是否超过 S_2

进行判断,若超过,不再进行制动压力保持,而应减小制动压力,此后保持,之后车轮角加速度又低于控制门限值 $+a$,再以较低压力升高率使制动压力增大。

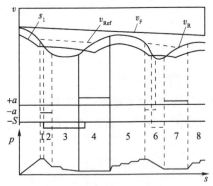

图 2-10　低附着系数路面上制动防抱死控制过程

4. 制动时的方向稳定性

制动时汽车的方向稳定性是指汽车在制动时仍能按指定方向的轨迹行驶,即不发生跑偏、侧滑以及失去转向能力。

汽车制动时产生侧滑及失去转向能力与车轮和地面间横向附着力有关,即与横向附着系数有关。由图 2-10 可知,当 $S=100\%$,即车轮抱死时,横向附着系数下降至近似 0,此时,车轮在极小的侧向外力的作用下即产生侧滑。转向轮抱死后将失去转向操纵能力。因此,车轮抱死将导致制动时汽车的方向稳定性变坏。采用电子控制防抱死制动系统,可自动调节制动器加到车轮上的制动力矩,使车轮的方向稳定性变好。

任务二　ABS 控制系统故障诊断与排除

姓名＿＿＿＿＿　　班级＿＿＿＿＿　　学号＿＿＿＿＿　　成绩＿＿＿＿＿

客户任务	桑塔纳 3000 轿车上线检测后车辆行驶仪表板上的 ABS 故障指示灯点亮,ABS 系统防抱功能失效
任务目的	制订工作计划,并利用汽车万用表、故障诊断仪器等进行检测,确定故障原因并维修更换

一、资讯

1. ABS 的分类及布置形式。

＿＿＿

＿＿＿

2. ABS 故障代码的读取方法和步骤。

＿＿＿

＿＿＿

3. 叙述 ABS 液压系统空气的排放方法。

＿＿＿

＿＿＿

二、决策与计划

根据任务要求,确定需要的检测仪器、工具,并对小组人员合理分工,制订详细的诊断和修复计划。

1. 需要检测仪器工具。

＿＿＿

＿＿＿

2. 小组成员分工。

＿＿＿

＿＿＿

3. 诊断和修复计划。

＿＿＿

＿＿＿

续上表

三、实施 1. ABS 故障的初步检查 使用中,如果 ABS 出现故障,用户或维修人员可首先进行下述检查,以便迅速查明故障原因,为进行故障自诊断或下一步的检修做好准备。 (1)检查蓄电池以及各熔断丝、继电器是否正常,安装是否可靠,接触是否良好。 (2)检查 ABS 的 ECU、ABS 执行器以及各传感器、电磁阀线束连接器是否连接可靠,接触是否良好。 (3)检查液压系统工作是否正常。如果有故障,应先对其进行检修。 2. 故障诊断基本步骤 (1)确认故障情况和故障症状。 (2)对系统进行直观检查,检查是否有制动液泄漏、导线破损、插头松脱、制动液液位过低等现象。 (3)读取故障码。 如果 ECU 系统中储存有故障,一方面使 ABS 警示灯点亮,中断 ABS 工作,恢复常规制动系统,另一方面将故障存入存储器中。再根据维修手册查找故障代码所代表的故障情况。 故障代码的读取方法,用专用诊断测试仪读取故障代码,或连接自诊断起动电路读取故障代码,也可以利用仪表板信息显示系统读出故障代码。 (4)根据读解的故障情况,利用必要的工具和仪器对故障部位进行深入检查,确诊故障部位和故障原因。 (5)故障排除后需清除故障代码。 (6)进行故障排除效果验证,检查警示灯是否仍然持续点亮,如果警示灯仍然持续点亮,可能是系统中仍有故障存在,也有可能是故障已经排除,而故障代码未被清除;警示灯不再点亮后,进行路试,确认系统是否恢复工作。 四、检查 1. 用专用诊断测试仪读取故障代码,或连接自诊断起动电路读取故障代码,也可以利用仪表板信息显示系统读出故障代码。   2. 通过检查分析,得出以下结论: 五、评估 1. 根据自己完成任务情况,对自己工作进行自我评估,并提出改进意见。   2. 教师对小组工作情况进行评估与点评。

 相关知识

一、ABS 的分类及布置形式

根据轮速传感器数量和控制通道数目,ABS 主要有以下几种布置形式(图 2-11 ~ 图 2-14)。

1. 四传感器四通道四轮独立控制形式

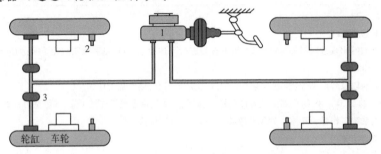

图 2-11　四传感器四通道四轮独立控制
1-制动主缸；2-轮速传感器；3-制动压力调节器

2. 四传感器四通道前独后选的控制形式

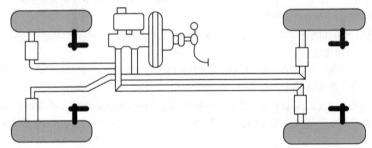

图 2-12　四传感器四通道前独后选的控制

3. 四传感器三通道前独后选控制的形式

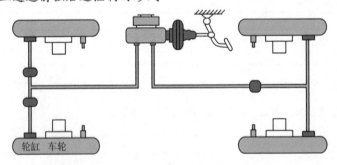

图 2-13　四传感器三通道前独后选的控制

4. 三传感器三通道前独后选的控制形式

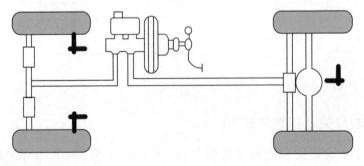

图 2-14　三传感器三通道前独后选的控制

除上述四种主要布置形式外,还有四传感器二通道(前轮独立控制)、四传感器二通道(前轮独立控制,后轮低选控制)、二传感器二通道、一传感器一通道等布置形式。

二、ABS 的控制过程

ABS 的控制过程分为常规制动和 ABS 控制调节制动两部分。通常情况下只要在制动过程中车轮没有被抱死的迹象,ABS 控制系统是不工作的,制动主缸中的制动液可直接通过液压调节器进入制动轮缸产生制动力,此时进行的是常规制动过程,见图 2-15。

当车轮快要抱死时,ABS 的 ECU 会认为车轮有抱死趋势,便会发出控制指令,使液压调节器进行制动力的调节,调节过程由制动保压、制动减压、制动增压组成。

1. 制动保压

当轮速传感器告知 ABS 的 ECU 该轮趋于抱死时,ECU 发出控制指令,液压调节器将该轮制动轮缸进液、回液油路全部关闭,轮缸中的油压不变,实现保压,见图 2-16。

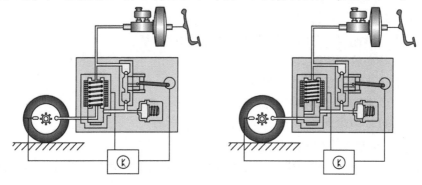

图 2-15　常规制动　　　　　　图 2-16　制动保压

2. 制动减压

当轮速传感器告知 ABS 的 ECU 该轮抱死趋势没有改善时,ECU 发出控制指令,液压调节器将该轮进液油路继续关闭,回液油路打开,轮缸中的油压下降,实现减压,见图 2-17。

3. 制动增压

当轮速传感器告知 ABS 的 ECU 该轮抱死趋势消失时,ECU 发出控制指令,液压调节器将该轮进液油路打开,回液油路关闭,ABS 油泵工作,与制动主缸一起向该轮轮缸送液,制动轮缸油压上升,实现增压,见图 2-18。

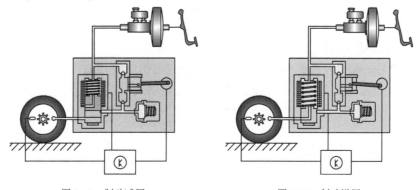

图 2-17　制动减压　　　　　　图 2-18　制动增压

由以上分析可知,ABS 控制过程实际上就是利用制动压力调节系统对制动管路中的油液高速进行循环调节的过程,这种调节循环的工作频率可达 15~20 次/s。

ABS 液压系统空气的排放

ABS 制动液压系统中有空气侵入时,就会感到制动踏板无力、制动踏板行程过长,致使制动不足,甚至制动失灵。

因此,在制动压系统中有空气侵入时,特别是在制动液压系统进行修理以后,必须排出制动液压系统的空气。在排空气时具有防抱死控制功能的制动系统比常规的制动系统更为复杂。

1. 常规制动系统空气的排放

(1) 将一根软管的一端接到放气螺钉上,一头插到容器中。

(2) 一人用力迅速踩下并缓慢放松制动踏板,如此反复。

(3) 另一人拧松放气螺钉,管路中空气随制动液排出,排出后再将螺钉拧紧。

(4) 重复上述步骤,直到容器里没有气泡为止。

(5) 按一定要求和顺序排出各轮缸里的空气。

(6) 在排放过程中注意观察液面,必要时添加制动液。

2. 有 ABS 制动系统的人工排空气

先排除制动系统中存在的故障,并检查制动液压系统中的管路及其接头,如发现管路破裂或接头松动,应进行修理。

检查储蓄室中的液位情况,如果发现液位过低,应先向储液室补充制动液。

在储能器中往往蓄积着压力很高的制动液或矿物油,如果在松开排气螺钉时不注意,高压油液可能会喷出伤人。

Bosch3 ABS 制动系统排空气的方法

(1) 点火开关置于断开位置(OFF),踩动制动板 25 次以上,使储能器中蓄积的制动液完全释放。

(2) 排出制动管路空气时可以采用压力排气法或人工排气法,排气顺序为左后、右后、左前、右前。

(3) 排出制动液压总成的空气时,先将储能器制动液完全释放,将储液室中的制动液加注到最高液位标记处,再将一根透明塑料软管的一端连接在制动液压总成右侧的排气螺钉上,而将软管的另一端浸入盛有制动液的容器中,将排气螺钉拧开 1/2~3/4 圈。

(4) 将点火开关置于点火位置,当电动泵泵出的制动液中没有气泡时,再将排气螺钉拧紧,取下排气软管,将点火开关置于断开位置,使电动泵停止运转。

项目三 驱动防滑控制系统结构与检修

项 目	职 业 技 能	技 术 知 识
任务一	学会拆装驱动防滑控制系统结构	掌握驱动防滑控制系统组成及工作原理
任务二	学会驱动防滑控制系统检测	掌握驱动防滑控制系统检测原理
任务三	学会典型汽车驱动防滑控制系统检修	掌握典型汽车驱动防滑控制系统检修原理

任务一 驱动防滑控制系统结构及拆装

姓名_____ 班级_____ 学号_____ 成绩_____

客户任务	LS400 轿车行驶中驱动防滑控制系统工作异常,传感器端无信号显示,ASR 警报灯亮起
任务目的	制订工作计划,并利用驱动防滑控制系统试验台对驱动防滑控制系统进行性能检测,判定驱动防滑控制系统是否能继续使用

一、资讯

1. 驱动防滑控制系统的功用是_____。
2. 驱动防滑控制系统由_____、_____、_____组成。
3. 驱动防滑控制系统的执行机构是_____。
4. 驱动防滑控制系统工作原理是_____。
5. ASR 液压制动执行器的工作原理是_____。
6. ASR 系统的控制电路主要由_____、_____、_____组成。
7. 当 ASR 系统正常工作时,ASR 关闭开关_____。

二、决策与计划

根据任务要求,确定需要的检测仪器、工具,并对小组人员合理分工,制订详细的诊断和修复计划。

1. 需要检测仪器工具。

_____

2. 小组成员分工。

_____

3. 诊断和修复计划。

_____

三、实施

1. LS400 汽车的 TRC 泵总成的拆卸。

续上表

(1)拆下空气滤清器。
(2)在 TRC 压力控制器的放气螺栓上接一软管。
(3)旋松放气螺栓,将高压制动液放出。
(4)拧下 TRC 泵总成的固定螺栓,取下连接软管。
(5)拧下储压器的紧固螺栓,取下固定支架。
(6)取出止推垫圈和 O 形密封圈。
(7)分解泵和储压器外围的连接器件。
2.测试拆下来的传感器、执行机构。
实验步骤:
_____
_____

实验结果:
_____
_____

3.通过上述检查结果,分析得出结论并提出解决方案。
_____
_____

4.驱动防滑控制系统的安装。
_____
_____

5.油压管内部空气的排空。
_____
_____

四、检查
1.检查驱动防滑控制系统油压和传感器信号。
_____
_____

2.通过检查分析,得出以下结论:
_____
_____

五、评估
1.根据自己完成任务情况,对自己工作进行自我评估,并提出改进意见。
_____
_____

2.教师对小组工作情况进行评估与点评。
_____
_____

 相关知识

一、汽车电控驱动防滑控制系统的基本结构及工作原理

1. ASR 的基本组成

ASR 由 ECU、执行器(制动压力调节器、节气门驱动装置)、传感器(车轮车速传感器、节

气门开度传感器)等组成,图3-1为ASR的基本组成。

2. ASR的工作原理

车速传感器将行驶汽车驱动车轮转速及非驱动车轮转速转变为电信号,输送给电控单元ECU。ECU根据车速传感器的信号计算驱动车轮的滑移率,若滑移率超限,控制器再综合考虑节气门开度信号、发动机转速信号、转向信号等因素确定控制方式,输出控制信号,使相应的执行器动作,使驱动车轮的滑移率控制在目标范围之内。

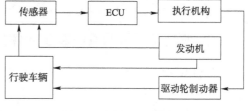

图3-1 ASR的基本组成

(1) ASR传感器

①车轮车速传感器:与ABS共享。

②节气门开度传感器:与发动机电控系统共享。

③ASR选择开关:ASR专用的信号输入装置。ASR选择开关关闭时,ASR不起作用。

(2) ASR电子控制单元ECU

ASR ECU也是以微处理器为核心,配以输入输出电路及电源等组成。ASR与ABS的一些信号输入和处理是相同的,为减少电子器件的应用数量,ASR控制器与ABS电控单元常组合在一起,图3-2为ABS/ASR组合ECU实例。

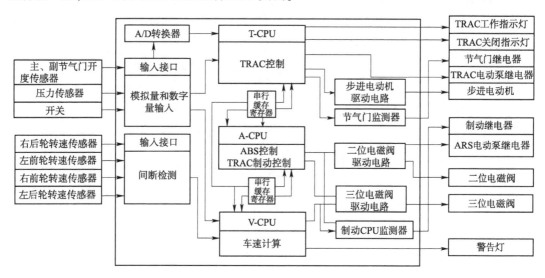

图3-2 ABS/ASR组合电子控制单元ECU

(3) ASR系统的执行机构

①制动压力调节器

ASR的制动压力调节器执行ASR ECU的指令对滑转车轮施加制动力和控制制动力的大小,以使滑转车轮的滑转率在目标范围内。ASR的压力源是蓄压器,通过电磁阀来调节驱动车轮的制动压力。

②节气门驱动装置

ASR控制系统通过改变发动机辅助节气门的开度来控制发动机的输出功率。

节气门驱动装置由步进电动机和传动机构组成。步进电动机根据 ASR 控制器输出的控制脉冲转动规定的转角,通过传动机构带动辅助节气门转动。

ASR 不起作用时,辅助节气门处于全开位置,当需要减少发动机驱动力来控制车轮滑转时,ASR 控制器输出信号使辅助节气门驱动机构工作,改变辅助节气门开度。

二、驱动防滑控制系统液压部件的拆装

当怀疑或诊断出 ASR 液压部件有故障时,需拆下检修或更换。在拆卸和安装时应注意:

(1)由于储压器使管路中的制动液保持着一定的压力,在拆卸油管时要小心高压制动液喷出。

(2)安装时要按规定的力矩拧紧管路的螺纹连接和部件连接螺栓。拧得过松容易造成松动和泄漏,拧得过紧又容易造成变形和滑丝。

(3)与 ABS 和普通制动系统一样,液压系统部件拆卸后,安装时一定要按正确的方法排出制动液压系统中的空气。

下面以 LS400 汽车为例(丰田的 LS400 驱动防滑系统 ASR 又称作 TRC),讲述 TRC 液压部件的拆卸与安装。

1. TRC 泵总成与储压器总成的拆卸与安装

TRC 泵总成的拆卸与安装,如图 3-3 所示。拆卸连接储压器液压管以前,应放出高压制动液。方法如下。

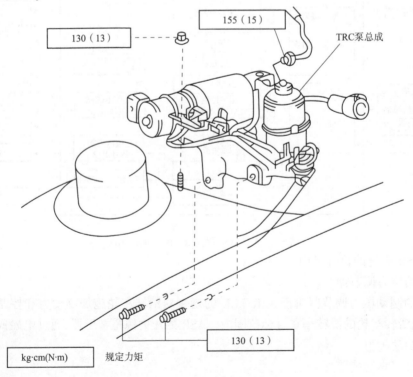

图 3-3 TRC 泵总成的拆卸与安装

(1)拆下空气滤清器。
(2)在 TRC 压力控制器的放气螺栓上接一软管。
(3)旋松放气螺栓,将高压制动液放出,如图 3-4 所示。

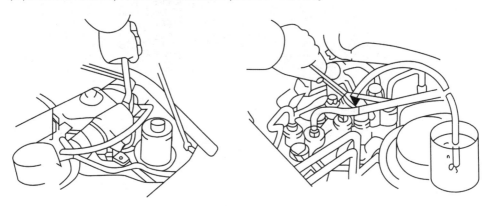

图 3-4 释放管路中的高压制动液

2. TRC 泵总成与储压器总成的分解与装配

泵总成与储压器总成的分解和装配,如图 3-5 所示。其中,液压软管的两面都有 O 形圈,安装时不能漏装,其螺栓的拧紧力矩为 46N·m。

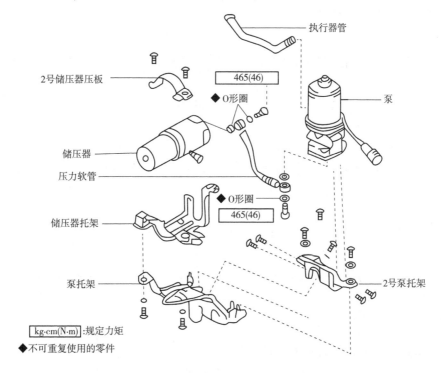

图 3-5 TRC 泵总成与储压器总成的分解和装配

3. TRC 制动压力调节器的拆装 TRC 制动压力调节器的拆装

TRC 制动压力调节器的拆卸与安装,如图 3-6 所示。在拆卸连接制动压力调节器液压管以前,同样应放出高压制动液。

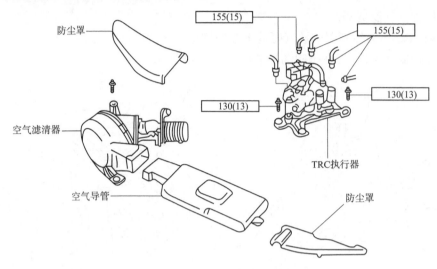

图 3-6 TRC 制动压力调节器的拆卸与安装

一、ASR 与 ABS 的异同

1. ASR 与 ABS 的相同之处

(1) ASR 和 ABS 采用相同的控制技术,都是通过控制车轮和路面的滑移率来实现各自的控制功能。

(2) ASR 和 ABS 密切相关,通常结合在一起使用,共享许多系统部件来控制车轮的转动,以更好地保证汽车的行驶安全。

2. ASR 与 ABS 的不同之处

(1) ABS 是防止制动时车轮抱死滑移,主要是用来提高制动效果,确保制动安全;ASR 则是防止驱动车轮的滑转,主要是用来提高汽车起步、加速及滑溜路面行驶时的牵引力,提高行驶性能,确保行驶稳定性。

(2) 在控制其滑移率的过程中,ABS 对前后车轮都起作用,而 ASR 只对驱动车轮起控制作用。

(3) ABS 是在制动时工作,在车轮出现抱死趋势时起作用,在车速很低(小于 8km/h)时不起作用;ASR 则是在整个行驶过程中都工作,在车轮出现滑转时起作用,当车速很高(80~120km/h)时不起作用。

二、驱动防滑控制系统的控制方式

驱动防滑控制系统的控制参数是滑转率 δ,控制器根据各车轮转速传感器信号计算 δ,当 δ 值超过某一限定值时,控制器就输出控制信号,抑制车轮的滑转,将车轮的滑转率控制在理想的范围内。

汽车驱动防滑控制系统常用的控制方式有以下几种。

1. 发动机输出功率/转矩控制

在汽车起步或加速时,若加速踏板踩得过猛,会因为驱动力过大而出现两边驱动车轮都滑转的情况,这时,ASR 控制器输出控制信号,控制发动机的输出功率,以抑制驱动车轮的滑转,如图 3-7 所示。

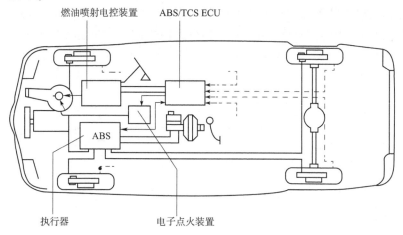

图 3-7　控制发动机输出功率/转矩的 ASR 系统

发动机输出功率/转矩控制通常有以下几种方法。

(1) 调节喷油量,减少或中断供油。

(2) 调整点火时间,减小点火提前角或停止点火。

(3) 调整进气量,调整节气门的开度和辅助空气装置。

上述 3 种方法中,调整进气量(如调整节气的开度)最好,但调整节气门反应速度较慢。

调整点火时间和燃油喷射量反应速度较快,可补偿调整节气门开度的不足,但推迟点火时间控制不好易造成失火,燃烧不完全,增加排气净化装置中三元催化器的负担。如果只减少燃油喷射量,因受燃烧室内废气的影响,又会使燃烧过程延迟。

2. 驱动轮制动控制

当汽车在附着系数不均匀的路面上行驶时,处于低附着系数路面的驱动车轮可能会滑转,此时 ASR 电子控制单元将对滑动车轮施加一定的制动力,使两驱动车轮向前运动速度趋于一致。该控制方式反应时间最短,是防止驱动轮滑转最迅速的一种控制方式,但为了制动过程平稳,出于对舒适性的考虑,其制动力应缓慢升高。该控制方式一般都作为调整进气量(如节气门开度),改变发动机输出转矩方式的补充。

对滑转的驱动车轮施加一定的制动力,还能使处于高附着系数路面的车轮产生更大的驱动力,起到差速锁的效果。

采用驱动轮制动控制方式的 ASR 的液压系统可分为两大类,一类是 ASR 与 ABS 的组合结构,在 ABS 中增加电磁阀和调节器,从而增加了驱动控制功能;另一类是在 ABS 的液压装置和轮缸之间增加一个单独的 ASR 液压装置。

3. 发动机输出功率和驱动车轮的制动力同时控制

控制信号同时起动 ASR 制动压力调节器和辅助节气门调节器,在对驱动车轮施以制动力的同时,减小发动机的输出功率,以达到理想的控制效果。

4. 防滑差速锁止控制

防滑差速锁止（Limited Slip Differential, LSD）控制装置是一种电子控制可变锁止差速器，它是通过控制多片式防滑差速器离合器的工作液压实现锁止控制。这种锁止方式可以使锁止程度逐渐变化，锁止范围可从 0 变化到 100%。当驱动轮单边滑转时，控制器输出控制信号，使差速器锁止装置和制动压力调节器动作，控制车轮的滑转率，并将压力传感器和驱动轮轮速传感器产生的信号反馈给 ECU，实行反馈控制。它可有效控制驱动车轮的驱动力，从而提高汽车在滑溜路面的起步、加速能力及行驶方向的稳定性。防滑差速器的 ASR 系统，如图 3-8 所示。

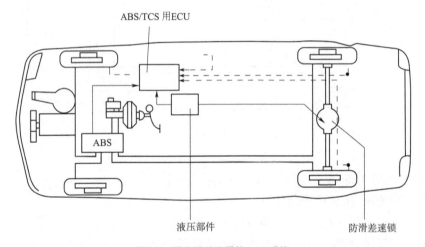

图 3-8 带防滑差速器的 ASR 系统

5. 差速锁与发动机输出功率综合控制

汽车在行驶过程中，路面情况千差万别，采用差速锁止控制与发动机输出功率综合控制相结合的控制系统，可根据发动机的状况和车轮滑转的实际情况采取相应的控制，以达到最理想的控制效果，可使汽车在各种路面行驶和起步时具有更高的稳定性和可操纵性。

任务二 驱动防滑控制系统检测与故障诊断

姓名_____   班级_____   学号_____   成绩_____

客户任务	LS400 轿车行驶中，制动时车轮发生抱死，严重时发生甩尾，加速时驱动轮严重打滑，怀疑驱动防滑控制系统工作失效
任务目的	制订工作计划，并利用汽车 ECU、万用表对驱动防滑控制系统进行检测，确定故障原因并维修更换

一、资讯

1. 拆卸电气元件和线束插头时要注意什么？
_____
_____

2. 如何清除转速传感器和传感器齿圈上的油污？
_____
_____

续上表

3. ASR 制动调节器的工作原理。   4. 维修液压系统时,释放系统里高压制动液步骤。   二、决策与计划 根据任务要求,确定需要的检测仪器、工具,并对小组人员合理分工,制订详细的诊断和修复计划。 1. 需要检测仪器工具。   2. 小组成员分工。   3. 诊断和修复计划。   三、实施 1. ASR 制动压力调节器检测结果。   2. 转速传感器检查结果。   四、检查 1. 检查 ASR 制动压力器是否能满足不同工况所需的压力。   2. 通过检查分析,得出以下结论: 五、评估 1. 根据自己完成任务情况,对自己工作进行自我评估,并提出改进意见。   2. 教师对小组工作情况进行评估与点评。

 相关知识

一、输入装置的结构及工作原理

1. 车轮转速传感器

车轮转速传感器与 ABS 系统共享,用来检测每一车轮的运动状态。

2. 节气门位置传感器

在主、副节气门处各设置了一个节气门开度传感器与发动机电控系统共享,用来检测节气门打开的角度及进入发动机汽缸的空气量,计算发动机输出转矩。其结构原理,如图3-9所示。

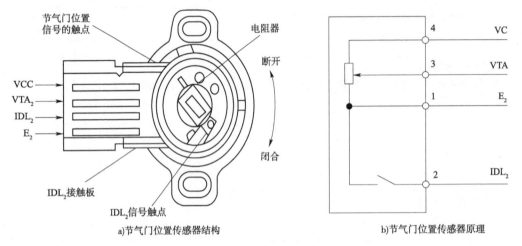

图3-9 节气门传感器结构与原理

3. ASR 选择开关

ASR 专用的信号输入装置,安装在驾驶员侧车门或仪表板下,ASR 选择开关关闭时,ASR 不起作用,ASR 控制开关指示灯会点亮。

二、电子控制单元

ASR 电子控制单元 ECU 也是以微处理器为核心,配以输入、输出电路及电源等组成。

ASR 与 ABS 的一些输入信号和处理是相同的,为减少电子器件的应用数量,ASR 控制器与 ABS 电控单元常组合在一起。典型的 ABS/ASR 电子控制单元系统结构示意图,如图3-10所示。

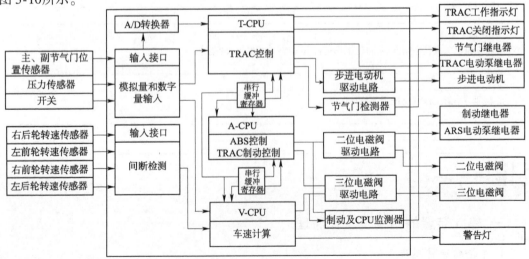

图3-10 ABS/ASR 组合控制系统示意图

电子控制单元主要完成驱动车轮转速控制、继电器控制、初始检查、故障自诊断和失效保护等功能。

1. 驱动车轮转速控制功能

在起动和突然加速中,若后轮空转,其转速就不会与前轮转速相匹配。ABS/ASR ECU根据车轮转速信号感知这一情况,当ABS/ASR ECU判定驱动车轮的滑转率超过设定的值时,便起动ASR系统,会发出关闭副节气门信号至副节气门执行器。即使发动机主节气门的位置不发生变化,发动机的进气量也会因副节气门开度的减小而减小,从而使发动机的输出转矩减小,驱动力随之下降。若驱动车轮的滑移率仍未降到设定的控制范围内,ABS/ASR ECU会控制ASR的制动压力调节装置,对驱动车轮施加一定的制动力,进一步降低驱动车轮的滑移率,以达到防止驱动车轮滑转的目的。在ASR处于防滑转控制过程中,驾驶员踩下制动踏板制动时,ASR会自动退出控制,而不影响正常的制动过程。

驱动车轮转速控制功能只有满足主节气门不全闭(IDL_1,应断开)、自动变速器换挡杆位于P和N以外的挡位,车辆以大于9km/h的速度行驶,制动灯开关断开,ASR切断开关断开,ABS系统不工作,TRC系统不处在传感器检查模式或故障代码输出模式等条件时才起作用。

2. 继电器控制功能

ECU根据各传感器和开关的信号,可以通过控制相应继电器电磁线圈的电流回路来控制继电器的工作,进而控制相应的执行器进行工作。如果ECU检测到故障,ECU就断开这些继电器。例如:当点火开关接通时,ECU就接通ASR主继电器和节气门继电器;当ASR主继电器接通、发动机转速超过500r/min、自动变速器换挡杆在P或N挡以外的位置、主节气门没有完全关闭、压力传感开关信号接通时,ECU接通ASR液压电动泵继电器。

3. 初始检查功能

ECU具有初始检测功能。当汽车处在停止状态,变速杆处在P或N位置,主节气门全闭而接通点火开关时,ECU就会控制副节气门执行器,先将副节气门完全关闭,然后再完全打开,完成对副节气门执行器和副节气门位置传感器的电路的初始检查;当发动机工作,变速器换挡杆位于P或N位置,汽车处在停止状态时,ECU会操纵TRC制动执行器电磁阀,进行一次初始检查。

4. 故障自诊断功能

当电子控制单元检测到ASR出现故障时,即点亮仪表板上的ASR警告灯,警告驾驶员ASR已出现故障,同时将故障以故障码的形式存入存储器,供诊断时调取显示。

5. 失效保护功能

当ASR不工作和电子控制单元ECU检测到有故障时,电子控制单元立即发出指令,断开ASR节气门继电器、ASR液压泵电动机继电器和ASR主继电器,从而使ASR系统不起作用。而发动机和制动系统仍可以按照没有采用ASR时那样工作。

三、执行机构

副节气门驱动装置。

副节气门驱动装置的主要作用是在驱动防滑控制的过程中调节副节气门的开度,进而调整发动机的进气量,达到控制发动机输出转矩的目的。副节气门(或辅助节气门)设置在发动机节气门体主节气门的前方,副节气门是由步进电动机根据 ABS/ASR ECU 的指令进行控制的,其安装位置和结构,如图 3-11 所示。

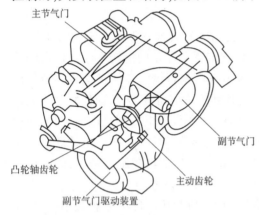

副节气门驱动装置由永磁步进电动机(由永磁体、线圈、转子轴组成)和主动齿轮组成,主动齿轮安装在转子轴上,与步进电动机同步转动。当步进电动机转动时由主动齿轮带动副节气门轴端的扇形齿轮旋转以控制副节气门的开度。ASR 不工作时,步进电动机不通电,副节气门处于完全打开位置,此时发动机的进气量由主节气门进行控制;ASR 工作时,副节气门的开度由步进电动机根据 ECU 的指令进行控制,使副节气门处于开启一个适当的位置,实现进气量的自动调整,控制发动机的输出功率。节气门体上设有主、副节气门开度传感器,信号传给发动机的 ECU,发动机的 ECU 再将此信号传递给 ABS/ASR ECU,以实现闭环控制。

图 3-11 副节气门驱动装置

四、任务实施——驱动防滑控制系统检修

1. 检修要求及注意事项

(1) 拆装系统中的电器元件和线束插头时,应将点火开关断开,否则将损坏电子控制装置;不可向电子控制装置提供过高的电压,否则容易损坏电子控制装置;不要让电子控制装置,特别是其端子受到油污等污染,以免线束插头接触不良,影响系统的正常工作;不要用砂纸打磨系统中各插头的端子,否则也易造成接触不良。

(2) 不要使车轮转速传感器和传感器齿圈沾上油污或其他脏物,否则车轮转速传感器产生的轮速信号可能不够准确。此外,不可敲击转速传感器,以免传感器发生消磁现象,影响系统的正常工作。

(3) 在对液压系统进行维修作业时,应首先释放系统里的高压制动液,以免高压制动液喷出伤人。在释放蓄压器中的高压制动液时,应先将点火开关断开,然后反复踩下和放松制动踏板,直到制动踏板变得很硬为止。此外,要注意在制动系统装复之前,切不可接通点火开关,以免电动泵通电运转。

(4) 大多数汽车驱动防滑控制系统中的车轮转速传感器、电子控制装置和制动压力调节装置都是不可修复的,如果发生损坏,应进行整体更换。

(5) 更换轮胎时,应选用汽车生产厂家推荐的轮胎。如果换用其他型号的轮胎,应该选用与原车所用轮胎的外径、附着性能和转动惯量相近的轮胎,但不能混用不同规格的轮胎,否则将影响驱动防滑控制系统的制动效能。

(6) 制动系统维修结束后,在使用过程中如发现制动踏板变软时,应按照要求的方法和顺序,对制动系统进行空气排除。在空气排除之前,须检查储液器中的液位情况,如果发现液位过低,应先向储液器补充制动液。

2. 检修方法及步骤

下面以 LS400 轿车驱动防滑控制系统为例,介绍其检修方法。

(1) 系统的自检

当点火开关接通时,仪表板上的 TRC 警告灯会亮起,3s 后 TRC 警告灯熄灭。如果点火开关接通时,TRC 警告灯不亮或 3s 后不熄灭,应为不正常,需进行检查。

(2) 故障自诊断

TRC 系统故障码的读取与清除方法与 ABS 系统故障码的读取基本相同,可参照 ABS 系统故障码读取与清除步骤进行操作。TRC 故障码的内容及检测部位,如表 3-1 所示。

LS400 驱动防滑控制系统故障代码表　　　　　　　表 3-1

故障代码	故障原因	检测部位
11	TRC 制动主继电器电路断路	主继电器触点不能闭合或接触不良;主继电器与电子控制单元间、主继电器与制动压力调节器间、主继电器与蓄电池间的线路或接线端子接触不良或松脱;电子控制单元有故障
12	TRC 制动主继电器电路短路	主继电器触点不能打开或线圈与电源短路;主继电器与制动压力调节器间的线路或接线端子与电源有短路;电子控制单元故障
13	TRC 节气门继电器电路断路	节气门继电器触点不能闭合或接触不良;节气门继电器与电子制单元间、节气门继电器与蓄电池间的线路或接线端子接触不良或松脱;电子控制单元故障
14	TRC 节气门继电器电路短路	节气门继电器触点不能张开或线圈与电源短路;节气门继电器与控制线路或接线端子与电源短路;电子控制单元故障
15	因漏油 TRC 电动机工作时间过长	压力开关或压力传感器故障;制动压力调节器与电子控制单元间线路或接线端子故障;电子控制单元故障
16	压力开关断路或压力传感器短路	
17	压力开关(传感器)一直关断	
19	TRC 电动机开关动作过于频繁	
21	主缸关断电磁阀电路断路或短路	制动压力调节器故障;调节器与电子控制单元间的线路或接线端子故障;调节器与主继电器间的线路或接线端子故障;电子控制单元故障
22	蓄压器关断电磁阀电路和断路或短路	
23	储液室关断电磁阀断路或短路	
24	副节气门执行路断路或短路	副节气门驱动器故障;节气门体卡住;副节气门传感器故障;电子控制单元故障
25	步进电动机达不到电子控制单元预定的位置	
26	电子控制单元指令副节气门全开,但是副节气门不动	
27	步进电动机断电时,副节气门仍未达到全开的位置	
44	TRC 工作时,滑转信号未送入电子控制单元	发动机电子控制单元故障;电子控制单元与发动机电子控制单元线路或接线端子故障;电子控制单元故障
45	当怠速开关断开时,主节气门位置传感器信号≥1.5V	主节气门位置传感器故障;电子控制单元与发动机电子控制单元间的线路或接线端子故障;电子控制单元故障

续上表

故障代码	故障原因	检测部位
46	当急速开关接通时,主节气门位置传感器信号≥4.3V或≤0.2V	
47	当急速开关断开时,副节气门位置传感器信号≥1.45V	副节气门位置传感器故障;电子控制单元与发动机电子控制单元间的线路或接线端子故障;电子控制单元故障
48	当急速开关接通时,副节气门位置传感器信号≥4.3V或≤0.2V	
49	与发动机电子控制单元信息交换电路断路或短路	电子控制单元与发动机电子控制单元间的线路或接线端子故障;电子控制单元或发动机电子控制单元故障
51	发动机控制系统有故障	
52	制动液面过低报警开关接通	制动液泄漏;制动液面过低报警开关故障;制动液面过低报警开关与电子控制单元间线路接线端子故障;电子控制单元故障
54	TRC电动机继电器电路断路	电动液压泵继电器故障;电动液压泵及继电器与电子控制单元间或接线端子故障;电子控制单元故障
55	TRC电动机继电器短路	
56	TRC电动液压泵不能转动	电动液压泵电动机故障;液压泵电动机与搭铁间、与电子控制单元间线路或接线端子故障;电子控制单元故障
57	TRC灯常亮	电子控制单元故障

(3)线路的检测

如果自诊断系统给出故障来源,则只进行相应线路检测;如果自诊断系统没给出故障来源,则需要进行全部线路检测。在进行线路检测时,应保证熔断器完好,并且关闭所有用电设备。

LS400驱动防滑控制系统线路,如图3-12所示。

①拔下电子控制单元ECU线束插头,使用专用适配器将ECU线束插头与ECU插座连接在一起。电子控制单元连接器的端子,如表3-2所示。

②根据各端子的功能,用万用表对各端口进行测量,测量项目和方法如表3-3所示。当测得的数值稍微偏离额定值时,应清洁插头和插座端子,再重新测试。更换相应部件前,再次检查导线及连接,尤其是额定值小于10Ω的部件更应进行此项检查。如果测得的数值仍偏离额定值,应按电气检测表故障排除提示再进行检测。如果测得的数值达到额定值,还应附带检查线路的电源或搭铁是否正常。

(4)元件检测

在线路测量中,如果发现故障,则先检查该线路的连接情况,如果线路连接没有问题,则检测与该线路连接的相关元件。

①输入元件

A.车轮转速传感器检测。车轮转速传感器与ABS共用,其检查方法与ABS系统车轮转速传感器检查方法相同。

B.节气门位置传感器检测。测量V_c、V_{TA}、IDL_2与E_2端子之间的电压与导通情况,电阻应与表3-4所示相同,如果检测结果不正常,应更换节气门位置传感器。

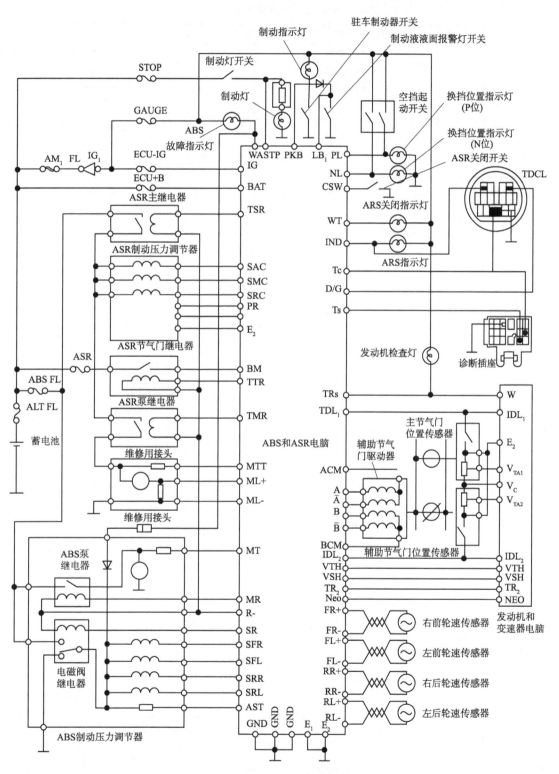

图 3-12 LS400 防滑控制系统线路图

ASR 电子控制单元端子 表 3-2

端子编号	符号	端子名称	端子编号	符号	端子名称
A18-1	SMC	主缸切断电磁阀	7	TR2	发动机通信
2	SRC	储液器切断电磁阀	8	WT	TRC OFF 指示器
3	R -	继电器搭铁线	9	TR5	发动机检查警告灯
4	TSR	TRC 线圈继电器	10		
5	MR	ABS 电动机继电器	11	LBL_1	制动油位警告灯
6	SR	ABS 电磁继电器	12	CSW	TRC 关断开关
7	TMR	TRC 电动机继电器	13	VSH	副节气门位置传感器
8	TTR	TRC 节气门继电器	14	D/C	诊断
9	A	步进电动机	15		
10	A	步进电动机	16	IND	TRC 指示灯
11	BM	步进电动机	A20-1	SFR	前右线圈
12	ACM	步进电动机	2	GND	搭铁
13	SFL	前左线圈	3	RL +	后左车轮转速传感器
14	SVC	ACC 关断线圈	4	FR -	前右车轮转速传感器
15	V_c	ACC 压力开关（传感器）	5	RR +	后右车轮转速传感器
16	AST	ABS 电磁继电器监控器	6	FL -	前左车轮转速传感器
17	NL	空挡开关	7	E_1	搭铁
18	IDL_1	主节气门怠速开关	8	MT	ABS 电动机继电器
19	PL	空挡开关	9	ML -	TRC 电动机闭锁继电器
20	IDL_2	副节气门怠速开关	10	PR	ACC 压力开关（传感器）
21	MTT	TRC 泵电动机继电器监控器	11	IG	电源
22	B	步进电动机	12	SRL	后左线圈
23	B	步进电动机	13	GND	搭铁
24	BCM	步进电动机	14	RL -	后左车轮转速传感器
25	GND	搭铁	15	FR +	前右车轮转速传感器
26	SRR	后右线圈	16	RR -	后右车轮转速传感器
A19-1	BAT	备用电源	17	FL +	前左车轮转速传感器
2	PKB	驻车制动器开关	18	E_2	搭铁
3	Tc	诊断	19	E_1	搭铁
4	Neo	Ne 信号	20	Ts	传感器检查用
5	VTH	主节气门位置传感器	21	ML +	TRC 电动机闭锁传感器
6	WA	ABS 警告灯	22	STP	车灯开关

ABS 线路检测项目表 表 3-3

测量端子	测试内容	万用表挡位	测试条件	规定值
BAT 与 E_1	供电线路	直流 20V		10 ~ 14V
IG 与 E_1	供电线路	直流 20V	点火开关关闭 点火开关打开	10 ~ 14V 0V
TSR 与 R -	ASR 主继电器线路	200Ω	点火开关关闭	80 ~ 100Ω
TTR 与 R -	ASR 节气门继电器线路	200Ω		80 ~ 100Ω

续上表

测量端子	测试内容	万用表挡位	测试条件	规定值
BM 与 E_1	ASR 节气门继电器线路	直流20V	点火开关闭合 点火开关打开	10~14V 0V
TMR 与 R−	ASR 泵继电器线路	200Ω		80~100Ω
MTT 与 ML+	ASR 电动泵线路	200Ω		导通
ML+ 与 ML−	ASR 电动泵线路	200Ω		导通
SAC、SMC、SRC 与 E_1	ASR 制动压力电磁阀线路	20V	点火开关关闭	10~14.5V
PR 与 E_2	制动压力调节器线路	直流20V	点火开关关闭	5V
FR+ 与 FR−	右前轮转速传感器线路	20kΩ		1.0~1.3kΩ
FL+ 与 FL−	左前轮转速传感器线路	20kΩ		1.0~1.3kΩ
RR+ 与 RR−	右后轮转速传感器线路	20kΩ		1.0~1.3kΩ
RL+ 与 RL−	左后轮转速传感器线路	20kΩ		1.0~1.3kΩ
A 与 A−	副节气门驱动线路	200Ω		导通
B 与 B−	副节气门驱动线路	200Ω		导通
GSW 与 E_1	ASR 切断开关线路	直流20V	点火开关闭合 按下 ASR 切断开关 断开 ASR 切断开关	0V 5V
PL、NL 上的电压	空挡起动开关线路	直流20V	点火开关断开 当点火开关接通、变速操纵杆在 P 或 N	0V 10~14V
STP 端子上的电压	制动开关线路	直流20V	制动灯开关闭 制动灯开关断开	10~14V 0V
IDL_2、IDL_1 和 E_1	节气门传感器线路	直流20V	点火开关接通 节气门关闭 节气门开启	0V 5V
VTH、VSH 和 E−	发动机 ECU 与 ASR ECU 之间线路	直流20V	点火开关接通 节气门关闭 节气门开启	0.6V 3.7V
TR2 与 E_1	发动机 ECU 与 ASR ECU 之间线路	直流20V	点火开关接通	5V
Neo 与 E_1	发动机 ECU 与 ASR ECU 之间线路	直流20V	点火开关接通 发动机怠速	5V 2.5V
WT 与 E_1	ASR 关闭指示灯线路	直流20V	在点火开关接通时 ASR 关闭开关闭合 ASR 关闭开关断开	0V 10~14V
Tc、Ts、D/G 与 E_1	TDCL 和诊断插座线路	直流20V	点火开关接通	10~14V

节气门传感器的检测   表3-4

检测项目 \ 节气门开度	节气门全闭	节气门全开	节气门转动
V_c 与 E_2	5V,导通	5V,导通	5V,导通
V_{TA} 与 E_2	0.6V	5V	0.2~5V 之间变化,导通
IDL_2 与 E_2	0V,导通	5V,不导通	由 0V 变为 5V,由导通变为不导通

C. 压力开关电路检查

起动发动机并维持怠速运转 30s 以上,使 ASR 制动压力调节器内的压力升高。然后将发动机熄火,点火开关仍转至接通(ON)位置,测量电脑 PR—E_2 端子之间的电压应为 5V,电阻为 1.5kΩ;放出 ASR 制动压力调节器内的制动液,使其内部压力降低,再测量 PR—E_2 之间的电压为 0V,电阻为 0Ω。若上述检查结果不正常,更换压力开关。

②电控单元检测

ASR 电子控制单元 ECU 常见的故障有线束插接器松动、插口损坏,操作不当造成 ECU 的内部损坏等,其具体检查方法如下:

A. ASR 电子控制单元 ECU 外部线束检查。先检查 ASR 电子控制单元 ECU 线束插接器有无松动,插口有无损坏,如果线束松动,则进行紧固,如果插口损坏,则更换 ECU。

B. ASR 电子控制单元 ECU 自身的检查。如果 ECU 内部损坏,多数可通过其自诊断功能读取到相应的故障代码,如果对故障代码进行确认后,则更换控制单元;如果没有提示相应的故障代码,在检查传感器、继电器、电磁阀及其线路均无故障,怀疑 ASR 的 ECU 可能有故障时,可以用新的 ECU 替代,如果故障现象消失,则说明 ECU 损坏。

③执行器检测

A. 主继电器电路检查。如图 3-13 所示,测量继电器连接器各端子之间的导通情况。是否为:1—2 端子之间不导通(电阻∞)、3—4 端子之间导通(电阻很小)。给继电器 3—4 端子间施加蓄电池电压,此时继电器 1—2 之间应导通,若上述检查结果不正常,应更换继电器。

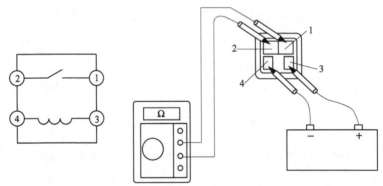

图 3-13 检查继电器

B. 电磁阀检查。电磁阀的检查方法与 ABS 电磁阀检查方法相同,可参照 ABS 电磁阀的检查方法对其进行检查。

C. 检查 ASR 电动液压泵。电动液压泵的线路,如图 3-14 所示。拆下 ASR 液压泵电动机连接器,给液压泵电动机接上蓄电池电压(+ 接 3 号端子, − 接 1 号端子),是否能听到 ASR 液压泵电动机运转的声音。若接上蓄电池电压后,ASR 液压泵电动机不工作,应更换 ASR 液压泵及电动机总成。若液压泵电机工作,检查 2—3 端子与 4—5 端子之间导通情况,如果不导通,应更换 ASR 液压泵及电动机总成。

D. 副节气门驱动器装置检测。副节气门驱动装置各端子连接情况,如图 3-15 所示。拆开 ASR 辅助节气门驱动器连接器,检查连接器各端子之间的导通情况,正常情况为 1—2—3

端子之间应导通、4—5—6端子之间应导通。若检查结果不正常,应更换ASR副节气门驱动装置。

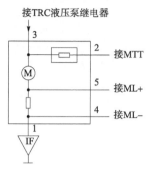

图3-14 电动液压泵线路图

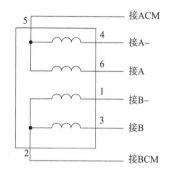

图3-15 检查副节气门驱动装置

五、故障实例

1. 案例一

(1)故障现象

一辆奔驰轿车,ASR故障灯常亮。

(2)故障诊断与排除

经询问车主得知,在故障刚出现时,需行驶一段时间,ASR灯才会亮;关闭发动机,重新起动,ASR灯又会熄灭;但再行驶一段路程,故障灯又重新亮。该故障曾在一家修理厂修理过,问题没解决,ASR灯变成了常亮。首先对ASR系统进行自诊断,调取故障码,故障码提示:ASR电脑与EGAS(电子节气门控制系统)电脑信号传输有问题。对EGAS系统调取故障码,但没有任何信息,怀疑EGAS电脑不工作,从而无法输出任何信息。检查EGAS电脑线路没有发现问题。更换EGAS电脑后起动车辆,ASR灯不亮,但路试一段距离,ASR灯又亮了。再对ASR系统调取故障码,故障码显示:怠速触点线路不良。检查触点线路,发现有一线路断路,修复后试车,ASR灯不亮,故障彻底排除。该车EGAS电脑可能是上一次修理过程中测试电子节气门操作不当被烧毁。

2. 案例二

(1)故障现象

一辆装有ASR的帕萨特B5,在正常行驶过程中仪表板上的ASR灯会突然亮起,在这种情况下按ASR灯开关无效,只有关闭点火开关重新起动发动机后ASR灯才能恢复正常。

(2)故障诊断与排除

先用检测仪对系统读取故障码。故障码为00761:在发动机控制器中的故障。按照维修手册,对00761的排除方法是先检查发动机系统是否有故障码,若有故障码先排除发动机故障。用检测仪读取发动机故障码,故障码为16486,即空气流量计信号值过小。接着检测空气流量计信号,没有发现明显故障,为了确定是否为空气流量计故障,换用一个好的空气流量计试车,ASR灯又亮了,读取故障依旧是此前的两个故障码。对故障又进行了重新分析,怀疑是节气门体有问题,拆下节气门体进行彻底检查和清洗后装复试车,故障没有出现。可见,该车ASR灯亮的故障是由节气门体过脏引起的。

任务三　典型驱动防滑控制系统检修

姓名_____　班级_____　学号_____　成绩_____

客户任务	LS400轿车在接通点火开关时,仪表板上的TRC警告灯不亮或有时亮3s后不熄灭,怀疑汽车TRC系统工作不正常
任务目的	制订工作计划,并用ECU对不同端子进行检测,读取故障码确定故障原因并维修更换

一、资讯

1. TRC检修的步骤大致有几个?
_____
_____

2. 如何对相应的线路进行检测?
_____
_____

3. 如何对执行元件进行检查?
_____
_____

二、决策与计划

根据任务要求,确定需要的检测仪器、工具,并对小组人员合理分工,制订详细的诊断和修复计划。

1. 需要检测仪器工具。
_____
_____

2. 小组成员分工。
_____
_____

3. 诊断和修复计划。
_____
_____

三、实施

1. TRC自检测结果。
_____
_____

2. 输入元件的检查结果。
_____
_____

3. 执行器检查。
主继电器电路检查：_____
电磁阀检查：_____
TRC电动液压泵检查：_____
副节气门驱动器装置检查：_____

四、检查

1. 检查维修过的TRC系统,端子电压是否正常：_____
_____

2.通过检查分析,得出以下结论:

五、评估

1.根据自己完成任务情况,对自己工作进行自我评估,并提出改进意见。

2.教师对小组工作情况进行评估与点评。

相关知识

一、丰田车系 ABS/TRC

1.丰田车系统 ABS/TRC 组成

丰田公司把 ASR 称作牵引力或驱动力控制系统(Traction Control System,TRC)。其系统组成及系统零部件在车上的布置如图 3-16 和图 3-17 所示,各零部件的作用如表 3-5 所示。

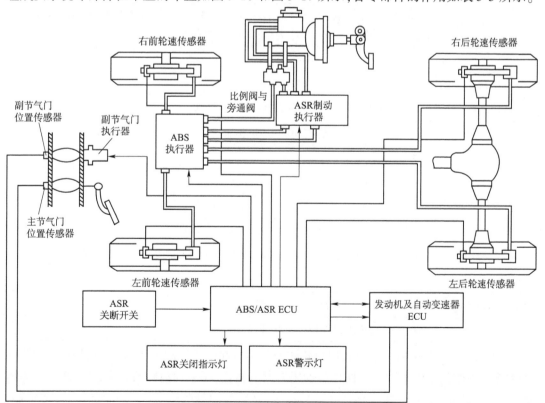

图 3-16　丰田车系 TRC 系统组成

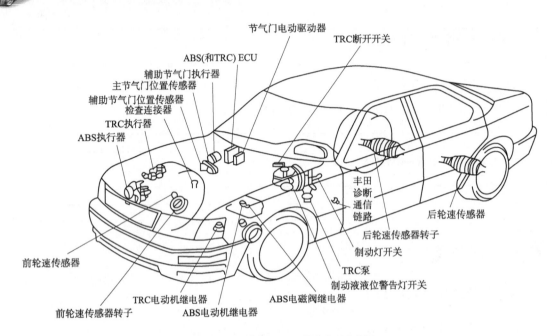

图 3-17 丰田车系 TRC 元件在车上的布置

丰田 TRC 主要元件的功能　　　　　　　　　　　　　　　　　　表 3-5

元件	功能
ABS/TRC ECU	接收各种信号,控制 TRC 制动执行器和副节气门执行器,从而控制驱动轮滑转;当控制系统出现故障时,进入失效保护状态,并控制故障指示灯点亮及存储故障代码
发动机和变速器 ECR	将节气门信号传给 ABS/TRC ECU
车轮转速传感器	检测车轮转数,并将信号传给 ABS/TRC ECU
节气门位置传感器	检测节气门开度,并将信号传给发动机和变速器 ECU
制动灯开关	检测制动信号,并将信号传给 ABS/TRC ECU
TRC 切断开关	关闭 TRC 控制系统
副节气门执行器	根据 ABS/TRC ECU 的控制指令,控制副节气门的开度
TRC 制动执行器	根据 ABS/TRC ECU 的控制指令,对驱动车轮实施制动
TRC 指示灯	提示驾驶员 TRC 系统在工作,警告驾驶员系统发生故障
TRC 关断指示灯	提示驾驶员 TRC 系统因 ABS 或发动机控制系统发生故障而不工作,TRC 切断开关断开
TRC 电动机继电器	向 TRC 泵电动机供电
TRC 节气门继电器	经 ABS/TRC ECU 向副节气门执行器供电
TRC 制动继电器	向 TRC 制动执行器和 TRC 电动机继电器供电

丰田 TRC 系统与 ABS 系统共用车轮转速传感器和电子控制单元 ECU,只是在通往驱动车轮制动缸的管路中增设一个 TRC 制动压力调节装置,在由加速踏板控制主节气门上方增设一个由步进电动机控制的副节气门,并在主、副节气门处各设置一个节气门位置传感器,即可实现驱动防滑控制。

2. 副节气门执行器及工作过程

副节气门执行器的功用是根据电子控制单元传送的指令来控制副节气门的开启角度,从而控制进入发动机汽缸的空气量,达到控制发动机输出转矩的目的。副节气门执行器安装在节气门壳体上,如图 3-18 所示。它是一个由电子控制单元控制转动的步进电动机,由永磁体、传感线圈和旋转轴等组成。在旋转轴的末端安装一个小齿轮(主动齿轮),由它带动安装在副节气门轴末端的凸轮轴齿轮旋转,以此控制副节气门的开启角度。

当驱动防滑系统不工作时,副节气门在弹簧力作用下保持全开状态,进入发动机的空气量由驾驶员控制主节气门的开度决定。当前、后轮速传感器检测到车轮滑转需进行防滑控制时,电子控制单元驱动步进电动机通过凸轮轴齿轮旋转,从而控制副节气门的开度,如图 3-19 所示。

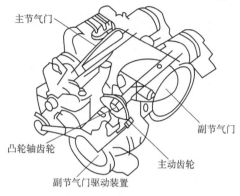

图 3-18 节气门总成

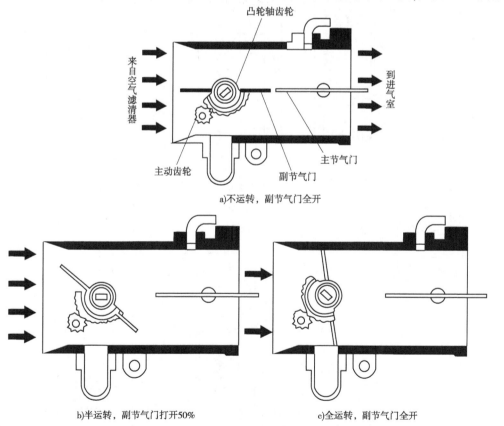

图 3-19 副节气门运转状况

3. TRC 制动执行器及工作过程

丰田车系 TRC 制动执行器主要由 TRC 隔离电磁阀总成和 TRC 制动供能总成组成,液压控制系统原理如图 3-20 所示。

汽车车身底盘电控技术与检修

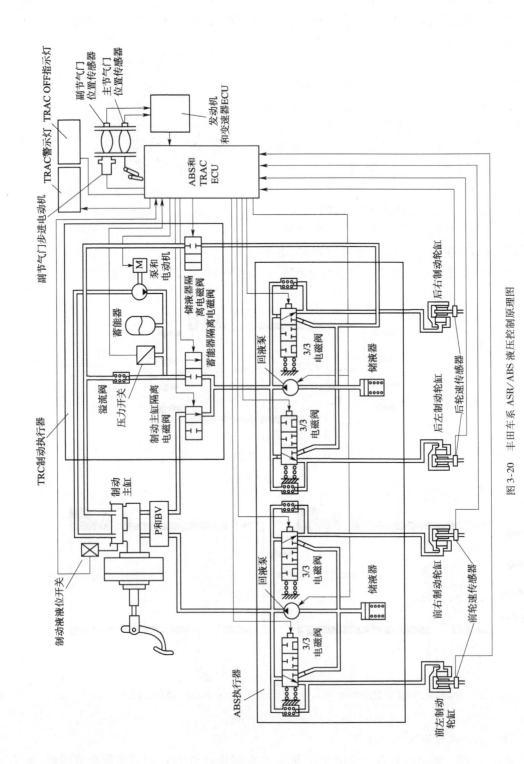

图 3-20 丰田车系 ASR/ABS 液压控制原理图

(1) TRC 隔离电磁阀总成

TRC 隔离电磁阀通过管路与制动主缸、制动压力调节器和 TRC 制动供能总成相连,主要包括制动主缸隔离电磁阀、蓄压器隔离电磁阀和储液室隔离电磁阀。其中,蓄压器隔离电磁阀的作用是在 TRC 系统工作时,将来自蓄压器的液压送至制动轮缸;主缸制动主缸隔离电磁阀的作用是当蓄压器中的液压被送至制动轮缸时,阻止制动液流回到主缸;储液室隔离电磁阀的作用是在 TRC 系统工作时,使制动液从制动轮缸流回至总泵储液室。

(2) TRC 制动供能总成

如图 3-21 所示,该装置通过管路与制动主缸储液室和 TRC 隔离电磁阀总成相连,主要由电动液压泵和蓄压器组成。电动液压泵将制动液自储液室以一定压力泵入蓄压器,作为驱动防滑控制动力源。

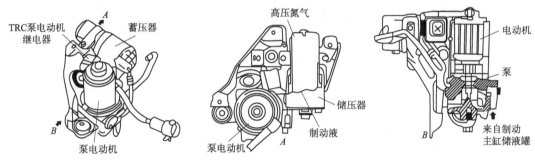

图 3-21 TRC 制动供能总成

(3) 工作过程

下面以一个驱动轮为例介绍其工作过程。

①正常制动过程(TRC 不起作用)。正常制动时,TRC 制动执行器的 3 个隔离电磁阀不通电,制动主缸电磁阀阀门处于接通状态,将制动主缸至制动压力调节器中后调压电磁阀的制动液通路接通;蓄压器隔离电磁阀处于截止状态,将 TRC 制动供能总成至制动压力调节器中后调压电磁阀的制动液通路封闭;储液室隔离电磁阀处于截止状态,将制动压力调节器中后调压电磁阀至储液室的制动液通路封闭。

当 TRC 在此状态下,将制动踏板踩下时,主缸内产生的液压经主缸切断电磁阀和 ABS 执行器的三位三通电磁阀作用在制动轮缸上。当松开制动踏板时,制动液从盘式制动轮缸流回到主缸,如图 3-22 所示。

②汽车加速过程(TRC 起作用)。如果汽车后轮在加速过程中滑转,ABS/TRC 控制单元会控制发动机输出功率以及对后轮进行制动,以避免发生滑转的情况。在 TRC 工作过程中,3 个隔离电磁阀在 ABS/TRC ECU 的控制下全部通电,此时制动主缸隔离电磁阀阀门处于关闭状态,以防止制动液流回制动主缸;蓄压器隔离电磁阀处于接通状态,将蓄压器升压后的制动液通过电磁阀送到后轮制动轮缸;储液室隔离电磁阀也处于接通状态,以便能将储液器及制动轮缸的制动液送回制动主缸。此时,左右后轮制动器中的液压被分别控制为 3 种状态:压力升高、压力保持和压力降低。

压力升高。当踩下加速踏板而后轮滑转时,TRC 执行器中所有电磁阀都在从电子控制单元传来的信号控制下全部接通。同时,ABS 执行器的三位电磁阀的开关也被置于"压力升高"状态。在这种状态下,制动主缸切断电磁阀被接通(关状态),蓄压器切断电磁阀也被接通(开状态)。这就使得蓄压器中被加压的制动液通过蓄压器切断电磁阀和 ABS 执行器的三位电磁阀,对车轮制动轮缸产生作用。当压力开关检测到蓄压器中压力下降(不管 TRC 运转与否)时,ECU 就控制并打开 TRC 泵来升高压力,如图 3-23 所示。

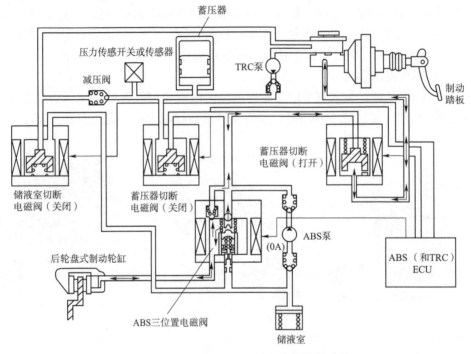

图 3-22 正常制动时 TRC 制动执行器工作情况

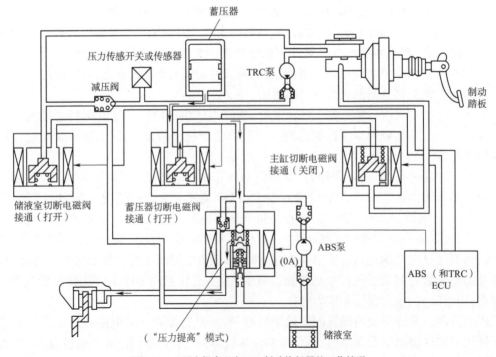

图 3-23 "压力提高"时 TRC 制动执行器的工作情况

压力保持。当后轮制动轮缸中的液压升高或降低到规定值时,系统就进入压力保持状态。这种状态的变换是由 ABS 执行器的三位电磁阀开关来完成的。这样就能防止蓄压器中的压力逸出,保持了车轮制动轮缸中的液压,如图 3-24 所示。

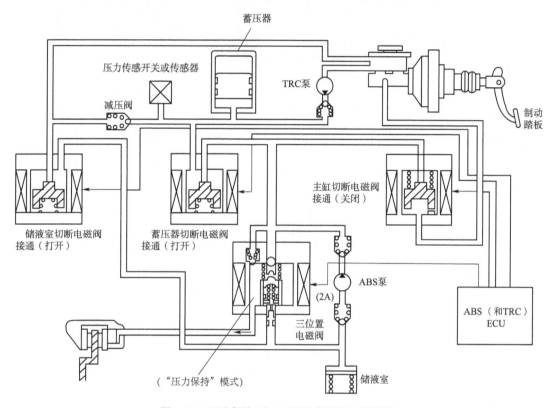

图 3-24 "压力保持"时 TRC 制动执行器的工作情况

压力降低。当需要降低后制动轮缸中的液压时,ABS/TRC ECU 就将 ABS 执行器的三位电磁阀开关置于"压力降低"状态。这种状态也是通过 ABS 执行器的三位电磁阀来完成。使车轮制动轮缸中液压通过 ABS 执行器的三位电磁阀和储液罐隔离电磁阀流回到制动主缸的储液罐中,制动压力降低,如图 3-25 所示。

4. 车轮转速控制过程

ECU 不断地从 4 个车速传感器接收信号并不断地计算每个车轮的速度,同时根据两个非驱动车轮速度估算出汽车的行驶速度,然后设置目标转速。如果在湿滑路面上突然踩下加速踏板,若驱动轮开始滑转,则其转动速度就会超过目标控制速度,ECU 就会向副节气门执行器传送减小副节气门开度的信号;同时也向 TRC 制动执行器传送信号,通过控制 TRC 执行器的隔离电磁阀和 ABS 执行器的电磁阀来控制后轮制动轮缸压力,使其不断处于"压力升高"和"压力降低"的循环控制过程,将车轮速度保持在目标控制速度值附近,从而防止车轮滑转。

二、本田车系的 ASR 系统

本田公司称 ASR 系统为 TCS,即 Traction Control System,其结构框图如图 3-26 所示。

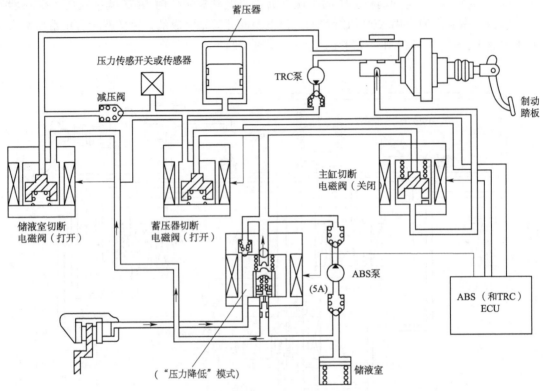

图 3-25 "压力降低"时 TRC 制动执行器的工作情况

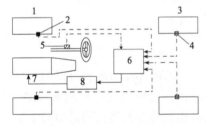

图 3-26 本田车系 TCS 系统结构原理图
1-前车轮;2-前车轮传感器;3-后车轮;4-后车轮传感器;5-转向角度传感器;6-TCS ECU;7-发动机;8-发动机 ECU

其控制过程是:TCS ECU 根据车轮转速传感器传来的信号,计算滑移率,算出非驱动轮的平均速度与实际速度之差,判断出车身速度、路面状况以及转弯情况。TCS ECU 再根据上述信号及转向盘上转向角度传感器的信号,确定按驱动型或是平顺型(侧重侧滑力)控制滑移率,然后根据确定的控制方式将控制信号传给发动机 ECU,进行燃油喷射量和点火时间控制,使发动机输出功率下降,将滑移率控制在规定的范围内。

诊 断 过 程

1. 利用故障自诊断功能进行诊断

(1)系统的自诊断

当点火开关接通时,仪表盘上的 TCS 指示灯将亮起,3s 后 TCS 指示灯熄灭。如果点火开关接通时,TCS 指示灯不亮或 3s 后不熄灭,均为不正常,需要进行故障检查。

(2)故障码的读取

接通点火开关,用故障诊断专用检查线将故障诊断插座中的 Tc 和 E_1 端子连接起来,或用专用诊断仪(SST)与诊断插座相连接,观察 ASR 警报灯(在仪表盘处)的闪烁规律并记录:若电子控制器中没有存储故障码,2s 后 ASR 警报灯将以 0.25s 的间隔连续闪烁,即显示正常代码。若 ECU 中存有故障,警报灯则在 4s 以后开始闪烁并显示故障码。如果 ECU 中存有两个以上故障码时,故障则以故障码的数值由小到大的顺序闪烁,故障码的闪烁方式与 ABS 系统相似。

(3)故障码的清除

清除 ECU 内故障码的方法是用故障诊断专用检查线连接诊断插座中的 Tc 和 E_1 两端子,将点火开关置于点火位置,在 3s 内踩动制动踏板 8 次以上,即可清除存储在 ECU 内的故障码。

2. 具体实施诊断过程

(1)准备工作

①详细询问客户该车故障现象、产生故障的环境、最近维修、维护情况。

②查阅本田轿车电路图、使用手册和维修手册等原车资料,了解 ABS/TCS 系统构成,组成部件的位置分布。

③准备电脑故障诊断仪、万用表、SST 等维修诊断工具。

(2)外观检查

①根据维修手册,查找 TCS 系统电子控制单元、传感器、液压调节器等组成部件。

②初步观察液压管路有无滴漏现象,线路有无破损、断裂、搭铁现象。

系统自诊断:当点火开关接通时。仪表盘上的 TCS 警报灯将亮起,3s 后自动熄灭。如果点火开关接通后,TCS 指示灯不亮或 3s 后不熄灭,均为不正常,需要进行故障检查。

(3)读取故障码

①接通点火开关。

②用故障诊断专用检查线将故障诊断插座中的 Tc 和 E_1 端子连接起来,或用专用诊断工具 SST 与诊断插座连接。

③观察 TCS 警报灯(在仪表盘处)的闪烁规律并记录。

④故障码为"48",表示副节气门位置传感器或其连接电路故障。

(4)排除故障

①按图 3-27 所示方法,测试 B−、BCOM 和 B 端子之间应为连通状态,A−、ACOM 和 A 端子之间也应为连通状态。

②在副节气门全开启时,用万用表电阻挡测量 V_C 与 E_2 两端子之间的电阻值,如图 3-28 所示,应为 4~9kΩ, V_{TA} 与 E_2 两端子之间的电阻值应为 3.3~10.0kΩ;副节气门全关闭时。V_{TA} 与 E_2 两端子之间的电阻值应为 0.2~6.0kΩ。

③当副节气门全关闭时,IDL 与 E_2 端子之间是连通的,全开启时应为不连通。

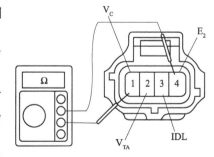

图 3-27 检查副节气门驱动装置

④通电检查 TCS 副节气门继电器的工作性能,按图 3-29所示方法,在该继电器的端子 3 和 4 之间加上蓄电池电压时,其端子 1 和 2 之间应为连通状态。

⑤不通电检查 TCS 副节气门继电器的工作性能,去掉蓄电池电压,该继电器端子 1 和 2 之间为断开状态,端子 3 和 4 之间为连通状态。

⑥检查 TCS 电脑 VSH 端子对地电压。

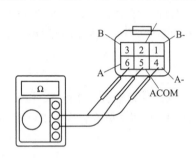
图 3-28 测量副节气门端子

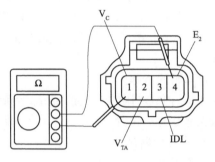
图 3-29 节气门继电器检查

拆下 TCS 电脑,但插接器不拆开,拆下进气管道并脱开步进电动机插接器,接通点火开关。

在辅助节气门全闭、全开及开关过程中测量 TCS 电脑 VSH 端子与搭铁之间的电压。正常情况应为:节气门全闭时,VSH 端子与搭铁之间的电压约为 0.6V;节气门全开时,VSH 端子与搭铁之间的电压约为 3.8V;节气门转动时,VSH 端子与搭铁之间的电压连续增加或逐渐下降(不出现跳变)。

若不正常,检修 TCS 电脑与发动机控制系统电脑之间的线路和插接器,如果线路和插接器均无不良,则需检查或更换 TCS 电脑。若正常,则进行下一步检查。

接通点火开关,在节气门全闭和全开时测量 TCS 电脑 IDL_2 端子与搭铁之间的电压正常情况应为:节气门全闭时,IDL_2 端子与搭铁之间的电压变 0;节气门全开时,IDL_2 端子与搭铁之间的电压约为 5V。若正常,检查或更换 TCS 电脑若不正常,检修 TCS 电脑与辅助节气门位置传感器之间的线路和插接器。如果线路和插接器均为良好,则也要检查或更换 TCS 电脑。

⑦确定并排除故障。

关掉点火开关,用数字万用表蜂鸣器挡检测副节气门位置传感器至发动机 ECU 间信号线是否存在断路,发动机电子控制单元 VSH 端子至 ASR/ABS 电子控制单元 VSH 端子之间信号线是否存在断路,经查这两处连接正常。将插接头连接好。在打开点火开关时,用万用表直流电压挡测试发动机 ECU 端 V_{TA} 端子和 VSH 端子电压变化情况,发现 V_{TA} 电压变化正常,而 VSH 端子的电压始终只有 0。打开发动机 ECU 外壳,发现 VSH 端子已脱焊,复焊该端子后,重新将发动机 ECU 连接好。

(5)清除故障码

清除 ECU 内存储故障码的方法是用故障诊断专用检查线连接诊断插座中的 T_C 和 E_1 两端子,将点火开关置于 ON 位置,在 3s 内踩动制动踏板 8 次以上即可清除存储在 ECU 中的故障码。

(6)路试

打开点火开关先进行自诊断,观察 TCS 警报指示灯状态,判断有无故障码;模拟工作环境,做实际路试,在起步和急加速时观察有无滑转现象以及 TCS 警报指示灯是否会重新亮起。

至此,ASR 警报灯点亮故障得到彻底排除。可以确定,由于发动机 ECU 内部故障,引起 ASR/ABS 电子控制单元接收到的副节门位置传感器信号异常,导致 ASR 警报灯点亮。

【教学设计能力拓展训练二】
ABS/ASR 系统结构与检修教学内容设计训练

一、教学内容设计

项 目	参 考 依 据
1. 内容选择	1. 根据课程目标来设计教学内容,能支撑课程目标的实现 2. 不唯教材,与学生的未来职业与实际生活相联系 3. 根据学校的现有条件来设计教学内容 4. 在目前的基础实施教学,具有可行性 5. 理论与实践内容相互匹配,做到"理论为实践服务" 6. 根据"学情"情况,教师应该做学生学习的引导者,在学生易漏、易浅、易泛、易缺的地方精心选择教学内容,使学生的学习在原有的起点上有所生成 7. 主要环节详细、完整,衔接紧密,层次分明
2. 重点、难点确定	1. 符合学习者认知规律 2. 难与易的顺序安排 3. 简单与复杂的顺序安排 4. 整体与部分的顺序安排
3. 学时分配	学时数要依据教学内容与重点难点的分布合理分配

二、任务引导

简介中职学校学生学习 ABS/ASR 系统结构与检修的起点、教学设备、教学目标、教学内容、教学重点难点、学时分配等内容,以便学习者设计教学内容时参考。

1. 中职生的学情分析

(1) 文化基础知识薄弱,认知、记忆、思维能力较差,对授课内容难以理解,但渴望被人接纳和爱护,渴望得到别人的认可和称赞,渴望成功,形象思维丰富,好动,喜欢动手实践。

(2) 学习过汽车底盘、汽车发动机、汽车电气等专业课。

2. 中职学校 ABS/ASR 系统结构与检修教学环境

理论实践一体化教室:配置多媒体教学设备、学生查阅资料的电脑、课桌椅、充足的实训台架或教学整车、ABS/ASR 系统零部件、实训工具、课程资源库教学平台(配置相关视频、动画、图片、电子教材、作业单、练习题、考核表等)

3. 中职学校汽车 ABS/ASR 系统结构与检修教学目标

(1) 知识目标

① 能辨认 ABS/ASR 系统各组成零部件,并说出它们的名称和作用。

② 能简单描述 ABS/ASR 的工作原理,轮速传感器、制动压力调节器原理。

③ 会分析常见车型的 ABS/ASR 系统的电路。

(2) 能力目标

① 能对轮速等传感器性能检查、拆装和更换。

②会就车检查和更换压力调节器和电机总成。

③会使用维修手册诊断和排除电控系统故障。

4. 中职学校 ABS/ASR 系统的教学内容与学时分配

任务一　ABS 的结构原理与检修,8 课时。

任务二　ASR 的结构原理与检修,8 课时。

任务三　压力调节器和电机总成更换,4 课时。

任务四　系统电路故障诊断,6 课时。

5. 中职学校 ABS/ASR 系统结构与检修的教学重点、难点

(1)教学重点:ABS 系统的检修、ASR 系统的检修、压力调节器和电机总成更换、ABS 控制系统电路故障诊断与排除,要求大部分的学生会操作。

(2)教学难点:ABS 与 ASR 系统整合的工作原理。

6. 中职学校 ABS/ASR 系统结构与检修的教学方法与教学流程

采用理论实践一体化教学,通常采用行动导向教学法。

(1)任务资讯:完成任务引导文,收集必要知识点(例如 ABS 系统的结构名称、作用、检查工具名称等):课前预习加上课上听老师讲解后完成。

(2)布置学习任务:明确每个任务的目标和完成标准(每次课可以有多个细分的实训任务),比如 ABS 的结构原理与检修可以细分为液压系统部分、调压装置部分、电子控制 3 个子任务。

(3)教师示范和讲解:教师根据任务的难易程度做必要的示范和讲解,比如压力调节器和电机总成更换方法和步骤、拆装注意事项、安全泄压等等。

(4)任务实施:学生分组练习,教师巡逻指导→换组直至完成每个细分的任务(如果有多个细分的实训任务)。

(5)任务检查:学生对照任务目标和完成标准组内自我检查。

(6)任务考核与评价:教师每组抽考 1~2 个同学,根据各组任务完成情况进行点评小结(可以先让小组汇报后再点评)。

三、项目三子任务教学内容设计任务单

全班分成 4~6 个设计小组,每组选择项目内的一个任务进行教学内容设计。

组别	设计任务	
设计项目	内　　容	选取依据分析
1. 子任务内容的选择		
2. 子任务重点、难点	重点: 难点:	
3. 子任务学时分配	任务_____,_____学时	
展示评价	各组采用海报、PPT 等形式展示本组的设计成果	

四、教学内容设计训练评分标准

序 号	项 目	内 容	分 值	得 分
1	教学目标	根据课程大纲要求,教学目标明确	10	
2	学情分析	对学生知识基础、学习特点及适宜的学习方法进行分析和引导	10	
3	教学材料	教学材料的选择和组织符合教师现在所教学生实际的知识基础和能力水平,有可操作性	15	
4	教学重点、难点	重点、难点确定准确	15	
5	教学内容组织	教学内容序化合理,符合学生认知规律	30	
6	课时安排	课时安排合理	10	
7	格式与表达	设计格式规范,表达清晰流畅	10	
总 分			100	

项目四　电控助力转向系统结构与检修

项　　目	职　业　技　能	技　术　知　识
任务一	掌握电控液压转向系各部件组成部分的检测方法,学会数据的读取及记录的方法,能够根据检测项目的检测结果,分析故障产生的原因	了解电控液压转向系的结构组成及工作原理
任务二	掌握电动机式电子转向系各部件组成部分的检测方法,学会数据的读取及记录的方法,能够根据检测项目的检测结果,分析故障产生的原因	了解电动机式电子转向系的结构组成及工作原理

任务一　电控助力转向系控制电路检测及故障诊断

姓名_____　　班级_____　　学号_____　　成绩_____

客户任务	行驶 15 万 km 的雷克萨斯轿车原地转向时转向盘明显沉重,转向时助力泵有"吱吱"的响声,并且转向装置偶尔会有失效,高速转向时反而过度灵敏,检查时发现故障警告灯点亮,变为常规转向机构,完全处于保险状态
任务目的	雷克萨斯轿车属于液压式电子转向动力转向系统,车辆转向沉重,可能是液力泵不工作、液压系统密封性变差、有空气进入。在动力转向沉重、助力失效时,ECU 可能停止工作,液压式电子转向动力系统的其他组成部件失效可以通过检测来判断。制订工作计划,并检测雷克萨斯轿车电控液压助力转向系控制电路是否正常并排除该故障

一、资讯
1. 请述说汽车电控液压助力转向系统元件及基本组成。
2. 叙述汽车电控液压助力转向系统的工作原理。
3. 叙述电控液压助力转向系统检修注意事项。
二、决策与计划
根据任务要求,确定需要的检测仪器、工具,并对小组人员合理分工,制订详细的诊断检测计划。
1. 需要检测仪器工具。
_____
_____

2. 小组成员分工。
_____
_____

续上表

3.诊断检测计划。
_____
_____

三、实施

电控液压助力转向系统的检测与故障排除：

1.检修注意事项。

（1）应经常检查转向系统储油罐液面以及油质，如需添加更换或排气应及时进行。

（2）行驶过程中尽量避免将方向打到某一侧极限，防止动力油泵负荷过大。

（3）电控转向系统发生故障时，通常不要打开ECU及各种电控元件的盖子或盒子，以免造成ECU被静电损坏。

（4）检修过程中一般按照可能性由大到小、检查复杂程度由简到难的顺序进行，先对线路和传感器等元件进行基本检查，不要轻易更换ECU或拆卸管路。

2.电控液压转向系统基本检修。

电控转向系统故障集中在油路系统和电控系统中，对于油路系统的检修在基本检查中逐步排查，电控系统的检修主要针对传感器、执行器、ECU及线路连接，并应充分利用故障自诊断系统的功能。

电控转向系统装配完毕后，应进行基本检查，主要包括针对液压系统的油量、油压试验，系统排气，转向油泵皮带松紧度调整，以及电控部分及相关部件的工作状态检查等，以确定系统是否需要进一步检修，保证转向系统良好的工作性能。不同车型动力转向系统的检查内容和方法基本类似，主要包括：

（1）初步检查。

（2）常规检查。

（3）电动转向系统执行器的检测。

①ECU的检测。

②电磁离合器的检测。

③车速传感器检修。

（4）EPS警告灯的检查。

（5）自诊断操作。

3.实车检测问题。

低速或发动机怠速时转向沉重，高速行驶时转向过度灵敏原因分析：

（1）电子控制系统故障

①ECU-IG熔断丝与ECU的+B脚之间有短路或断路。

②ECU的GND脚与车身搭铁处之间有断路或接触不良。

③ECU的SPD与车速传感器之间有断路或短路。

④SOL或SOL脚与GND脚之间的线路短路。

（2）电子控制部件故障

①电磁阀工作故障。

②ECU工作故障。

4.通过上述检查结果分析，得出结论并提出解决方案。
_____
_____

四、检查

1.电控液压助力转向基本检查及电子控制系统检测结果。
_____
_____

2.通过检查分析，得出以下结论：
_____
_____

续上表

五、评估

1. 根据自己完成任务情况，对自己工作进行自我评估，并提出改进意见。
_____
_____

2. 教师对小组工作情况进行评估与点评。
_____
_____

一、电子控制动力转向系统的发展

传统的汽车转向系统属于机械系统，其转向是由驾驶员操纵转向盘，通过转向器和一系列的杆件传递到转向车轮而实现的。从20世纪40年代起，在机械转向系统基础上增加了液压助力系统，由于其技术上比较成熟，因而至今仍被广泛采用。

当前，随着电子技术的发展，传统转向系统中越来越多地采用了电子部件，电子控制动力转向系统得到发展。

(1) 电子控制动力转向系统主要由机械转向机构、转向助力系统和电子控制系统组成。根据转向动力源不同可分为液压式电控液压式动力转向系统和电动式电子控制动力转向系统。

(2) 电控液压式动力转向系统是在液压助力转向系统基础上发展起来的，其液压助力泵由电机驱动，取代了传统液压泵由发动机驱动。由于驱动部分与发动机分离，减少了燃油消耗；驱动电机是由控制单元控制，可以根据转向速率、车速等参数设计为可变助力。

(3) 电动式电子控制转向系统是在机械转向系统基础上加入电机作为动力源，电动式电子控制动力转向与液压式电子控制动力转向系统相比，既节约能源，又由于取消了液压系统因而提高了环保性能。

二、液压式电子控制助力转向系统

电控液压式动力转向系统是在传统的液压动力转向系统的基础上增设了控制液体流量的电磁阀、车速传感器和电子控制单元等，电子控制单元根据检测到的车速信号，控制电磁阀，使转向动力放大倍率实现连续可调，从而满足高、低速时的转向助力要求，如图4-1、图4-2所示。根据其控制方式的不同，又可分为流量控制式、反作用力控制式和阀灵敏度控制式三种。

1. 反作用力控制式

这是一种利用车速传感器控制反力室油压，改变压力油轮输入、输出的增益幅度，以控制转向力的方法，为此，在转向控制阀中设有反力室。其优点是具有较大的选择转向力的自由度，而且转向刚

图4-1 电控液压式动力转向系统结构

性大,驾驶者能确实感受到路面情况,可以获得稳定的操作手感,所以能按照车速情况进行最佳的稳定操纵。但是,其价格高,结构复杂。

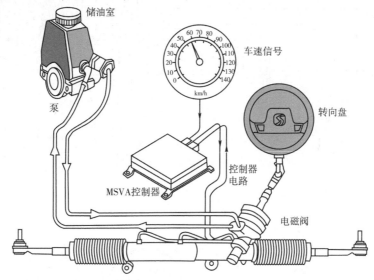

图 4-2　电控液压式动力转向系统示意图

图 4-3 所示为丰田 LS400 轿车液压式电子控制动力转向系统的结构。除机械转向部分外,主要由转阀、分流阀、电磁阀、动力转向油缸、转向油泵、储油箱、车速传感器及电控单元 ECU 等组成。

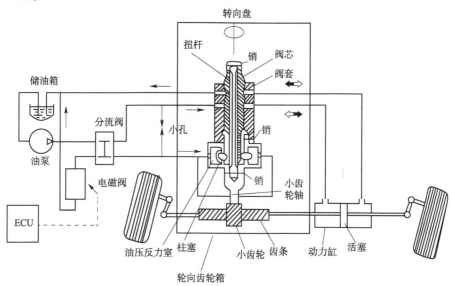

图 4-3　反力控制式动力转向系统工作原理图

转向控制阀是在传统的整体转阀式动力转向控制阀的基础上增设了油压反力室而构成的。扭力杆的上端通过销子与控制阀阀杆相连,下端与小齿轮轴用销子连接。小齿轮轴的上端通过销子与控制阀阀体相连。转向时,转向盘上的转向力通过扭力杆传递给小齿轮轴。丰田"马克Ⅱ"型反力控制式动力转向系统结构,见图 4-4;反力控制式转向控制阀结构,见图 4-5。

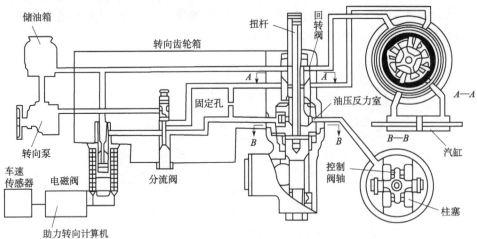

图4-4 丰田"马克Ⅱ"型反力控制式动力转向系统结构

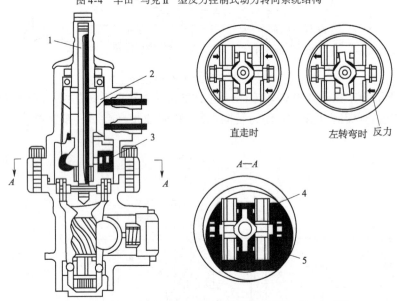

图4-5 反力控制式转向控制阀的结构
1-扭杆；2-回转阀；3-油压反力室；4-柱塞；5-控制阀轴

当转向力增大，扭力杆发生扭转变形时，控制阀体和控制阀阀杆之间将发生相对转动，于是就改变了阀体和阀杆之间油道的通断和工作油液的流动方向，从而实现转向助力作用。

分流阀的作用是把来自转向油泵的液压油向控制阀一侧和电磁阀一侧进行分流。

按照车速和转向要求，改变控制阀一侧与电磁阀一侧的油压，确保电磁阀一侧具有稳定的液压油流量。

固定小孔的作用是把供给转向控制阀的一部分流量分配到油压反力室一侧。

电磁阀的作用是根据需要，将油压反力室一侧的液压油流回储油箱。

ECU根据车速的高低线性控制电磁阀的开口面积。

当车辆停驶或速度较低时，ECU使电磁线圈的通电电流增大，电磁阀开口面积增大，经分流阀分流的液压油，通过电磁阀重新回流到储油箱中，所以作用于柱塞的背压（油压反力室压力)降低。

于是,柱塞推动控制阀转阀阀杆的力(反力)较小,因此只需要较小的转向力就可使扭力杆扭转变形,使阀体与阀杆产生相对转动而实现转向助力作用。

当车辆在中、高速区域转向时,ECU使电磁线圈的通电电流减小,电磁阀开口面积减小。

所以,油压反力室的油压升高,作用于柱塞的背压增大,于是柱塞推动转阀阀杆的力增大。

此时,需要较大的转向力才能使阀体与阀杆之间做相对转动(相当于增加了扭力杆的扭转刚度),而实现转向助力作用。

所以在中、高速时,可使驾驶员获得良好的转向手感和转向特性。

2. 阀灵敏度控制式

图4-6示出了89型地平线牌轿车所采用的动力转向装置。

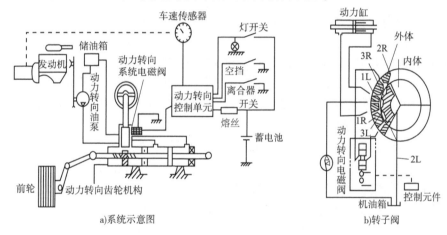

图4-6 地平线牌轿车采用的阀灵敏度可变控制式动力转向系统

转向控制阀的转子阀,做了局部改进并增加了电磁线圈阀、控制元件、车速传感器。转子阀的可变孔分为低速专用和高速专用两种,在高速专用可变孔的前后设有低速专用可变孔。在高速专用可变孔的下游设有旁通回路,在旁通回路中又设置有电磁线圈阀,根据车速开启电磁阀以改变电磁阀灵敏度,控制操舵力。这是一种具有非常自然操舵感的新型电子控制系统,并具有有效保障安全的保险功能。当电气系统发生故障时,可确保操舵特性。

阀灵敏度控制式EPS是根据车速控制电磁阀,直接改变动力转向控制阀的油压增益(阀灵敏度)来控制油压的。

这种转向系统结构简单、部件少、价格便宜,而且具有较大的选择转向力的自由度。

与反力控制式转向相比,转向刚性差,但可以最大限度地提高原来的弹性刚度来加以克服,从而获得自然的转向手感和良好的转向特性。

该系统对转向控制阀的转子阀做了局部改进,并增加了电磁阀、车速传感器和电子控制单元等。

(1)转子阀一般在圆周上形成6条或8条沟槽,各沟槽利用阀部外体,与泵、动力缸、电磁阀及油箱连接。

当车辆停止时,电磁阀完全关闭。

如果此时向右转动转向盘,则高灵敏度低速专用小孔 1R 及 2R 在较小的转向转矩作用下即可关闭,转向液压泵的高压油液经 1L 流向转向动力缸右腔室,其左腔室的油液经 3L、2L 流回储油箱。所以,此时具有轻便的转向特性。

而且施加在转向盘上的转向力矩越大,可变小孔 1L、2L 的开口面积越大,节流作用就越小,转向助力作用越明显。随着车辆行驶速度的提高,在电子控制单元的作用下,电磁阀的开度也线性增加。

如果向右转动转向盘,则转向液压泵的高压油液经 1L、3R 旁通电磁阀流回储油箱。此时,转向动力缸右腔室的转向助力油压就取决于旁通电磁阀和灵敏度低的高速专用可变孔 3R 的开度。

车速越高,在电子控制单元的控制下,电磁阀的开度越大,旁路流量越大,转向助力作用越小。

在车速不变的情况下,施加在转向盘上的转向力越小,高速专用小孔 3R 的开度越大,转向助力作用也越小。

当转向力增大时,3R 的开度逐渐减小,转向助力作用也随之增大。

由此可见,阀灵敏度控制式动力转向系统可使驾驶员获得非常自然的转向手感和良好的速度转向特性。从低速到高速的过渡区间,由于电磁阀的作用,按照车速控制可变小孔的油量,因而可以按顺序改变特性。

(2)该阀设有控制上下流量的旁通油道,是可变的节流阀。

在低速时向电磁线圈通以最大的电流,使可变孔关闭,随着车速升高,依次减小通电电流,可变孔开启;在高速时,开启面积达到最大值。

该阀在左右转向时,油液流动的方向可以逆转,所以在上下流动方向中,可变小孔必须具有相同的特性。为了确保高压时流体有效作用于阀,必须提供稳定的油压控制。

阀灵敏度可变控制式动力转向系统,见图 4-7。阀及电磁阀结构断面,见图 4-8。阀部的等效液压回路,见图 4-9。

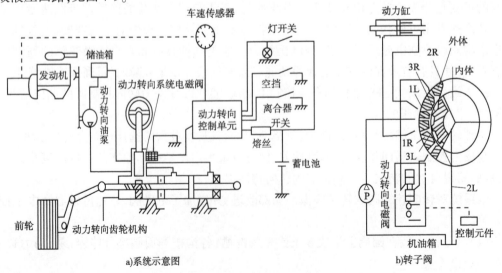

图 4-7 阀灵敏度可变控制式动力转向系统

(3)电子控制单元接收来自车速传感器的信号,控制向电磁阀和电磁线圈输出电流。

3. 流量控制式

这是一种通过车速传感器调节动力转向装置供应的压力油液,改变油液的输入输出流量,以控制转向力的方法。优点是,在原来动力转向功能上再增加压力油液流量控制功能即可,可以降低价格,简化结构。当车辆停驶或速度较低时,ECU使电磁线圈的通电电流增大,电磁阀开口面积增大,经分流阀分流的液压油,通过电磁阀重新回流到储油箱中,所以作用于柱塞的背压(油压反力室压力)降低。于是,柱塞推动控制阀转阀阀杆的力(反力)较小,因此只需要较小的转向力就可使扭力杆扭转变形,使阀体与阀杆产生相对转动而实现转向助力作用。

缺点是,当流向动力转向机构的压力油液降低到极限值时,将改变转向控制部分的刚度,使其下降到接近转向刚性。这样,在低供给油量区域内,对于快速转向会产生压力油量不足,降低了响应性。

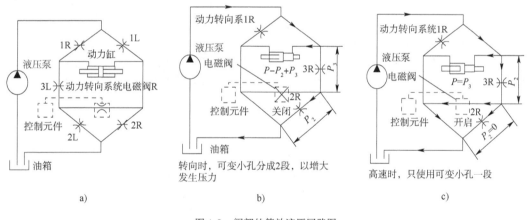

图4-8 阀及电磁阀结构断面图
1-动力缸;2-电磁阀;3-油箱;4-泵转子

图4-9 阀部的等效液压回路图

流量控制式动力转向装置的基本结构,见图4-10。其表示的是曾在日本蓝鸟牌轿车上使用的装置。流量控制式动力转向系统的构成,见图4-11。

图4-12为雷克萨斯轿车流量控制式动力转向系统。该系统主要由车速传感器、电磁阀(图4-13)、整体式动力转向控制阀、动力转向液压泵和电子控制单元等组成。

电磁阀安装在通向转向动力缸活塞两侧油室的油道之间,当电磁阀的阀针完全开启时,两油道就被电磁阀旁通,见图4-14。

流量控制式动力转向系统的工作原理:

流量控制式动力转向系统就是根据车速传感器的信号,控制电磁阀阀针的开启程度,从而控制转向力大小。而控制转向动力缸活塞两侧油室的旁路液压油流量,来改变转向盘上的转向力。车速越高,流过电磁阀电磁线圈的平均电流值越大,电磁阀阀针的开启程度越大,旁路液压油流量越大,而液压助力作用越小,使转动转向盘的力也随之增加,见图4-15。

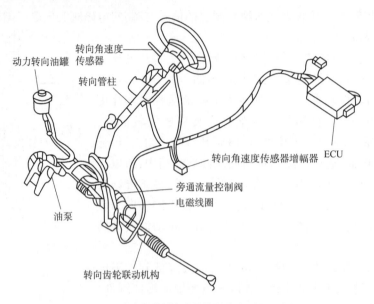

图 4-10 日产蓝鸟轿车流量控制式动力转向系统

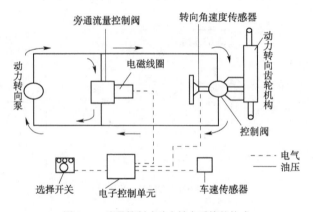

图 4-11 流量控制式动力转向系统的构成

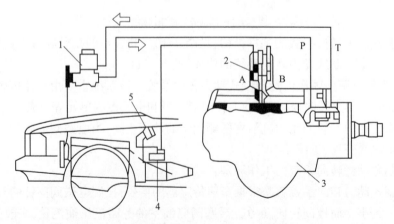

图 4-12 流量控制式动力转向系统(雷克萨斯轿车)
1-动力转向油缸;2-电磁阀;3-动力转向控制阀;4-ECU;5-车速传感器

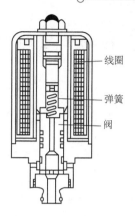

图4-13 电磁阀的结构

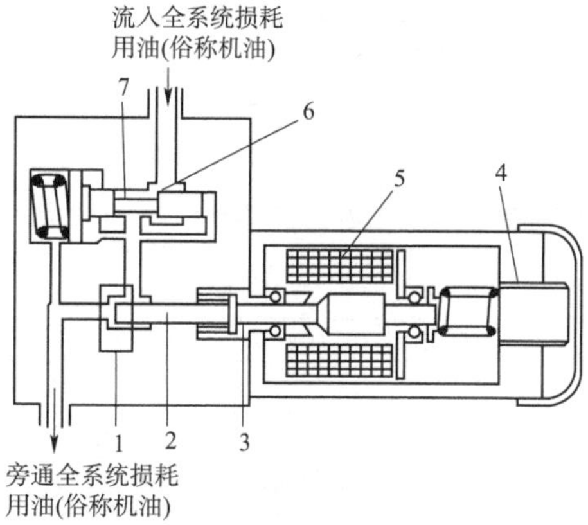

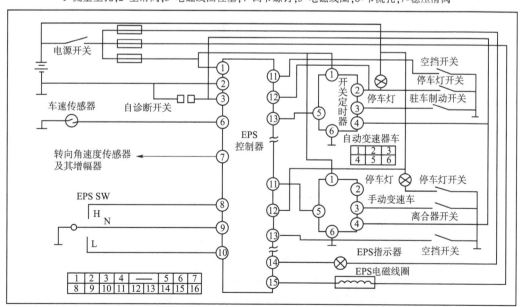

图4-14 旁通流量控制阀的结构

1-流量主孔；2-主滑阀；3-电磁线圈柱塞；4-调节螺钉；5-电磁线圈；6-节流孔；7-稳压滑阀

图4-15 汽车电控液压式动力转向系统控制电路

任务二 电动式电子转向系控制电路检测及故障诊断

姓名_____ 班级_____ 学号_____ 成绩_____

客户任务	丰田卡罗拉轿车路试检测后发现车辆行驶时转向沉重,仪表板上的 EPS 故障指示灯常亮,EPS 系统助力功能失效
任务目的	制订工作计划,并利用汽车万用表、故障诊断仪器等进行检测,确定故障原因并维修更换

一、资讯

1. 详细述说汽车电动式电子助力转向系统的工作原理。
_____
_____

2. 请述说汽车电动式电子助力转向系统元件组成。
_____
_____

二、决策与计划

根据任务要求,确定需要的检测仪器、工具,并对小组人员合理分工,制订详细的诊断和修复计划。

1. 需要检测仪器工具。
_____
_____

2. 小组成员分工。
_____
_____

3. 诊断和修复计划。
_____
_____

三、实施

电动式助力转向系统的检修主要针对传感器、执行器、ECU 及线路连接,并应充分利用故障自诊断系统的功能。包括:

1. 车速、转矩传感器检修。
2. ECU 的检测。
3. 电动机等电动转向系统执行器的检测。
4. EPS 警告灯的检查。
5. 自诊断操作。

转矩传感器电路检测:

(1) 电路如图 4-16 所示。

图 4-16 扭传感器电路图

续上表

(2)将点火开关置于 ON(IG)位置。
(3)根据表4-1值测量电压。

表 4-1

连接端子	转向盘状态	规定值
a1—5(TRQ1)—a1—8(TRQG)	中间位置	2.3~2.7V
a1—7(TRQ2)—a1—8(TRQG)	中间位置	2.3~2.7V
a1—5(TRQ1)—a1—8(TRQG)	向右转	2.5~4.7V
a1—7(TRQ2)—a1—8(TRQG)	向右转	2.5~4.7V
a1—5(TRQ1)—a1—8(TRQG)	向左转	0.3~2.5V
a1—7(TRQ2)—a1—8(TRQG)	向左转	0.3~2.5V

三相无刷电动机电路检测：
(1)电路如图4-17所示。

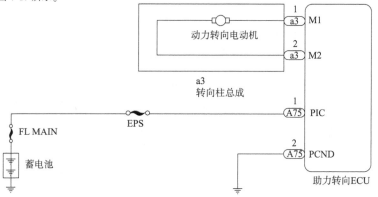

图 4-17 三相无刷电动机电路图

(2)从助力转向ECU上断开连接器。
(3)根据表4-2的值测量电阻。

表 4-2

连 接 端 子	标 准 值
a3—1(M1)—a3—2(M2)	0.08~0.15Ω
a3—1(M1)—车身搭铁	1MΩ 或更高
a3—2(M2)—车身搭铁	1MΩ 或更高

电动助力转向系统初始化和校准：
有下列情形的需执行 EPS 系统的初始化和校准：
(1)更换转向柱总成。
(2)更换 EPS ECU。
(3)左、右转向助力有差异。
具体操作步骤见表4-3。

续上表

表4-3

项目		步骤
1	EPS ECU 初始化	1. 用 SST 短接 DLC_3 的 T_S 和 CG 端子并把点火开关切换到 ON(电源模式 ON); 2. 在 20s 内短接并断开 T_C 端子 20 次; 3. 把点火开关关到 OFF(电源模式 OFF),然后检查 P/S 警告灯点亮
2	转矩传感器校准	1. 在 T_S 和 CG 短接时,把点火开关打到 ON(电源模式 ON); 2. 转向盘在正中央; 3. 短接 T_C 端子
3	校准马达转角传感器	1. 断开 T_C 端子再短接 T_C 端子; 2. 在左右两个方向转动转向盘超过 $45°$; 3. 检查 P/S 警告灯闪,在拆下 SST 后把点火开关关到 OFF(电源模式 OFF)

四、检查

1. 用专用诊断测试仪读取故障代码,或连接自诊断起动电路读取故障代码,也可以利用仪表板信息显示系统读出故障代码。

2. 通过检查分析,得出以下结论:

五、评估

1. 根据自己完成任务情况,对自己工作进行自我评估,并提出改进意见。

2. 教师对小组工作情况进行评估与点评。

一、电动式 EPS 的基本组成概况

电动式 EPS 是在传统的机械式转向系统的基础上,利用直流电动机作为动力源,电子控制单元根据转向参数和车速等信号,控制电动机转矩的大小和转动方向。

一般是由转矩传感器、电子控制单元、电动机、减速器、机械转向器,以及蓄电池电源所构成。电路结构原理图,如图 4-18 所示。

电动式 EPS 按照其转向助力机构结构与位置的不同,又可分为转向轴助力式、转向器小齿轮助力式和齿条助力式三种形式。

(1) 转向轴助力式(图 4-19)。

(2) 齿条助力式(图 4-20)。

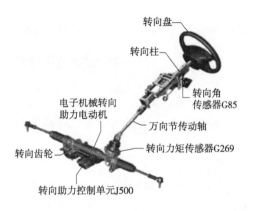
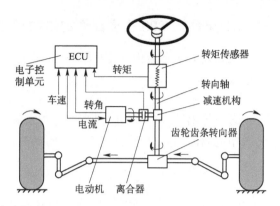

图 4-18 电动式 EPS

图 4-19 转向轴助力式电动 EPS

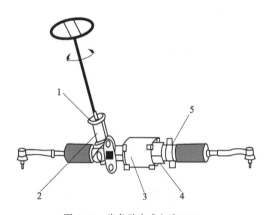

图 4-20 齿条助力式电动 EPS
1-输入轴；2-转矩传感器；3-电机；4-循环球螺杆；5-齿条

(3) 齿轮助力式 (图 4-21)

图 4-21 齿轮助力式电动 EPS

二、电动式EPS主要部件的结构及工作原理

电动式EPS通常由转矩传感器、车速传感器、电子控制单元ECU、电动机和电磁离合器等组成。

1. 信号源

转矩传感器和车速传感器为助力转矩的信号源。ECU根据各传感器的输入信号确定助力转矩的幅值和方向,并且直接控制驱动电路去驱动电动机。

（1）转矩传感器

转矩传感器的作用是用来检测转向盘的力矩和转动方向,并将转动转向盘时扭杆的转角变为转向信号输送给ECU。转矩传感器常用的主要有滑动可变电阻式和无触点式两类。

①滑动可变电阻式转矩传感器

结构如图4-22所示。它是将载荷力矩引起的扭杆角位移转换为电位器电阻的变化,并经滑环传递出来作为转矩信号。

图4-23所示为滑动可变电阻式传矩传感器工作原理示意图。其输出特性曲线,如图4-24所示。

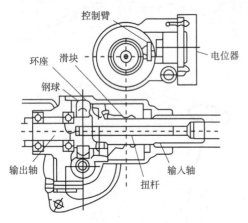

图4-22 滑动可变电阻式转矩传感器结构

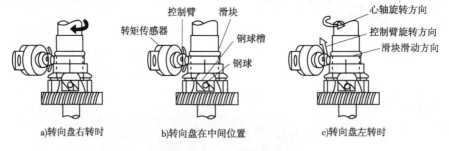

图4-23 工作原理示意图

当转向盘向左旋转时,传感器的输出电压小于2.5V。

当转向盘位于中间位置时,传感器的输出电压为2.5V。

当转向盘向右旋转时,其输出电压大于2.5V。

因此,ECU根据传感器输出电压的高低来判断转向盘的转动方向和角度。

②无触点式转矩传感器

外形及工作原理示意图,如图4-25所示。

在输出轴的极靴上分别绕有A、B、C、D共4个线圈,转向盘处于中间位置(直线行驶)时,扭杆的纵向对称面正好处于图示输出

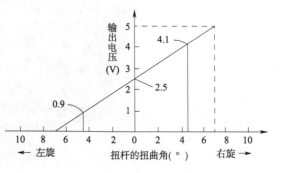

图4-24 转矩传感器的输出特性曲线

轴极靴 AC、BD 的对称面上。当在 U、T 两端加上连续的输入脉冲电压信号 U_1 时,由于通过每个极靴的磁通量相等,所以在 V、W 两端检测到的输出电压信号 $U_0 = 0$。

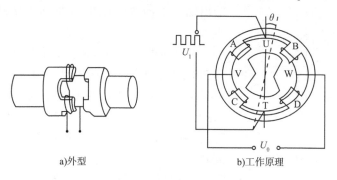

a)外型　　　　　　　　　　b)工作原理

图 4-25　无触点式转矩传感器外线和工作原理示意图

转向时,由于扭杆和输出轴极靴之间发生相对扭转变形,各个极靴的磁通量发生变化,极靴 A、D 之间的磁阻增加,B、C 之间的磁阻减少,于是在 V、W 之间就出现了电位差,其电位差与扭杆的扭转角和输入电压成正比。通过测量 U_1 两端的电位差来测量出扭杆的扭转角,于是也就知道了转向盘施加的转动力矩。

(2) 车速传感器

车速传感器安装在变速器上,其作用是将车速的变化转变为脉冲信号输送到 ECU。

2. 执行器

执行器包括直流电动机、电磁离合器及减速机构等。

(1) 电动机

EPS 上所采用的电动机是在一般汽车用电动机基础上加以改进后得到的。为了改善操纵感、降低噪声和减少振动,有的电动机转子外圆表面开有斜槽,有的则改变定子磁铁的中心处或底部的厚度。

电动机连同离合器和减速齿轮在一起,通过一个橡胶底座安装在左车架上。电动机的输出转矩由减速齿轮增大,并通过万向节、转向器中的助力小齿轮把输出转矩送至齿条,以便向转向轮提供助力转矩。该直流电动机通常采用永久磁场与发动机用直流电动机工作原理基本相同。其电压为 12V,最大电流约为 30A,额定转矩约为 9N·m。而且,该直流电动机通过一种比较简单适用的控制电路,能够实现正反方向旋转。

如图 4-26 所示,a_1、a_2 为触发信号端,当 a_1 端得到输入信号时,晶体管 T_3 导通,T_2 得到基极电流而导通,电流经 T_2、电动机、T_3、搭铁而构成回路,于是电动机正转;当 a_2 端得到输入信号时,电流则经 T_1、电动机 M、T_4、搭铁而构成回路,电动机则因电流方向相反而反转。同时,只要控制信号电流的大小,就可以控制电动机电流的大小,即可以控制电动机输出转矩的大小。

(2) 电磁离合器

结构如图 4-27 所示,主要由电磁线圈、主动轮、从动轴、压板等组成。

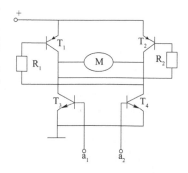

图 4-26　电动机正反转控制电路

工作过程是:电流通过滑环进入电磁线圈,主动轮便产生电磁吸力,带花键的压板就被吸引,并与主动轮压紧,于是电动机的输出转矩便经过输出轴→主动轮→压板→花键→从动轴,传递给减速机构。

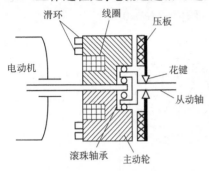

图 4-27 电磁离合器结构

电动机的工作范围限定在某一速度区域内,如果达到 30km/h,则离合器使电动机停转,且离合器分离,不再起传递动力的作用,恢复到手动转向控制。在不加助力的情况下,离合器可以清除电动机惯性的影响。同时,在系统发生故障时,因离合器分离,可以恢复手动控制转向。

为了减小加与不加助力时驾驶车辆感觉的差别,设法使离合器具有滞后输出特性,同时还使其具有半离合状态区域。

(3) 减速机构

减速机构是把电动机的输出放大后再传给转向齿轮箱的主要部件,是 EPS 不可缺少的部件。目前实用的减速机构有多种组合,一般采用蜗轮蜗杆与转向轴驱动组合式,也有的采用两级行星齿轮与传动齿轮组合式。

为了抑制噪声和提高耐久性,减速机构上采用了部分树脂材料及特殊齿形,结构如图 4-28 所示。

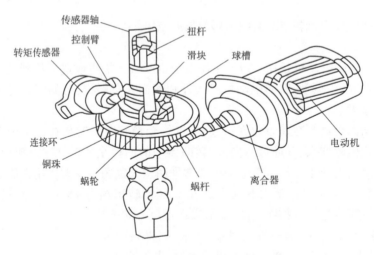

图 4-28 减速机构结构

3. 电控单元 ECU

ECU 根据各传感器的输入信号,确定助力转矩的幅值和方向,并且直接控制驱动电路去驱动电动机。图 4-29 所示为奥拓汽车电动式 EPS 控制框图。

其能实现的控制功能有以下几种:

(1) 速度控制

为确保行车安全,当车速高于 43～52km/h 时,停止对电动机供电的同时,使电动机内的电磁离合器分离,按普通转向控制方式工作。

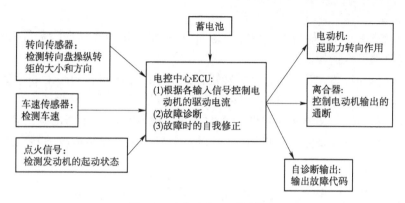

图 4-29　奥拓汽车 EPS 控制框图

(2) 临界控制

为了保护系统中的电动机及控制组件,在转向器偏转至最大(即临界状态)时,由于此时电动机不能转动,所以流入电动机的电流达最大值。

为了避免持续的大电流使电动机及控制组件发热损坏,每当较大电流连续通过 30s 后,系统就会控制电流使之逐渐减小。

当临界控制状态解除后,控制系统就会再逐渐增大电流,一直达到正常的工作电流值为止。

(3) 电动机电流控制

为使其在每一种车速下都可以得到最优化的转向助力转矩,ECU 根据转向力矩和车速信号确定并控制电动机的驱动电流的方向和大小。

(4) 自诊断和安全控制

该系统的电子控制单元具有故障自诊断功能,当电子控制单元检测到系统存在故障时即会显示出相应的故障码,以便采取相应的措施。

当检测出系统的基本部件如电动机、转矩传感器、车速传感器等出现故障而导致系统处于严重故障的情况下,系统就会使电磁离合器断开,停止转向助力控制,确保系统安全、可靠。

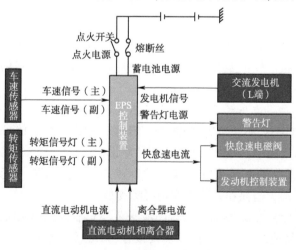

图 4-30　电动式 EPS 控制流程

4. 工作原理

电动式EPS(图4-30)是利用电动机作为助力源,根据车速和转向参数等,由ECU完成助力控制,其原理可概括如下:

当操纵转向盘时,装在转向盘轴上的转矩传感器不断地测出转向轴上的转矩信号,该信号与车速信号同时输入到ECU。ECU根据这些输入信号,确定助力转矩的大小和方向,即选定电动机的电流和转向,调整转向辅助动力的大小。电动机的转矩由电磁离合器通过减速机构减速增矩后,加在汽车的转向机构上,得到一个与汽车工况相适应的转向作用力,电动式EPS控制流程。

三、电动式电子控制动力转向系统的特点及工作过程

1. EPS系统中各部件的配置、结构与各种汽车的设计相适应的特点

(1)日本大发的Mira车上,转矩传感器与传动齿轮是分开的。电动机和减速机合为一体,安装在与传动齿轮相对的齿条箱上,电动机的驱动力直接传给齿条轴,控制件安装在副驾驶侧的仪表板背板上。

(2)在长安的奥拓车上,转矩传感器、电动机和减速机合为一个整体,装在转向柱上,电磁离合器装在电动机的输出端旁,控制器装在驾驶员座位下,见图4-31。

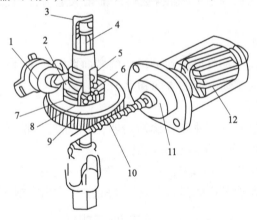

图4-31 奥拓(Alto)牌汽车电动式EPS内部结构

1-转矩传感器;2-控制臂;3-传感器轴;4-扭杆;5-滑块;6-球槽;7-连接环;8-钢球;9-蜗轮;10-蜗杆;11-离合器;12-电动机

(3)在三菱的Minica车上,转矩传感器、电动机、减速机与离合器仍是合为一个整体,用以驱动传动轴,控制件装在副驾驶侧的机罩下。

2. 电动式EPS有许多液压式动力转向系统不具备的优点

(1)将电动机、离合器、减速装置、转向杆等部件装配成一个整体,这既无管道也无控制阀,使其结构紧凑、质量减小,一般电动式EPS的质量比液压式EPS质量轻25%左右。

(2)没有液压式动力转向系统所必需的常运转式转向液压泵,电动机只是在需要转向时,才接通电源,所以动力消耗和燃油消耗均可降到最低。

(3)省去了油压系统,所以不需要给转向液压泵补充油,也不必担心漏油。

(4)可以比较容易地按照汽车性能的需要设置、修改转向助力特性。

电动式EPS原理,见图4-32。

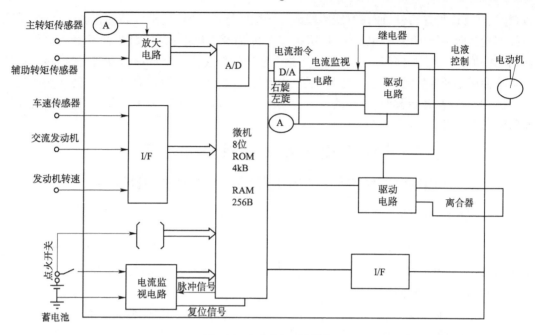

图4-32 电动式EPS原理图

3. 工作过程

当转向系统工作时,施加在转向盘上的转向力经输入轴、扭杆传递给输出轴,扭杆的扭曲变形使输入轴与输出轴之间发生相对扭转。与此同时,滑块沿轴向移动,控制臂将滑块的轴向移动变换成电位器的旋转角度,即将转矩值变换成电压量,并输入到电子控制单元。

(1)电动机电流控制

ECU根据转向力矩和车速信号确定并控制电动机的驱动电流的方向和大小,使其在每一种车速下都可以得到最优化的转向助力转矩。

(2)速度控制

当车速高于43~52km/h时,停止对电动机供电的同时,使电动机内的电磁离合器分离,按普通转向控制方式工作,以确保行车安全。

(3)临界控制

这是为了保护系统中的电动机及控制组件而设的控制项目。在转向器偏转至最大(即临界状态)时,由于此时电动机不能转动,所以流入电动机的电流达最大值。为了避免持续的大电流使电动机及控制组件发热损坏,每当较大电流连续通过30s后,系统就会控制电流使之逐渐减小。当临界控制状态解除后,控制系统就会再逐渐增大电流,一直达到正常的工作电流值为止。

知识拓展

电控四轮转向系统4WS:电控四轮转向系统4WS则是在前轮转向的同时,也主动地控制后轮进行适量的转向(一般最大约为5°)。后轮相对于前轮的方向,一般可分为同向转向(后轮与前轮的转动方向一致)和逆向转向(后轮与前轮的转动方向相反)。由于汽车在转急弯时,通常以低速行驶,而在直线路段或较平缓的弯道上时,通常以高速行驶。因此,采用电控四轮转向系统的汽车,电控 ECU 根据多个传感器提供的信号数据,计算出后轮距目标转角的差值,再进一步向步进电动机发出指令使后轮偏转。汽车低速行驶时,依据转向盘的转角值使后轮逆向转动,以减小转弯半径;中速行驶时,可减小后转向,以减轻转向操舵的不自然感觉;而在高速行驶时,可使后轮实现同向转向,以减少甚至基本避免车身横摆,提高汽车行驶转向稳性。

【教学设计能力拓展训练三】
电控动力转向系统结构与检修教法与学法设计训练

一、任务引导

简介中职学校学生学习电控动力转向系统结构与检修的起点、教学设备、教学目标、教学内容、教学重点难点、学时分配等内容,以便学习者设计教法与学法时参考。

1. 中职生的学情分析

(1)文化基础知识薄弱,认知、记忆、思维能力较差,对授课内容难以理解,但渴望被人接纳和爱护,渴望得到别人的认可和称赞,渴望成功,形象思维丰富,好动,喜欢动手实践。

(2)学习过汽车底盘、汽车发动机、汽车电气等专业课程。

2. 中职学校电控动力转向系统结构与检修教学环境

理论实践一体化教室:配置多媒体教学设备、学生查阅资料的电脑、课桌椅、充足的实训台架或教学整车、电控动力转向系统各零部件、实训工具、课程资源库教学平台(配置相关视频、动画、图片、电子教材、作业单、练习题、考核表等)。

3. 中职学校电控动力转向系统教学目标

(1)知识目标

①能辨认电控动力转向系统的各组成部件,并说出它们的名称和作用。

②能简单描述电控动力转向系统工作原理,包括机械系统和电气控制系统原理。

③会分析常见车型的电控动力转向电气控制电路。

(2)能力目标

①能对电控液压式动力转向系统行性能检查、故障诊断。

②能对电动式电子控制动力转向系统行性能检查、故障诊断。

③会使用维修手册诊断和排除系统故障。

4. 中职学校电控动力转向系统的教学内容与学时分配

任务一　电控动力转向系统的结构组成,4 课时。

任务二　电控液压式动力转向系统,4 课时。

任务三　电动式电子控制动力转向系统,4 课时。

任务四　电控动力转向系统综合故障诊断,6 课时。

5. 中职学校电控动力转向系统的教学重点、难点

(1)教学重点:转向控制阀原理、液压控制系统、电动控制系统、电控电路故障诊断与排除,要求大部分的学生会操作。

(2)教学难点:电子控制系统的工作原理与检测。

6.中职学校电控动力转向系统的教学方法与教学流程

采用理论实践一体化教学,通常采用行动导向的教学法(包括宏观和微观教学法)。

(1)任务资讯:完成任务引导文,收集必要知识点(例如系统零部件的结构名称、作用、检查工具等);课前预习加上课上听老师讲解后完成。

(2)布置学习任务:明确每个任务的目标和完成标准(每次课可以有多个细分的实训任务),比如液压电控动力转向系统可以细分为液压控制系统组成、机械装置、电子控制3个子任务。

(3)教师示范和讲解:教师根据任务的难易程度做必要的示范和讲解,比如电控系统检查方法和注意事项、拆装注意事项等。

(4)任务实施:学生分组练习,教师巡逻指导→换组,直至完成每个细分的任务(如果有多个细分的实训任务)。

(5)任务检查:学生对照任务目标和完成标准组内自我检查。

(6)任务考核与评价:教师每组抽考1~2个同学,根据各组任务完成情况进行点评小结(可以先让小组汇报后再点评)。

二、教法与学法设计任务单(请在□中打"√")

全班分成4~6个设计小组,每组选择项目内的一个任务进行教学方法设计。

组　　别		设 计 任 务			
教学内容					
学生基础					
教学设备					
教 学 方 法					
教师教法	1.项目教学法(宏观)	□	学生学法	1.讨论法	□
	2.引导文教学法(宏观)	□		2.阅读法	□
	3.模拟教学法(宏观)	□		3.笔记法	□
	4.案例教学法(宏观)	□		4.观察法	□
	5.任务驱动法(宏观)	□		5.角色扮演法	□
	6.张贴板教学法(微观)	□		6.实操法	□
	7.鱼骨图教学法(微观)	□		7.练习法	□
	8.头脑风暴教学法(微观)	□		8.分析研究法	□
	9.其他教学法	□		9.小组合作法	□
				10.探究法	□
				11.其他学习法	□
选取理由					
展示评价	各组采用海报、PPT等形式展示本组的设计成果				

三、教法与学法设计训练评分标准

序号	项目	内　　　　容	分值	得分
1	教学内容	教学内容序化合理,符合学生认知规律	15	
2	学情分析	对学生知识基础、学习特点及适宜的学习方法进行分析和引导	15	
3	教学设备	根据学校现有情况合理选择设备,满足教学的需要。	25	
4	教法方法	教法学法合理,符合学生认知规律	35	
5	格式与表达	设计格式规范,表达清晰流畅	10	
总　分			100	

项目五 电控悬架系统结构与检修

项 目	职 业 技 能	技 术 知 识
任务一	熟识典型的电控悬架的结构、工作原理及其元件名称	熟练掌握电控悬架的基本组成、工作原理
任务二	电控悬架系统检修	熟练掌握电控悬架故障码的读取、清除和检修

任务一 认识典型的电控悬架的结构、工作原理及其元件名称

姓名_____ 班级_____ 学号_____ 成绩_____

客户任务	一辆丰田 LS400 轿车车身高度不能正常调节,请对此故障进行诊断分析并予以排除
任务目的	制订工作计划,熟识典型的电控悬架的结构、工作原理及其元件名称

一、资讯

1. 电控悬架的功用是_____

2. 电控调节减振力(阻尼力)及弹簧刚度的控制过程为:
_____
_____

3. 电子控制空气悬架系统可实施哪些控制?这些控制的目的是什么?
_____
_____
_____

4. 如何实现车高控制?
_____
_____
_____

5. 一般电控悬架系统有哪些输入信号?各有什么作用?
_____
_____
_____

6. 如何实现弹簧刚度控制?
_____
_____
_____

二、决策与计划

根据任务要求,确定需要的检测仪器、工具,并对小组人员合理分工,制订详细的诊断和修复计划。

续上表

1. 需要检测仪器工具。
2. 小组成员分工。
3. 认识小结。
三、实施
1. LS400电控悬架系统的构成。
(1)车辆高度控制阀。
(2)悬架高度传感器。
(3)汽车转向角传感器。
(4)压缩空气排气阀。
(5)悬架控制电脑。
(6)执行器。
(7)各种手动控制开关。
(8)汽车仪表板上的各种显示仪表、指示灯。
2. LS400电控悬架系统电路图认识和描述：
四、评估
1. 根据自己完成任务情况，对自己工作进行自我评估，并提出改进意见。
2. 教师对小组工作情况进行评估与点评。

一、电控悬架系统概述

1. 汽车传统悬架的缺点

悬架的功能有以下几方面：

（1）把路面作用于车轮上的垂直反力（支承力）、纵向反力（牵引力和制动力）和侧向力，以及这些反力所造成的力矩都传递到车架（或承载式车身）上，以保证汽车正常行驶。

（2）在装载变化、车速及行驶转弯等情况下，必须使车轮与轴线保持正确配合，保证车辆的稳定性。

（3）保持车辆行驶方向的可操作性，在各种道路条件下保证驾驶员能有效控制转向。

(4)与轮胎共同作用,缓冲来自车轮的振动,使车辆舒适、平稳行驶。

传统悬架系统的刚度和阻尼参数是按经验设计或优化设计方法选择的,一经选定后,在汽车行驶过程中就无法进行调节,使得传统的悬架只能保证汽车在一种特定的道路和速度条件下达到性能最优的匹配,并且只能被动地承受地面对车身的作用力,而不能根据道路、车速的不同而改变悬架参数,更不能主动地控制地面对车身的作用力。

2.电控悬架的功能

通过控制调节悬架的刚度和阻尼力,使汽车的悬架特性与道路状况和行驶状态相适应。其基本功能如下:

(1)车高调整。

(2)减振器阻尼力控制。

(3)弹簧刚度控制。

3.电子控制悬架系统的种类

(1)按传力介质的不同分:气压式、油压式。

(2)按控制理论的不同分:

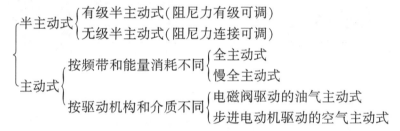

二、电控悬架系统的结构和工作原理

1.电控液压调节悬架减振力(阻尼力)

电子控制液压悬架(图5-1)能根据悬架的质量和加速度等,利用液压部件控制汽车的振动。

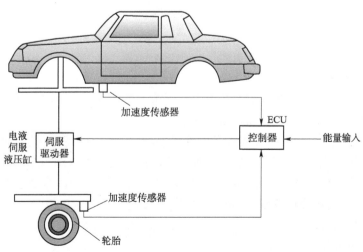

图5-1 电控液压调节悬架

电控调节减振力(阻尼力)及弹簧刚度的控制过程为:

通过电脑(自动)及手动开关可改变悬架弹簧的弹性系数和减振器的缓冲力。电脑根据行车条件自动调整车辆减振力和阻尼力,通过控制缓冲力的强弱来消除车辆行驶中的不平衡,可以使车辆在颠簸路面上保持平稳姿态,并自动调整车辆在紧急制动时的前倾和急加速时的后仰,以保证乘坐的舒适性。

2. 电控液压调节车高

在前轮和后轮的附近设有车高传感器,按车高传感器的输出信号,微机判断出车辆高度,再控制进出油孔的开闭,使油气弹簧压缩或伸长,从而控制车辆高度,见图5-2。

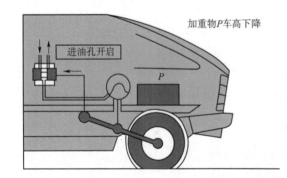
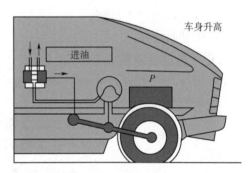
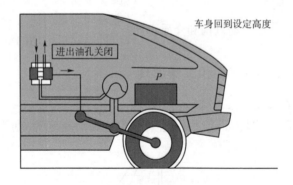

图5-2 电控液压调节车高

3. 电控空气悬架

电子调整空气悬架中储存有起弹簧作用的压缩空气,减振器减振力、弹簧刚度和汽车高度控制可根据驾驶条件自动控制和人为地开关控制。

电子调整空气悬架是ECU根据高度位置传感器,检测车身高度,进而通过控制空气压缩机和高度控制电磁阀的工作状况来完成对空气弹簧的充放气以调节车身的高度。根据加速度传感器、制动灯开关、转向传感器等检测车辆的运行情况,通过控制悬架控制执行器的工作状态来调节空气弹簧和减振器的减振力(阻尼力)。

4. 丰田电控悬架系统

(1) 车身高度控制功能(图5-3)

(2) 减振力(阻尼力)与弹簧刚度控制功能(图5-4)

项目五 电控悬架系统结构与检修

控制项目		功 能
自动高度控制		不管乘客和行李重量情况如何,均能使汽车高度保持某一个恒定的高度位置,操作高度控制开关能使汽车的目标高度变为"正常"或"高"的状态。
高车速控制	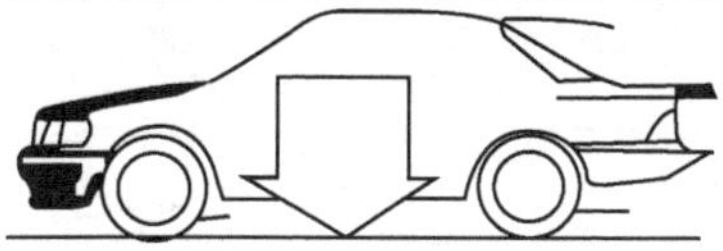	当高度控制开关在"height(高)"位置时,汽车高度会降低到"正常"状态,这就改善了高车速行驶时的空气动力学和稳定性
驻车控制	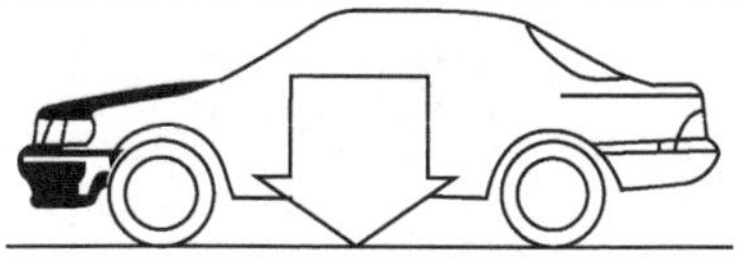	当点火开关关断后,因乘客重量和行李重量变化而使汽车高度变为高于目标高度时,能使汽车高度降低到目标高度,这就能改善汽车驻车时的姿势

图 5-3 车身高度控制

控 制 项 目		功 能
防侧倾控制		使弹簧刚度和减振力变成"坚硬"状态。该项控制能抑制侧倾而使汽车的姿势变化减至最小,以改善操纵性能
防栽头控制		使弹簧刚度和减振力变成"坚硬"状态。该项控制能抑制汽车制动时栽头而使汽车的姿势变化减至最小
防下坐控制		使弹簧刚度和减振力变成"坚硬"状态。该项控制能抑制汽车加速时后部下坐,而使汽车的姿势变化减至最小
高车速控制	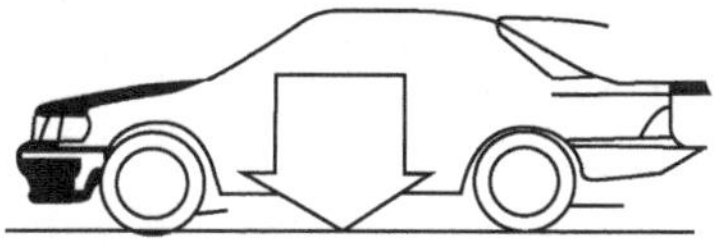	使弹簧刚度变成"坚硬"状态和使减振变成"中等"状态。该项控制能改善汽车高车速时的行驶稳定性和操纵性
不平整道路控制		使弹簧刚度和减振力视需要变成"中等"或"坚硬"状态,以抑制汽车车身在悬架上下垂,从而改善汽车在不平坦道路上行驶时的乘坐舒适性
颠动控制	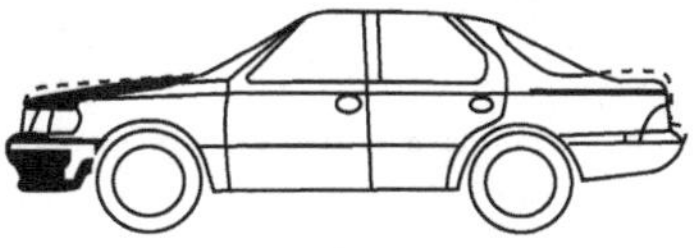	使弹簧刚度和减振力变成"中等"或"坚硬"状态,它能抑制汽车在不平坦道路上行驶时的颠动
跳振控制		使弹簧刚度和减振力变成"中等"或"坚硬"状态。该项控制能抑制汽车在不平坦道路上行驶时的上下跳振

图 5-4 减振力(阻尼力)与弹簧刚度控制

· 147 ·

5. LS400电控悬架系统的构成

LS400电控悬架系统主要是由压缩空气系统和电子控制系统两部分组成。主要部件有:车辆高度控制阀,悬架高度传感器,汽车转向角传感器,压缩空气排气阀,悬架控制电脑、执行器、各种手动控制开关和汽车仪表板上的各种显示仪表、指示灯等,见图5-5、图5-6。

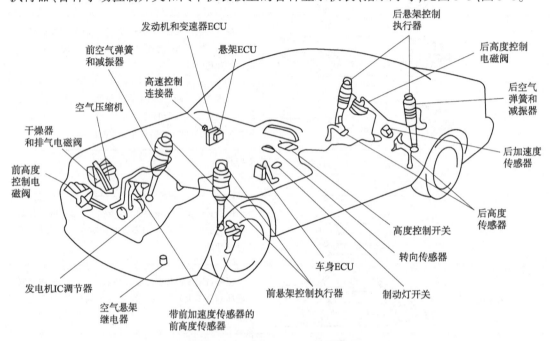

图5-5　LS400电控空气悬架元件位置

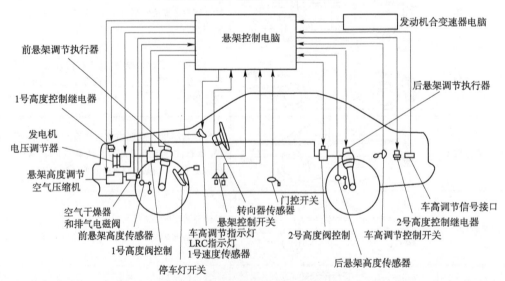

图5-6　LS400空气悬架电子控制系统示意图

(1)悬架控制开关

由LRC开关和高度控制开关组成。LRC开关有"SPORT(运动)"和"NORM(标准)"两种模式。高度控制开关用于选择控制车身高度,有"HIGH(高)"和"NORM(标准)"两种模式。

(2) 高度控制 ON/OFF 开关

安装在汽车尾部行李舱的左边。处于 ON 位置时,系统可进行车身高度自动控制;当处于 OFF 位置时,系统不执行车身高度控制。如当车辆被举升或停在不平的路面时不能对车身高度进行调节。

(3) 车身高度指示灯

指示灯位于组合仪表上,用于指示所选择的车身高度。

(4) LRC 指示灯

指示灯也位于组合仪表上,用于指示当前减振器和空气弹簧的工作模式("NORMAL AUTO"或"SPORT AUTO")。选择"SPORT AUTO"模式时灯亮,否则灯熄灭。

(5) 高度控制插座

连接该插座上的相应端子,可不通过 ECU 而直接控制空气压缩机电动机、高度控制电磁阀及排气电磁阀,从而方便检修。此插座上还提供了用于清除存储器中故障代码的端子。主要部件有转向盘转角传感器、高度传感器,这两个传感器均采用光电式。

(6) 1 号和 2 号高度控制阀

分别装在前、后悬架上,1 号高度控制阀用于前悬架,此阀中有两个电磁阀,分别控制左右空气弹簧。2 号高度控制阀用于后悬架,它也是由两个电磁阀组成,它与 1 号高度控制阀不同的是,它们不是单独控制,而是同时动作。在 2 号高度控制阀中还装有一个安全阀,用于防止管路中压力过高。

(7) 悬架电控单元 ECU

用于控制减振器的阻尼力、悬架的刚度及车身高度。

(8) 悬架控制执行器

悬架控制执行器(直流电动机式)装在各空气弹簧和减振器的上方,用于同时驱动减振器的转阀和空气弹簧的连通阀,以改变减振器的阻尼力和空气弹簧的刚度。

(9) 空气弹簧

空气弹簧安装于可调减振器的上端,与可调减振器一起构成悬架支柱。空气弹簧由一个主气室和一个副气室组成。悬架的刚度可以在低、中、高三种状态之间变化。

车身高度的调节通过 1 号和 2 号高度控制阀,通过控制充入或释放主气室内压缩空气的排气阀实现。

(10) 可调减振器

减振器阻尼系数的变化是靠改变活塞阻尼孔的开度来实现的,阻尼孔的开度则由控制杆驱动的旋转阀控制。

6. LS400 电控悬架工作原理

(1) 车身(底盘)高度工作原理

车辆使用中,悬架 ECU 通过悬架高度位置传感器检测车身(底盘)的高度,如高出规定,则 ECU 使空气压缩机工作,同时打开高度电磁阀,压缩空气经过干燥器干燥后,经高度电磁阀,进入气压缸,使车身(底盘)升高。如检测车身底盘,高度低于规定,则打开高度电磁阀和排气阀,在车身重力的作用下,使气体排出气压缸,从而降低车身(底盘)高度。其中,压缩机只在升高的过程中工作,其余时间均不工作。

LS400 电控悬架系统电路,见图 5-7。LS400 悬架结构,见图 5-8、图 5-9。

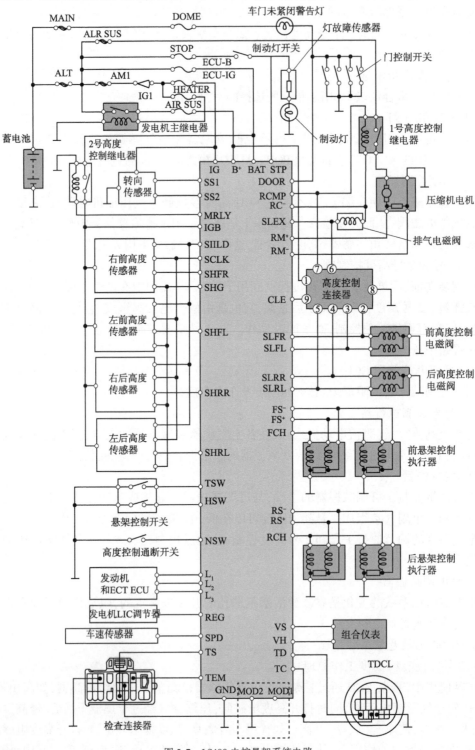

图 5-7 LS400 电控悬架系统电路

(2)悬架减振力(阻尼力)、弹簧刚度工作原理

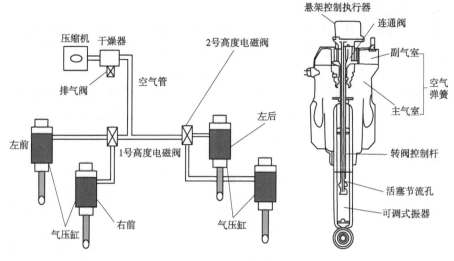

图 5-8　LS400 悬架结构 1　　　　图 5-9　LS400 悬架结构 2

(3)空气弹簧的变刚度工作原理

当空气阀转到如图 5-10 的位置时,主、副气室的气体通道被打开,主气室的气体经空气阀的中间孔与副气室的气体相通,相当于空气弹簧的工作容积增大,空气弹簧的刚度为"软"状态位置。

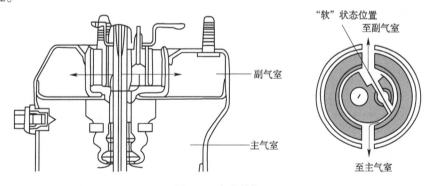

图 5-10　气室结构

(4)变减振力(变阻尼力)工作原理(图 5-11)

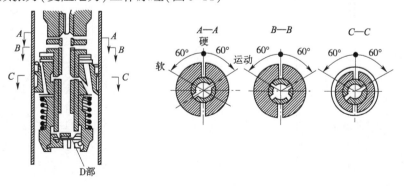

图 5-11　变减振力(变阻尼力)工作原理

一般变阻尼减振器的结构是:外壳为一个长圆柱缸筒,带有活塞的活塞杆插入缸筒内,缸筒内充满液压油,活塞上有节流孔。

当回转阀上的 A、B、C 三个截面的阻尼孔全部被回转阀封住,这时只有减振器下面的主阻尼孔在工作,所以此时阻尼为最大,减振器被调节到"硬"状态位置。

当回转阀从"硬"状态位置顺时针转动 60°时,B 截面的阻尼孔打开,A、C 两截面的阻尼孔仍关闭。因为多了一个阻尼孔参加工作,减振器处于"运动"状态,也称为中间状态。

当回转阀从"硬"状态位置逆时针转动 60°时,A、B、C 三个截面的阻尼孔全部打开,此时减振器的阻尼最小,减振器处于"软"状态位置。

(5)变阻尼减振器的阻尼力调节特性(图 5-12)

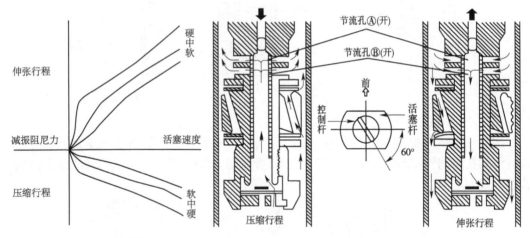

图 5-12　阻尼力调节

①阻尼力较弱时(图 5-13)

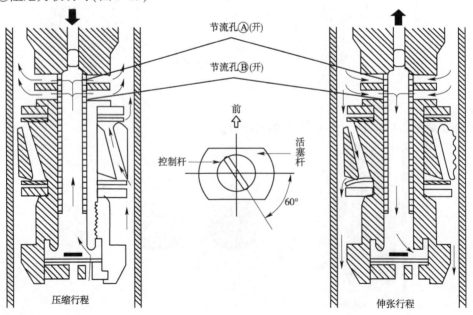

图 5-13　较弱时

②阻尼力中等时(图5-14)

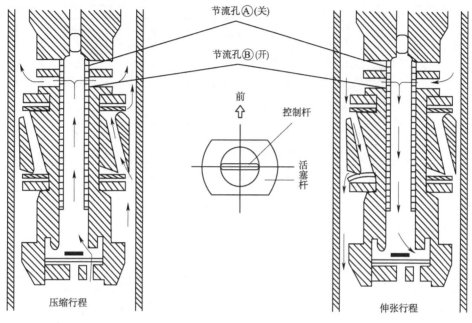

图5-14　中等时

③阻尼力较强时(图5-15)

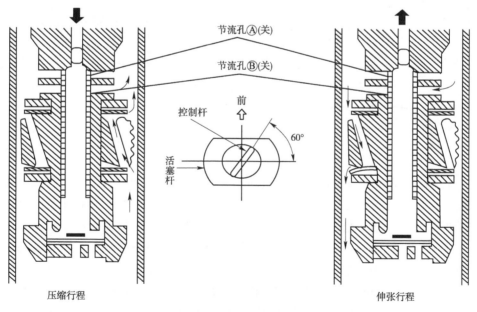

图5-15　较强时

(6)减振阻尼力和弹簧刚度控制

①防侧倾控制(图5-16)

该控制可在车辆转弯中或在S形弯路上抑制侧倾。根据车速和转弯的角度,悬架ECU使电流从 FS$^+$ 和 RS$^+$ 流出,从而将悬架执行器设置在"硬"状态位置,从而保证车身的稳定性。

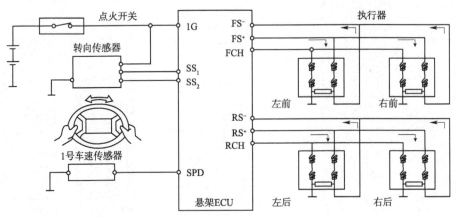

图 5-16 防侧倾控制

②防点头控制(图 5-17)

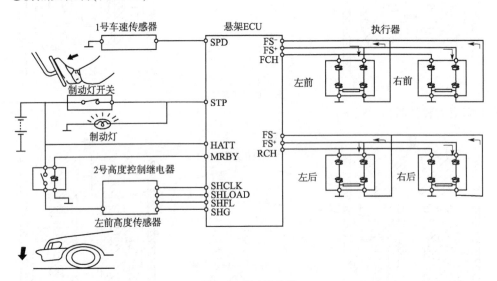

图 5-17 防点头控制

这一控制用于防止汽车在制动时过量的点头。当车速、制动灯开关和汽车高度发生变化时,悬架 ECU 让电流从其 FS^+ 和 RS^+ 端子流出,通过悬架执行器把减振阻尼力和弹簧刚度设置到"硬"状态位置。松开制动踏板 1s 后,这个控制被取消,电流从悬架 ECU 的 FS^- 和 RS^- 端子或 FCH 和 RCH 端子流出,悬架执行器恢复至原来的减振阻尼力和弹簧刚度。

③防下坐控制(图 5-18)

这一控制可在起动或突然加速时抑制汽车后部的下坐。当悬架 ECU 从车速传感器和节气门位置传感器测知汽车在起动或突然加速时,会让电流从 FS^+ 和 RS^+ 端子流出,通过悬架执行器把减振阻尼力和弹簧刚度设置到"硬"状态位置。这一控制约在 2s 后或是车速达到预定值时取消,电流从悬架 ECU 的 FS^- 和 RS^- 端子或 FCH 和 RCH 端子流出,悬架执行器恢复至原来的减振阻尼力和弹簧刚度。

④高车速控制(图 5-19)

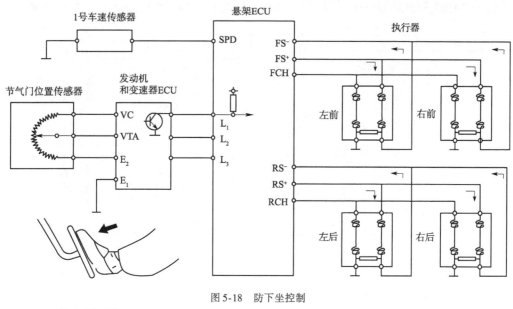

图 5-18　防下坐控制

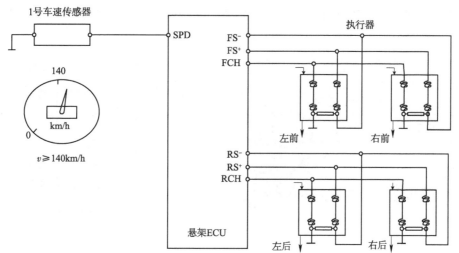

图 5-19　高车速控制

这一控制可在汽车高速时改善行驶稳定性和可控制性。当车速较高时（约≥140km/h），悬架 ECU 使电流从 FCH 和 RCH 端子流出，将减振阻尼力和弹簧刚度分别设置到"中"和"硬"状态位置，以提高汽车稳定性。当车速降至某一值（约 120km/h）以下时，电流从悬架 ECU 的 FS⁻ 和 RS⁻ 端子流出，使悬架执行器回到原来设置。

⑤坏路控制（图 5-20）

这一控制可抑制汽车在坎坷不平的道路上行驶时发生的碰底、俯仰和跳动，以改善乘坐的舒适性。这一控制可根据汽车前、后高度的变化分别对前轮和后轮单独进行。但当车速低于 10km/h 时，不再进行这一控制。当左前或者右边前高度传感器检测到路面不平时，悬架 ECU 使电流从 FCH 端子流出，将减振阻尼力设置为"中"状态位置，弹簧刚度设为"硬"状态位置；若检测到路面很不平整时，悬架 ECU 将减振阻尼力和弹簧刚度设置为"硬"状态位置。后悬架设置和前悬架一样,只是由左后或右后高度传感器来检测路面的平整程度。

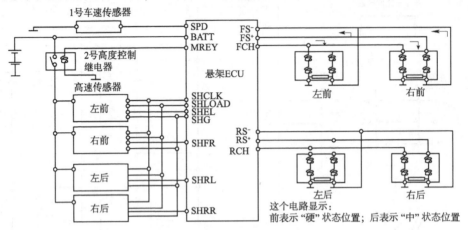

图 5-20 坏路控制

7. 丰田电控悬架系统主要部件

(1) 空气压缩机(图 5-21)

空气压缩机由活塞和曲柄连杆机构组成,直流永磁电动机驱动,具有大转矩和快速起动等特点。

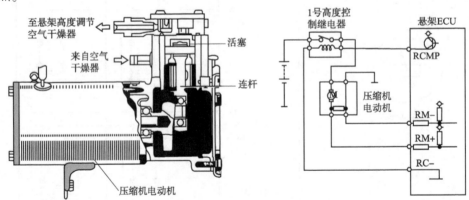

图 5-21 空气压缩机

悬架 ECU 通过测量 RM^+ 和 RM^- 端子的电压来判断电机的运行状况,并在检测到异常情况时中止高度控制。

(2) 空气干燥器(图 5-22)

空气干燥器用于去除系统内由于空气压缩而产生的水分。为使结构紧凑,排气电磁阀、空气干燥器装在一起。空气干燥器安装在高度控制阀和排气阀之间,内部充满了硅胶。

(3) 排气电磁阀(图 5-23)

高度控制排气电磁阀安装于空气干燥器和干燥器的末端,当接收到悬架控制电脑发出降低悬架高度的指令时,即将系统中的压缩空气排出。

(4) 高度控制电磁阀(图 5-24)

高度控制电磁阀安装于空气干燥器和气动减振器之间,为一电磁阀。用于控制汽车悬架的高度调节。高度控制电磁阀由电磁阀、阀体等组成。

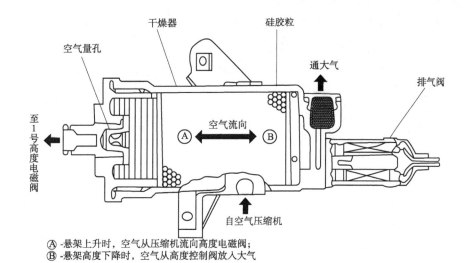

Ⓐ—悬架上升时,空气从压缩机流向高度电磁阀;
Ⓑ—悬架高度下降时,空气从高度控制阀放入大气

图 5-22 空气干燥器

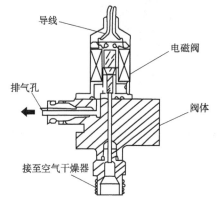

图 5-23 排气电磁阀

在汽车悬架高度需要上升时:高度控制电磁阀接通,排气电磁阀关闭,向气动减振器充入压缩空气,使汽车悬架升高。在汽车悬架高度需要下降时:高度控制电磁阀接通,排气电磁阀打开,压缩空气通过空气干燥器排入大气中。

(5)空气管(图 5-25)

空气悬架系统一般采用钢管和尼龙软管作为空气管。钢管用于固定在车身上的前、后高度控制阀之间的固定管道;尼龙软管用于诸如空气弹簧与高度控制阀之间的有相对运动的管道。尼龙软管采用单触式接头,以方便维修和具有良好的密封性。

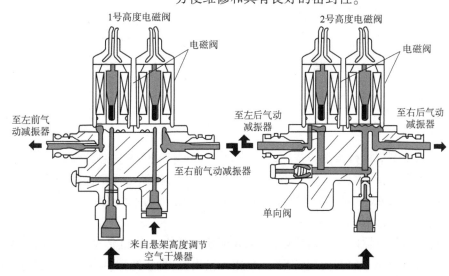

图 5-24 高度控制电磁阀

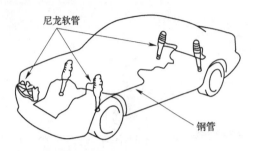
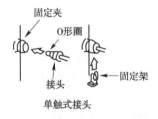

图 5-25　空气管

(6) 气动减振器(图 5-26)

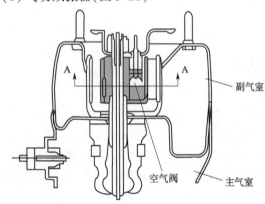
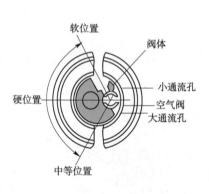

图 5-26　气动减振器

空气悬架系统有 4 个气动减振器,每个气动减振器都包括一个可变化阻尼力的减振器和可变化弹性系数的空气弹簧。

(7) 电磁式悬架调节执行器(图 5-27)

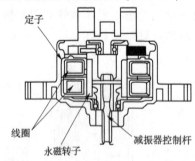
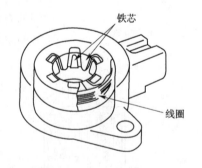

图 5-27　电磁式悬架调节执行器

电磁式悬架调节执行器由步进电动机驱动。步进电动机装在悬架调节执行器内,由定子和线圈以及永磁转子组成。定子有两个 12 极的铁芯,相互错开半齿而对置,两个线圈绕在两个铁芯上,但绕线方向相反。转子则是一个具有 12 极的永久磁铁。

(8) 线性式高度传感器

线性式高度传感器的安装位置如图 5-28 所示。线性式高度传感器利用因悬架位移量的变化而造成电阻器阻值的变化,得到线性式的输出,这种传感器具有检测精度高的特点。

线性式高度传感器结构和原理,见图 5-29。

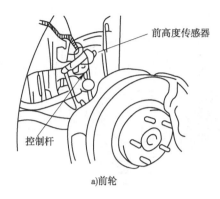
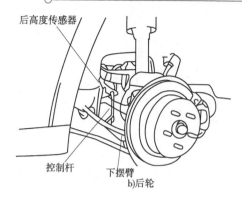

a)前轮　　　　　　　　　　　　b)后轮

图 5-28　安装位置

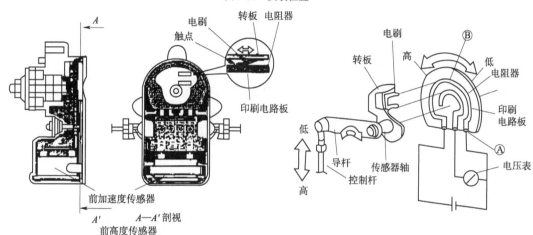

图 5-29　结构和工作原理

其工作原理是：当由于车身高度的变化使与转板和传感器轴一体的电刷在电阻器上滑动时，Ⓐ和Ⓑ之间的电阻值就发生变化，电阻值的变化与转板的转动角度成正比，也即与车身高度的变化成正比。当悬架 ECU 把一个恒定电压加到整个电阻器上时，Ⓐ和Ⓑ之间产生的电压变化取决于转板的转动角度。这一电压信送到悬架 ECU，悬架 ECU 即可从电压的变化中检测出车身高度的变化。

(9) 加速度传感器

加速度传感器用于测量车身的垂直加速度。加速度传感器共有 3 个，两个前加速度传感器分别装在前左、前右高度传感器内；一个后加速度传感器装在行李舱右侧的下面。这 3 个加速度传感器分别检测车身的前左、前右和后右位置的垂直加速度。车身后左位置的垂直加速度则由悬架 ECU 从这 3 个加速度传感器所获得的数据推导出来。

在车轮打滑时，无法以转向角和汽车车速正确判断车身侧向力的大小，此时利用加速度传感器可以直接准确地测量出汽车的纵向加速度以及汽车转向时因离心力而产生的横向加速度，并将信号输送给 ECU，使 ECU 能够调节悬架系统的阻尼力大小及空气弹簧的压力大小，以维持车身的最佳姿势。

常用的加速度传感器(图 5-30)有差动变压器式、球位移式等。

①差动变压器式加速度传感器(图 5-31)

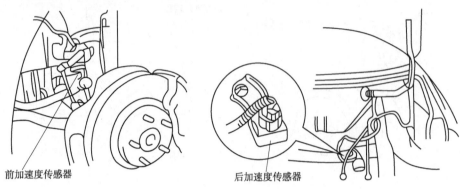

图 5-30 加速度传感器位置

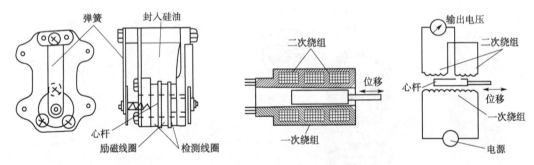

图 5-31 差动变压器式加速度传感器

其工作原理是:传感器的励磁线圈(一次绕组)上通有交流电,当汽车转弯(或加、减速)行驶时,铁芯在汽车横向力(或纵向力)的作用下产生位移,随着铁芯位置的变化,检测线圈(二次绕组)的输出电压发生变化,线圈的输出电压随着汽车加速度大小的变化而变化,该电压信号输入给 ECU 后,ECU 根据此输入信号即可正确判断汽车横向力(或纵向力)的大小,对车身姿势进行控制。

②球位移式加速度传感器(图 5-32)

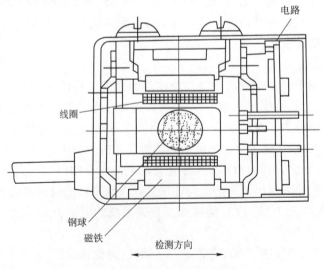

图 5-32 球位移式加速度传感器

其工作原理是：当汽车转弯（或加、减速）行驶时，钢球在汽车横向力（或纵向力）的作用下产生位移，随着钢球位置的变化，线圈内部的磁场强度也发生变化，线圈的输出电压即发生变化。ECU 根据电压信号的变化情况即可正确判断汽车横向力（或纵向力）的大小，进而对车身姿势进行控制。

③压电式加速度传感器（图 5-33）

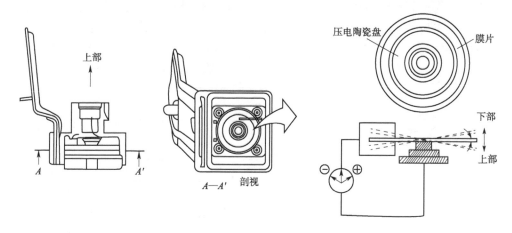

图 5-33　压电式加速度传感器结构及工作原理

其工作原理是：两个压电陶瓷盘固定在膜片两侧，并支承在传感器中心，当加速度作用在整个传感器时，压电陶瓷盘在其自身重力作用下弯曲变形。根据压电陶瓷的特性，它们将产生与其弯曲率成正比例的电荷。这些电荷由传感器内的电子电路转换成与加速率成正比例的电压，输送到悬架 ECU。

（10）转角传感器

转角传感器外形结构见图 5-34，该传感器位于转向盘下面，装在组合开关总成内，用于检测汽车转弯的方向和转弯的角度。转向传感器由一个信号盘（有缝圆盘）和两个遮光器组成。每个遮光器有一个发光二极管和光敏晶体管，两者相互对置，并固定在转向柱管上。信号盘沿圆周开有 20 条光缝，它被固定在转向盘主轴上，随主轴转动而转动。

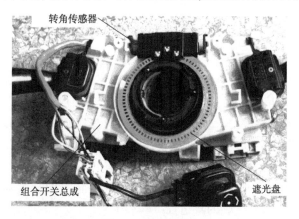

图 5-34　转角传感器

转角传感器工作原理，见图 5-35。

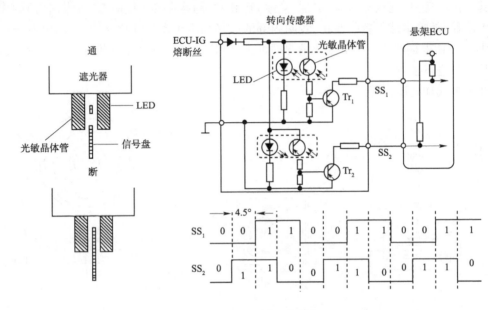

图 5-35 转角传感器工作原理

其工作原理是:当转向盘转动时,转轴带动信号盘旋转,光电耦合器中的发光二极管和光敏二极管之间的光束将产生通/断交替的变化,光敏二极管进而进行 ON/OFF 转换,形成与转向轴的转角相对应的数字脉冲信号,ECU 根据此信号的变化来判断转向盘的转角与转速。同时,传感器上采用了两组光电耦合器,可根据它们检测到的脉冲信号的相位差(判断哪个光电耦合器首先转变为 ON 状态)来判断转向盘的偏转方向。因为两个遮光器在安装上使它们的 ON/OFF 变换的相位错开 90°,通过判断哪个遮光器首先变为 ON 状态,即可检测出转向轴的偏转方向。例如,转向盘向左转时,左侧光电耦合器总是先于右侧光电耦合器达到 ON 状态,向右转时,右侧光电耦合器总是先于左侧光电耦合器达到 ON 状态。

电控油气悬架系统的应用

雪铁龙在 XM 轿车中首先使用了电控油气悬架系统,图 5-36 为该车的系统组成和布置图。该系统主要由电子控制装置、转向盘转角传感器、车速传感器、制动压力传感器、车速传感器、车身位移传感器、油气弹簧、刚度调节器和电磁阀等组成。

系统提供了两种弹簧刚度(运动和舒适)和两种悬架阻尼力(软和硬),并且在各轴上引入了第三个氮气弹簧(中间氮气弹簧)。汽车在正常行驶时,系统控制装置打开前后轴的电磁阀,使中间的氮气弹簧发生作用,这样,悬架可压缩气体的体积增加 50%,降低了悬架刚度,同时由于各电磁阀还打开了一个节流孔,使油液在各轴上的三个弹簧之间自由流动,降低了悬架的阻尼,改善了汽车行驶的舒适性。

而当要求较硬悬架特性时,电控装置关闭前后电磁阀,使中间的氮气弹簧与系统隔开,各悬架之间的油液停止流动,使悬架刚度增加,阻尼力增大,提高了汽车抗侧倾的能力。

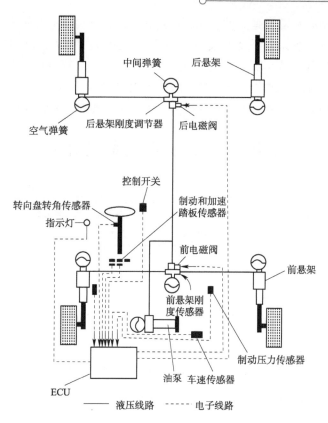

图 5-36　雪铁龙 XM 轿车电控油气悬架系统

1. 传感器

系统的主要传感器已在上面叙述中作了介绍，系统主要接收 8 个输入信号：控制开关位置信号（运动或舒适）、转向盘位置和转速信号、车速信号、加速踏板移动信号、制动力信号、车身位移信号、车门开关和行李舱开关信号。

转向盘转角传感器和车身位移传感器都是光电式传感器。而车速传感器则是安装于主传动桥壳中的简单霍尔传感器。加速踏板位置根据节气门位置传感器（普通旋转式电位计）信号计算得到。汽车制动力由安装在制动管路中的压力开关间接测得。

2. 执行器（图 5-37）

执行器实质上是一电磁阀，它固定在前、后轴的中间气体弹簧。

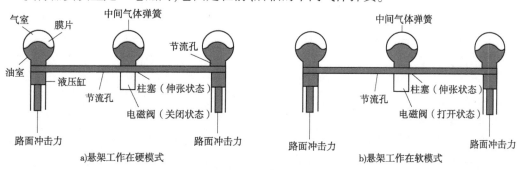

图 5-37　执行器

不加电时,电磁阀在复位弹簧的作用下保持在关闭位置,此时,中间气体弹簧与前、后轴上其他两个弹簧隔绝,悬架处于硬模式(硬阻尼);当电控装置给电磁阀加电时,复位弹簧被压缩,电磁阀处于打开位置,此时,中间气体弹簧与前、后轴上其他两个弹簧相通,悬架处于软模式(软阻尼)。电控装置用一晶体管实时检测电磁阀线圈电阻(约 5Ω),当检测到错误的阻值时,停止对电磁阀加电,则系统自动使悬架工作在硬模式(硬阻尼)。

任务二 电控悬架系统检修

姓名_____ 班级_____ 学号_____ 成绩_____

客户任务	一辆丰田 LS400 轿车车身高度不能正常调节,经检查发现排气阀工作异常
任务目的	制订工作计划,掌握电控悬架故障码的读取、清除和检修

一、资讯

1. 如何进行车身高度调整?
_____
_____

2. 如何读取电控悬架故障码?
_____
_____

二、决策与计划

根据任务要求,确定需要的检测仪器、工具,并对小组人员合理分工,制订详细的诊断和修复计划。

1. 需要检测仪器工具。
_____
_____

2. 小组成员分工。
_____
_____

3. 诊断和修复计划。
_____
_____

三、实施

1. 车身高度调整功能检查。
_____
_____

2. 排气阀的检查。
_____
_____

3. 漏气检查。
_____
_____

4. 车身高度初始调整。
_____
_____

续上表

5. 故障自诊断。

四、检查
1. 检查电控悬架性能是否正常？

2. 通过检查分析，得出以下结论：

五、评估
1. 根据自己完成任务情况，对自己工作进行自我评估，并提出改进意见。

2. 教师对小组工作情况进行评估与点评。

项目实施环境

（1）安全、整洁的汽车维修车间或模拟汽车维修车间。
（2）消防用具及个人防护用具齐备。
（3）丰田 LS400 轿车。
（4）汽车维修举升机、汽车电脑诊断仪及各种常用工具。

1. 丰田汽车电控悬架系统 TEMS
（1）在车上找到 TEMS 主要部件，并熟悉名称。
（2）参阅资料认识典型的 TEMS 结构、工作原理及其元件名称。
2. 电控悬架系统检修
（1）基本检查

对电控悬架系统进行检修时，应先进行基本检查，以确认电控悬架的故障性质，避免将故障复杂化。

基本检查的内容有：车身高度调整功能检查、减压阀检查、漏气检查和车身高度初始调整。
车身高度调整功能检查。
①检查轮胎气压是否正确。
②检查汽车高度。
③起动发动机，将高度控制开关从 NORM 位置切换到 HIGH 位置。

检查电控悬架完成高度调整所需的时间和汽车车身高度的变化量。正常时，在升高过程中，按下高度控制开关到压缩机起动时间约为 2s，从压缩机起动到完成高度调整需 20～

40s，车高的调整为10～30mm。在降低过程中，按下高度控制开关到排气电磁阀打开时间约为2s，从压缩机起动到完成高度调整需20～40s，车高的调整为10～30mm。

(2)排气阀的检查

打开点火开关，短接悬架系统高度控制接插头中端子3和6，如图5-38所示，开启压缩机，等待一段时间后，检查减压阀应有空气逸出(注意：连接时间不能超过15s)。然后将点火开关关闭。清除故障代码(因迫使压缩机运行时，悬架ECU会记录下故障代码)。

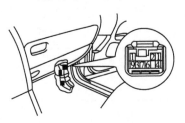

图5-38　高度控制连接器

(3)漏气检查

检查各管路有无压缩空气泄漏。步骤如下：

①将肥皂水涂在所有空气管路接头上。

②在压缩机连接器端子之间加12V电压，使压缩机运转，在空气管路中建立空气压力。

③检查空气管路接头处是否有气泡出现。

④如果有气泡出现，则表明有漏气现象，此时，应进行必要的修理。

(4)车身高度初始调整

此项调整是使车身初始高度处于标准范围，以避免由此引起的故障误诊断。可通过调节悬架高度传感器的调节杆来调节悬架高度，如图5-39所示。前悬架高度传感器调节杆长度为53.5mm，后悬架高度传感器调节杆长度为27.5mm。调节调节杆螺母旋转一圈，调整高差4mm；螺母在调节杆移动1mm，相应车高变化2mm。前悬架高度传感器调节杆可调极限为8mm，后悬架高度传感器调节杆可调极限为11mm。在进行汽车高度调整时，将汽车停放在水平地面上，高度控制开关处于NORM位置。

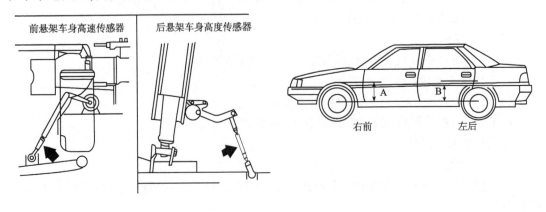

图　5-39

(5)故障自诊断

①故障码调取

A.将点火开关转到"接通"(ON)的位置。

B.用跨接线跨接诊断接头上的"T_C和E_1"两端头(图5-40)。

C.观察仪表板上高度控制"正常"指示灯(NORM)或高度指示灯(HEIGHTHI)的闪烁，读取故障代码。

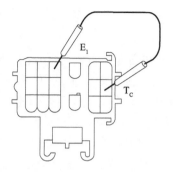 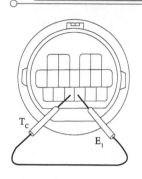

图 5-40 故障码调取

D. 数该灯闪烁和间歇次数,第一次闪烁代表第一位故障代码的数字,在停歇一次后,数第二次闪烁的次数,它代表故障代码的第二位数字。如果故障代码不止一个,将会有一个较长的间歇,然后显示下一个故障代码的第一位和第二位数字。如果微机内存储的代码多于一个,则由小数字向大数字逐个显示。

E. 记录故障代码。

F. 根据厂家维修手册的资料了解故障代码的含义,手册中故障代码表列出了故障代码及所代表的含义和有问题的元件或线路,有时故障表列出了维修手册中有相应维修步骤的书页号。对于失效电子系统的元件,应予更换。

② 消除诊断代码

A. 跨接诊断接头上的 T_C、E_1 端子。

B. 8s 内开关车门 3 次(1994—1997 年的车型)或 3s 内踩踏制动踏板 8 次(1997 年 8 月后车型),维修完成后,汽车路试,再次检查指示灯。如果灯不闪,则故障排除;如路试后灯还亮,则再次检查故障代码。

③ 输入信号检查(图 5-41)

如按上述方法无法调取故障码,则进行输入信号检查。输入信号检查方法与故障码调取方法一类似,只是在故障码调取中跨接的是 T_C、E_1 端子,而在输入信号检查中则跨接的是 T_S、E_1 端子。

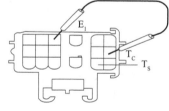

图 5-41 输入信号检查

挂车电子控制空气悬架电子高度控制模块 ELM

1. ELM 的功能

(1)集成常规的旋转滑阀和高度阀功能,安装简单、调节容易。

(2)可实现高度升降的电子调节,而且可以通过遥控器远离危险区域,进行安全操作。

(3)通过降低气源消耗而更加节约燃料。

(4)提供更多舒适性的同时,具备如下附加功能:

① 记忆不同的设定货台高度。

② 加载时仍保持车辆设定高度。

③达到设定车速时,自动恢复行车高度。

2. ELM 控制原理

如图 5-42 所示常规控制系统是由旋转滑阀和高度阀组成,其中旋转滑阀具有高度调节功能,高度阀具有车辆极限高度限位及左右悬架气压平衡功能,只有两种阀同时安装时,才能实现控制悬架的一般控制。图 5-43 右侧 ELM 则完全集成前两种阀的功能,其通过两只电磁阀联合控制左、右空气气囊,且中间设有可准确控制的电子流量计,ELM 可以通过本身的电控单元对空气悬架实现智能化的电子控制,利用遥控器即可完成上限、行驶、下限的高度设定,ELM 还可以根据运输货台的不同,通过控制气压流量而准确设定任意高度和两种记忆高度,使车辆更加方便的装卸货物。

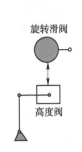

图 5-42　空气悬架常规控制系统组成

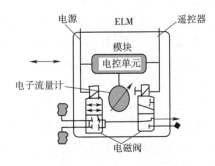

图 5-43　ELM 控制系统

【教学设计能力拓展训练四】

电控悬架系统结构与检修教学过程设计训练

一、任务引导

简介中职学校学生学习电控悬架系统结构与检修的起点、教学设备、教学目标、教学内容、教学重点难点、学时分配等内容,以便学习者设计教学过程时参考。

1. 中职生的学情分析

(1)文化基础知识薄弱,认知、记忆、思维能力较差,对授课内容难以理解,但渴望被人接纳和爱护,渴望得到别人的认可和称赞,渴望成功,形象思维丰富,好动,喜欢动手实践。

(2)学习过汽车底盘、汽车发动机、汽车电气等专业课程。

2. 中职学校电控悬架系统结构与检修教学环境

理论实践一体化教室:配置多媒体教学设备、学生查阅资料的电脑、课桌椅、充足的实训台架或教学整车、电控悬架系统各零部件、实训工具、课程资源库教学平台(配置相关视频、动画、图片、电子教材、作业单、练习题、考核表等)。

3. 中职学校电控悬架系统结构与检修教学目标

(1)知识目标

①能辨认电控悬架系统的各组成部件,并说出它们的名称和作用。

②能简单描述电控悬架系统工作原理,包括气压或液压系统和电子控制系统原理。

③会分析典型车型的电控悬架电控电路。

(2)能力目标

①能对电控空气悬架系统进行检查、故障诊断。

②能对电控油气悬架系统进行检查、故障诊断。

③会使用维修手册诊断和排除系统故障。

4.中职学校电控悬架系统结构与检修的教学内容与学时分配

任务一　半主动电控悬架系统,3课时。

任务二　全主动电控悬架系统,3课时。

任务三　电控空气悬架系统的结构与检修,5课时。

任务四　电控油气悬架系统的结构与检修,5课时。

5.中职学校电控悬架系统结构与检修的教学重点、难点

(1)教学重点:空气悬空气弹簧(气动缸)结构与检修、油气悬架液压控制系统、电控电路故障诊断与排除,要求大部分的学生会操作。

(2)教学难点:电子控制悬架系统的控制原理。

6.中职学校电控悬架系统结构与检修的教学方法与教学流程

采用理论实践一体化教学,通常采用行动导向的教学法(包括宏观和微观教学法)。

(1)任务资讯:完成任务引导文,收集必要知识点(例如系统零部件的结构名称、作用、检查工具等):课前预习加上课上听老师讲解后完成。

(2)布置学习任务:明确每个任务的目标和完成标准(每次课可以有多个细分的实训任务),比如电控空气悬架系可以细分为空气压缩系统组成、悬架长期系统、电子控制3个子任务。

(3)教师示范和讲解:教师根据任务的难易程度做必要的示范和讲解,比如电子控制系统检查方法和注意事项、空气弹簧拆装注意事项等。

(4)任务实施:学生分组练习,教师巡逻指导→换组直至完成每个细分的任务(如果有多个细分的实训任务)。

(5)任务检查:学生对照任务目标和完成标准组内自我检查。

(6)任务考核与评价:教师每组抽考1~2个同学,根据各组任务完成情况进行点评小结(可以先让小组汇报后再点评)。

二、教学过程设计依据

项　　目	参　考　依　据
教学环节	1.有完整的教学过程; 2.任务准备→任务导入→任务分析→完成任务→任务总结→作业布置→教后反思; 3.资讯→计划→决策→实施→检查→评估; 4.采用其他形式的教学实施过程方式
过程内容	1.教学内容的连贯性、紧凑性; 2.教学做合一; 3.能激发学习动机

续上表

项　　目	参 考 依 据
过程布局	1. 对教学内容顺序合理安排； 2. 学生的活动指向教学目标； 3. 学习者活动、教学活动、媒体活动融合穿插时间分配的总体考虑
过程方法	1. 方法多样化——小组作业、项目教学、舞台表演、角色扮演、社会调研等； 2. 让每一个学生都动起来； 3. 围绕学生兴趣进行选取
过程特点	1. 是学生主动地学习； 2. 学习核心是完成一个任务； 3. 学习以学生兴趣为起点，参照实际工作； 4. 学生参与任务的设计、实施、评价全过程

三、项目四教学过程设计任务单

全班分成4~6个设计小组，每组选择项目内的一个任务进行教学实施过程设计。

组别		设计任务	
设计项目	内　　容		选取依据分析
1. 教学实施过程方式确定			
2. 教学实施过程内容范围			
3. 教学实施过程布局（内容顺序、时间分配）			
4. 教学实施过程方法教学实施过程方法			
展示评价	各小组自评、互评、PPT等形式展示本组的设计成果		

四、教学过程设计训练评分标准

序号	项目	内　　容	分值	得分
1	教学环节	教学环节设计合理、层次清楚、过渡自然	20	
2	过程内容	教学内容的连贯、紧凑，能激发学生学习积极性，教学做合一	20	
3	过程布局	能根据教学重、难点合理分配时间，对教学内容顺序合理安排，学生活动、教学活动、媒体活动融合穿插	15	
4	过程方法	以学生兴趣为中心，让每个同学都能参与	20	
5	过程特点	教学过程设计巧妙、形式新颖、环环相扣	25	
总　　分			100	

项目六　汽车巡航控制系统结构与检修

 学习目标

项目	职　业　技　能	技　术　知　识
任务一	汽车巡航控制系统结构与检修	掌握巡航控制系统的组成及工作原理
任务二	典型汽车巡航控制系统的检修	掌握巡航控制系统的检测

任务一　汽车巡航控制系统结构与检修

姓名_____　班级_____　学号_____　成绩_____

客户任务	LS400 轿车在设置好巡航控制系统后，车速忽高忽低
任务目的	制订工作计划，并对巡航控制系统进行性能检测，判定巡航控制系统是否能够继续使用

一、资讯
1. 巡航控制系统的特点是_____
2. 巡航控制系统由_____、_____、_____、_____、_____组成
3. 汽车巡航控制系统的工作原理是_____
4. 巡航控制系统的操作开关有_____
5. 巡航控制 ECU 的控制功能包括_____

二、决策与计划
根据任务要求，确定需要的检测仪器、工具，并对小组人员合理分工，制订详细的诊断和修复计划。
1. 需要检测仪器工具。
_____
_____

2. 小组成员分工。
_____
_____

3. 诊断和修复计划。
_____
_____

三、实施
1. 系统诊断。
(1) 检查执行器连杆机构操纵是否平稳。
(2) 检查车速表软轴走向是否适当并确认软轴上没有扭结。
(3) 检测伺服机构。
(4) 检查车速传感器。
(5) 检查真空泄放阀的动作。

· 171 ·

续上表

(6)检查所有的电器连接。
(7)如果在这些检测中没有查到任何故障,则必须更换放大器(控制器)。
2.巡航控制系统车速不稳诊断试验。
实验步骤:
_____
_____

实验结果:
_____
_____

3.通过上述检查结果分析,得出结论并提出解决方案。
_____
_____

四、评估
1.根据自己完成任务情况,对自己工作进行自我评估,并提出改进意见。
_____
_____

2.教师对小组工作情况进行评估,并点评。
_____
_____

相关知识

一、汽车巡航控制系统结构及工作原理

1.汽车巡航控制系统的基本结构

巡航控制系统的主要部件有:巡航控制开关、车速传感器、巡航控制 ECU、执行器等;汽车巡航控制系统具有定位功能、报警功能、指挥控制功能、语音提示功能、扩展功能等。

2.汽车巡航控制系统的原理

巡航控制系统的电路原理,如图6-1所示。巡航控制系统是一种利用电子控制技术保持汽车自动等速行驶的系统。驾驶员利用控制开关,就可以把保持恒速、减速、恢复原速的车速命令传递给ECU。当驾驶员操纵保持恒速时,ECU就记下即时车速,开始进行恒速行驶控制。

设定车速与实际车速都输入到计算机(单片机)的比较电路中。比较电路的输出信号经过补偿电路、执行部件、发动机和变速器后就可以改变驱动力。巡航控制系统由专用单片机和专用IC模块等构成,单片机完成车速运算、记忆、比较、补偿、保持和异常诊断等信号处理,专用IC模块具有处理微机的再起动、输入、输出与电源通断和自我诊断等功能。

汽车巡航控制系统是一个闭环控制系统,而控制器件的主体是单片机及配属的模块。控制的基本方法是经典的比例积分调节控制(又称为PI方式),如图6-2所示。这个闭环控制系统,理论及实践调节控制误差可以为零,即实际车速与设定车速之间的误差为零。但具体运行上并不需要误差为零,因为误差为零时,行驶阻力的微小变化都将引起节气门开度的变化,容易产生游车(瞬时车速不断地变化,而平均车速不变),即调节控制的振荡,这是我们不需要的。因而控制系统的误差应是一个大于零的实数。

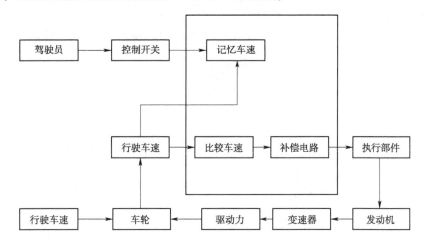

图 6-1 巡航控制系统的电路原理

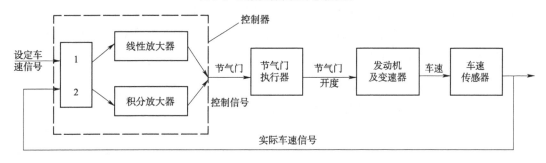

图 6-2 汽车巡航控制系统

3. 汽车巡航控制系统的作用

汽车巡航控制系统是一种利用电子控制技术保持汽车自动等速行驶的系统,其主要目的是减轻驾驶员的工作负担,提高汽车行驶的舒适性。汽车巡航控制系统是一种汽车辅助驾驶系统,可以在车速变化范围内起动该系统。人为设定一个车速,巡航控制系统就会根据行驶阻力的变化,自动增减节气门开度,使汽车保持一定速度。驾驶员将不需再操控加速踏板;巡航控制系统还可以使汽车燃料的供给与发动机功率之间处于最佳配合状态,既节省了燃料又减少了有害气体的排放。在良好路面长途行驶或高速公路上适合使用巡航控制系统,起动巡航控制系统后,驾驶员可不踩加速踏板,只需操纵转向盘就可以轻松驾驶。

巡航控制系统可以自动调节汽车发动机的动力,适应路面状况以及其他阻力的变化,以恒速方式行驶。一旦出现人为干预的情况(如踩踏制动踏板、踩踏离合器踏板、变速器挂入空挡、拉紧驻车制动等),巡航控制系统能确保驾驶员的操作,优先解除巡航控制工作状态;在车辆的速度超出人为设定的范围及其他情况下,巡航控制系统也能自动停止工作,确保车辆行驶的安全。巡航控制系统(CCS)的工作是由主开关、控制开关、加速踏板和制动踏板控制的。控制开关的设计因车辆型号而异,下面介绍用于 Cressida 的巡航控制系统控制开关。至于其他车型上的主开关和控制开关,可能在设计和位置上有所不同,但其工作方式则与

Cressida 上的基本相同。不论哪种情况,控制开关都有 5 个工作模式:设定、滑行、恢复(RES)、加速(ACCEL 或 ACC)和取消。

(1)将巡航控制系统设定在所需的车速

①如图 6-3 所示,按下主开关(位于巡航控制操纵杆末端)后松开,电源指示灯会发亮。

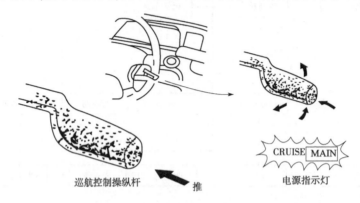

图 6-3 打开主开关

②如图 6-4 所示,踩下加速踏板以获得所需的车速(在 40~200km/h)。

③如图 6-5 所示,向下推巡航控制操纵杆后松开,这样就接通 SET/COAST 控制开关,松开操纵杆瞬间的车速就会寄存在存储器中,使巡航控制系统设定在这一车速。

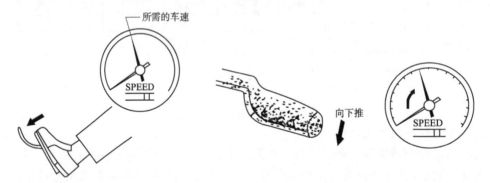

图 6-4 踩下加速踏板以获得所需车速　　图 6-5 操纵巡航控制操纵杆寄存车速

(2)在巡航控制系统控制下加速

①重新设定至较高的车速

重设较高的车速有两个方法,一个方法是用控制开关,另一个方法是用加速踏板。

A. 用控制开关(图 6-6)。

a. 拉起控制开关,接通 RES/ACC(恢复/加速),直至达到所需的车速。

b. 当达到所需的车速时,松开控制开关。

该方法仅适用于 LS400 汽车,当实际车速与设定车速相差小于 5km/h 时,每次迅速(在 0.6s 内)向上拉控制开关至 RES/ACC,设定车速可增加 1.6km/h。

B. 用加速踏板,较快的方式,如图 6-7 所示。

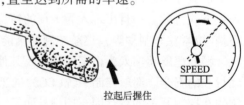

图 6-6 用控制开关在 CCS 控制下加速

a. 踏下加速踏板,以获得所需的车速。

b. 向下推控制开关(至 SET/COAST 位置),然后在达到所需的车速时松开。

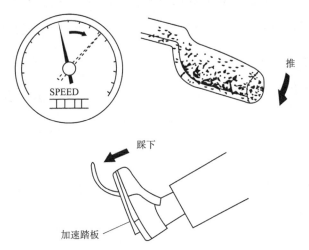

图 6-7　用加速踏板在 CCS 控制下加速

②重新设定至较低的车速

重设较低车速有两个方法,一个方法是用控制开关,另一个方法是用制动踏板。

A. 用控制开关(图 6-8)。

a. 将控制开关向下推,接通 SET/COAST,直至达到所需的车速。

b. 当达到所需的车速时,松开控制开关。

该方法仅适用于 LS400 汽车,当实际车速与设定车速相差小于 5km/h 时,每次迅速(在 0.6s 内)推下控制开关至 SET/COAST,设定车速可降低 1.6km/h。

B. 用制动踏板,较快的方式,如图 6-9 所示。

图 6-8　用控制开关在巡航控制系统控制下减速　　图 6-9　用制动踏板在巡航控制系统控制下减速

a. 踩下制动踏板,以获得所需的车速。

b. 将控制开关推下至 SET/COAST 位置,当达到所需的车速时松开。

何一种情况发生,巡航控制就会自动取消,方法 2~8 同时都会取消。

预设车速。取消方法1~5称为手动取消,手动取消由驾驶员操作。对于 7 和 8 两种情况,取消由巡航控制 ECU 根据巡航情况自动执行,见表6-1。

取消巡航控制功能的方法　　　　　　　　　表6-1

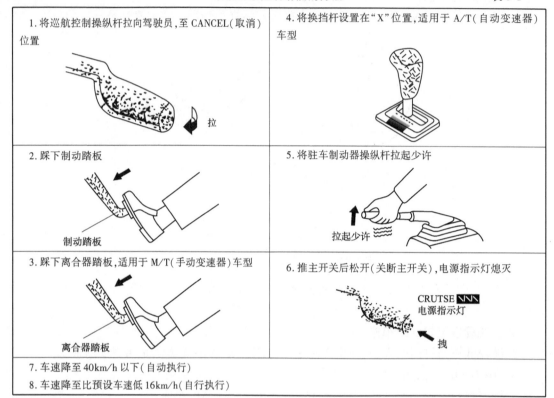

C. 恢复预设车速

如果预设车速用表6-1中的方法(1、2、3、4或5)暂时取消,只要车速没有降至40km/h以下,接通RES/ACC(恢复/加速)开关(图6-10),就会恢复预设巡航车速。但要注意,表6-1中的第6、第7或第8种情况,会将预设车速持久取消。如果驾驶员希望恢复巡航控制系统的工作,就必须将主开关倒转拧入,重复上述的设置操作,重新将所想要的车速设置在存储器内。

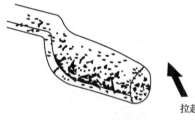

图6-10 接通RES/ACC开关,恢复预设车速

二、巡航控制系统的检修

1. 概述

巡航控制系统是装在当代汽车中最普遍的电子设备之一。在开阔路面行驶时,它能保持恒定的车速而不需驾驶员一直不断地控制,这会减轻驾驶员的疲劳并提高燃油经济性。电子巡航控制系统的故障可分为巡航控制器不动作、间歇性地动作、不接合等几种情况要诊断这些故障,维修技师必须依赖自己的知识和诊断能力。多数系统的检测都采用类似的诊断操作规程。基于这种知识和能力就可以诊断巡航控制系统。使用系统原理图和故障诊断流程图,以及各个开关的连通性图表有助于分析出故障的原因。

当维修和检测巡航控制系统时,将会挨近气囊和防抱死制动系统进行工作,维修手册中会介绍何时解除这些系统或对它们卸压。不遵守这些操作规程将会导致人身伤害并增加汽车修理费。

巡航控制系统经常出现的问题是：车速控制装置失灵；上坡或变速时失效；用制动器不能控制；接通加速开关时，不能加速；按下滑行按钮时，车速不下降并保持一新速度。当然，最值得注意的问题还是电子线路出现故障。

此外，选定车速经常变化也是易出现的问题之一。尽管几乎所有的车速控制装置都把控制车速定在48km/h以上，并保持选定速度。但是，保持车速稳定最佳状态的速度范围应为80.5km/h以上。经过对多种车速控制装置试验后发现，没有一辆装有车速控制装置的汽车，能把速度表指针稳定在48km/h处。事实上，大多数把标准定得这样低的车速控制装置，在汽车突然遇到陡坡时，车速都会低于预定速度。车速的下降比系统的响应要快，并且在40~48km/h时，控制器甚至会把节气门降到怠速位置。

装有自动变速器的汽车，在液力变矩器打滑或闭锁和打开的情况下，其车速每小时可能仅有数千米。为此，应注意车速控制装置的正确使用。

熔断丝断路是引起车速控制装置故障的最常见原因。因此，出现故障时，必须首先检查熔断丝。在使用了制动器后，车速控制装置仍不起作用，应首先检查尾灯。如果真空泵阀门正常工作，则可能是真空泵失灵。但是，如果有一个或几个尾灯烧坏，就可能导致电路上搭铁不良。在这种情况下，既要注意电路的问题，又要注意检查并更换真空泵阀门。

制动器、离合器踏板或真空泵阀开关调整不准确，也会造成车速控制装置失灵。如果踏板不能完全复位，就会接通电路开关和真空泵阀门，从而切断车速控制。真空泵阀门开关的调整出现误差或装错，会引起阀门漏气，以致使行驶中的汽车逐渐减速或加速（当控制装置补偿过度时）。

发动机的工作状况也会影响车速控制装置的正常运行。大多数车速控制装置都是采用真空伺服机构工作的。当多缸发动机点火正时不准确时，或凸轮存在时差时，就不能产生足够的真空来控制节气门操纵杆。因此，在车速控制装置工作前，必须调整好发动机。

在长坡或陡坡行驶时，许多车速控制装置不能稳定地控制车速的另一个原因是真空度逐渐下降。在汽车爬坡时，即使装有分离式的真空存储筒，但节气门位置的变化，也会使真空度下降。在这种情况下，只能是驾驶员踏踏板控制车速。

此外，在所有的车速控制装置中，都可能出现由于伺服机构控制杆调节不当而引起的节气门调节范围不够的问题，常表现为两种形式：节气门操纵杆把节气门开得过大，引起怠速严重升高；或者是操纵杆过于松动，以致不能为伺服机构提供充分的节气门调节范围，导致负载时的速度不稳定。对传动软轴的调整，一般是在节气门装置的端部安装一个夹子。

如果车速控制装置不能连续工作，特别是对温度反应敏感时，可检查温度或真空管路上的结冰情况。真空部件的完好性的最佳检查方法是用一个手动真空泵连接所有元件（断开被检查部件）进行检查。对不能恢复原速、加速及滑行的车速控制装置，必须按电路图检查电路是否完好。

2. 自诊断

大多数制造厂都在它们的巡航控制系统配备有自诊断系统，提供出某些获取故障码的手段，帮助维修技师查找系统故障。

对任何车都要进行系统的目测检查。检查真空管有无断裂、夹柱及接头松动等。检查所有的线束是否紧固好,连接点是否清洁,还要查看导线绝缘是否良好及走向是否妥当。检查熔断丝有无断路并根据需要进行更换。必要时检查并调整连杆拉索或链条。某些制造厂还要求在进入诊断前增加一些预备检查。另外,应按照维修手册进行道路试验(或模拟道路试验)以便证实故障。这里以福特汽车公司的 IVSC 系统为例,介绍获取故障码的一些通用方法。

福特汽车公司的集成化车速控制(IVSC)系统具有自检功能,这种功能包含在 EAC 的 KOEO 和 KOER 程序中,如图 6-11 所示。其中:KOEO 代表点火开关设置在 ON 挡,发动机停机。它是 IVSC 输入和输出的静态检测。KOER 代表点火开关设置在 ON 挡,发动机正在运行。它是发动机在工作时的动态检查。

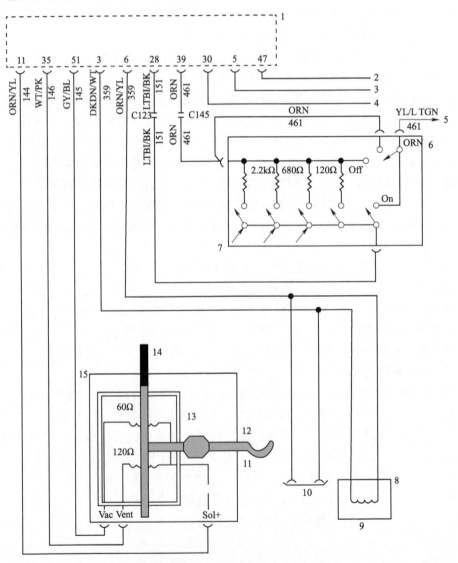

图 6-11 福特汽车公司的集成化车速控制(IVSC)系统

1-电子控制器总成;2-TP 输入;3-B00 输入;4-NDS 输入;5-喇叭;6-车速控制开关;7-恢复 SET/COAST 加速;8-车速传感器(VSS);9-机械式仪表板;10-到 EIC 电子仪表板;11-执行器连接到节气门连杆;12-车速控制伺服机构;13-伺服马达;14-调节阀(控制施加到真空马达上的真空信号);15-真空分配器

IVSC 系统的检测可以划分为两部分。

(1)快速检测(Quick Tests)——系统的功能检测。

(2)详细检测(Pinpoint Tests)——指定部件的检测。

快速检测将检查除了车速传感器以外系统各部件的工作与功能。检查时,应首先进行快速检测,如果有故障码显示,再进行详细检测。如果巡航控制系统有故障,但快速检测没检测出故障,此时,应进行车速传感器的检测。

处理器将自检程序存储在它的存储器中。当进行这项检测时,该处理器初始化 IVSC 系统的功能检测以便验证传感器与执行器是否连接完好和工作正常。快速检测能探测到检测过程中出现的故障,它不存储历史码。可以用 STAR Ⅱ 诊断仪或模拟电压表进行快速检测。如果使用 STAR Ⅱ 诊断仪,需将它接到诊断插座上,如图 6-12 所示。

使用模拟电压表时,点火开关置于 OFF 挡,从 STI 端到自检插座的管脚 2(信号返回)连接一根跨接线,如图 6-13 所示。将模拟电压表设置在 DC 15V 量程挡,然后将电压表正极表笔接到蓄电池正极而负极表笔接到自检插接器的脚 4(自检测输出)。

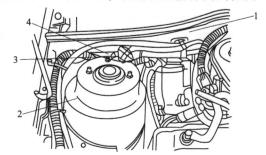

图 6-12 自检插座和 STI 位置

1-前围板;2-前悬架支撑;3-自检插座;4-自检输入端

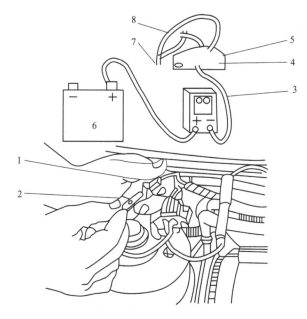

图 6-13 电压表接到自检插接器和 STI

1-脚 2;2-脚 4;3、7、8-跨接线;4、5-自检输入插座;6-蓄电池

按照相应车型的维修手册列出的故障查找流程图和操作规程,实施 KOEO、KOER 和间歇(摆动)检测操作规程,从而能充分检查巡航控制系统。

系统维修过后,应进行快速检测以验证其工作正常。

3. 无故障码设置系统的诊断

对没有提供故障码诊断的系统,要求技师进行系列诊断检测。实施哪种检测,取决具体情况。下面讨论查找各种类型系统故障的操作步骤。

不工作故障得到验证后,第一步要检查所有熔断丝,然后目测检查系统有无任何明显的问题。如果目测检查没有找出问题,进行下列步骤:

(1)踩住制动踏板,观察制动灯。如果制动灯不亮,则检查制动灯开关及电路。

(2)如果汽车装备的是手动变速器,检查并确认离合器解除开关的工作是否正常。用欧姆表或电压表检测它的工作情况。

(3)检查执行器操纵杆和节气门拉索动作是否正常。

(4)断开单向阀和伺服机构之间的真空管(在伺服机构侧边的单向阀),在管子的开口端施加 18inHg 的真空来检测单向阀。单向阀应能保持住真空,否则须更换。

(5)检查真空泄放阀工作是否正常。

(6)按一定的操作规程来检测控制开关和电路,检查时可使用电路图和开关连通图表帮助检测。

(7)检测伺服机构的工作情况。

(8)检测车速传感器的工作情况。

(9)如果所有检测表明工作正常,但系统还不能运行,须更换放大器(控制器)。

专用工具:数字电压欧姆表、真空泵。

4. 车速不稳的诊断

如果在设置好巡航控制后,车速却忽高忽低,可按下列步骤查找故障。

(1)检查执行器连杆机构操纵是否平稳。

(2)检查车速表软轴走向是否适当并确认软轴上没有扭结。

(3)检测伺服机构。

(4)检查车速传感器。

(5)检查真空泄放阀的动作。

(6)检查所有的电器连接。

(7)如果在这些检测中没有查到任何故障,则必须更换放大器(控制器)。

5. 间歇性动作的诊断

间歇性动作通常由电器连接或真空松动引起。如果目测检查不能查出故障,进行汽车行驶检查并在出现故障时进行辨别。如果在正常巡航中出现故障,从第一步开始;如果在控制键操作时或打转向盘时出现故障,则从第三步开始。

(1)把真空表连接到伺服机构的入口管。至少有 2.5inHg 的真空。

(2)检测伺服机构总成。

(3)利用维修手册中的开关连通性图表和系统原理图检测开关的动作。转动转向盘到最大角度的同时检测开关。以 FORD 的系统为例,如图 6-14 所示,检测时分离开放大器上的插接器,然后将欧姆表连接在电路 151 的端子和搭铁之间(点火开关 OFF),转动转向盘到最大角度时,做下列检查。

主动	同时按下 CCP 板的"OFF"和"WARM"键进入诊断,直到所有显示器都发亮
区段检查层次	按"OFF"=返回到平常操作
诊断码层次	按"OFF"=返回到区段检查
系统范围	
ECM?	按"OFF"=返回到诊断码
BCM?	按"ON"=显示下一个系统
IPC?	按"HI"=对所选系统
SIR?	着手首层检测选择
检测类型层次	
数据?	
输入?	按"OFF"=返回到下一个系统
输出?	按"ON"=显示下一个存在的检测类型
超过?	按"HI"=对所选检测类型
清除码?	着手首层检测选择
快过?	
显示 VIN?	
检测选择层次	
"× × × ×"	按"OFF"=返回所选系统的下一个试验
	按"LO"=显示前一个检测数值
系统 检测类型 检测数值	
E = ECM D = 数据	按"HI"=显示下一个更高检测数据
B = BCM I = 输入	
I = IPC O = 输出	
S = SIR S = 越过	

注:"清除码?":选择显示"码的清除"并且自动地返回到所选系统的下一个检测类型

图 6-14 固定在转向盘上的控制开关示意图

按住 OFF 键,欧姆表读数应为 0~1Ω。
按住 SET/ACCEL 键,并检查读数是否在 646~714Ω。
按住 COAST 键,欧姆表读数应在 126~114Ω。
当按住 RESUME 键时,读数应在 2310~2090Ω。
如果转向盘转动时阻值增减,可能性最大的原因是滑环变脏。拆下转向盘,清洁电刷,用合格的润滑剂在电刷上涂一薄层润滑剂。如果阻值超出技术要求值,检查开关和搭铁回路。

如果行驶(或道路检测)检测不能识别故障,进行模拟道路试验的同时晃动电气和真空连接。

专用工具:真空表、欧姆表。

6.部件的检测

(1)控制电路的检查

①检查熔断丝是否烧坏。

②如果熔断丝完好,从真空调节器上拆下导线连接器。

③将线束中的接合导线和真空调节器上的保持线柱连接,使电流不经过下限速度开关。

④接通点火开关,发动机不起动,慢慢按压和松开车速控制开关,如能听到真空阀的吸合响声,且指示灯亮,说明真空管和有关电路良好。

(2)伺服机构总成的检测

执行器的检测随设计而有所不同。某些制造厂使用真空伺服机构,而其他则使用步进电动机。一定要遵守相应诊断汽车维修手册中的操作规程。下列伺服机构总成的检测是福特汽车公司1992 Continental、Cougar和Thunderbird车型使用的巡航控制系统的通用检测方法。应用原理图(图6-11)进行下列检测。

拔下连到放大器的八芯插接器,把欧姆表连接在电路144和145之间。阻值应为$40\sim50\Omega$。将表笔从145换到电路146,阻值应为$60\sim190\Omega$。如果阻值超出技术要求,检查并修理放大器和伺服机构之间的线束。如线束完好,须更换伺服机构。

如果阻值在技术要求内,保持放大器的分离状态。起动发动机,把12V跨接到电路144,同时将电路146跨接到搭铁。将电路145瞬间搭铁,伺服执行器臂杆应拉动,同时发动机速度提高。

注意:确认变速器杆在P或N挡,挡住车轮并在进行伺服机构检测之前设置好驻车制动。

警告:当发动机转速升到某一可能引起内部损坏的值时,应准备好关掉点火开关来紧急中断检测。

拆下电路146的搭铁跨接线,伺服机构应释放并且发动机转速应恢复到怠速。如果伺服机构不能按上述情形工作,必须更换该伺服机构。

注意:不要把电路144到电路145或146的跨接线短路。否则,连接了放大器的同时又进行这样的操作会导致放大器损坏。

专用工具:数字电压欧姆表、跨接线。

伺服机构根据收到的真空度来控制节气门位置。

(3)真空调节器的检测

真空调节器的检查应进行以下几点。

①在A点拆下线束。

②在A点通向电源的一端连接一个电压表。

③接通点火开关,电压表应指示蓄电池电压。
④重新接上连接器。
⑤将电压表接到 B 点,将控制开关按下一半距离。
⑥电压表应指示蓄电池电压,否则更换车速控制开关。
⑦从真空调节器上拆下线束。
⑧控制开关按下一半,C 点应指示出蓄电池电压。
⑨如 C 点能指示蓄电池电压而真空阀不能动作,则拆下真空调节器上的连接器,用欧姆表检查 B 点和搭铁部位之间是否通电及电阻值是否正常。
⑩此真空阀线圈的电阻值一般在 $5\sim6\Omega$,如果低于此值,应更换真空调节器;如果此电阻值高于 6Ω,则须检查搭铁部位,搭铁正常,则应更换真空调节器。
⑪检查 D 和 E 之间的 40Ω 电阻。
⑫检查进气歧管的连接是否良好。
⑬接上所有导线连接器和真空管,进行路试,如果真空系统不工作,应更换真空调节器。

(4)真空释放阀的检测

真空释放阀滞留在开启状态或者泄漏都会引起不动作或误动作故障。真空释放阀自身不能释放真空的故障不会被驾驶员注意到,它是一种被称为 fail-safe(工作可靠但性能不降)的系统;如果真空释放阀不能释放。也可用施加制动时的电气开关信号来解除巡航控制系统,应养成一个良好习惯,只要在车间修理汽车巡航系统,都应检测真空释放阀。

检测真空释放阀时,拆开伺服机构到真空释放阀的真空管,将一个手动真空泵连接到管上并对真空释放阀抽真空。如果不能抽真空,是真空管或真空释放阀不良。如果真空释放阀能保持住真空,踩下制动踏板,真空应被释放。否则,根据维修手册中的操作步骤调整真空释放阀。如果已准确调整过真空释放阀后,踩下制动踏板时真空释放阀仍不能释放真空,则必须更换真空释放阀。

专用工具:手动真空泵。

真空释放阀是一个安全开关。在踩下制动踏板时它把伺服机构中的真空释放掉。

(5)车速传感器的检测

拔下放大器上的六芯插接器,将欧姆表连接在电路 150 和 57A 之间,其阻值应接近 200Ω。如果阻值小于 200Ω,检查放大器和车速传感器之间的电路有无短路。如果线束中无任何故障,则可判断为传感器中线圈短路。如果阻值为无穷大,则在线路或线圈中有开路。

为了检测传感器,断开线束,拔下传感器上的线束插接器并在两个端子之间接上欧姆表。这项检测应在放大器插接器检测之后进行才能确认整个电路是否有故障。

专用工具:欧姆表。

(6)制动分离开关和进气调节装置的调整

①制动分离开关的调整

逐步踏下制动系统踏板,每次踏下 32mm,逐点用车速控制开关试验系统是否接合,直到系统已不能接合为止。接合阶段的踏板行程应有 64mm 左右。

②进气调节装置的调整

对进气调节装置的调整主要针对其上的空气调节管。

A. 如低于预定速度,可将空气调节管向外调整。

B. 如高于预定速度,可将空气调节管向里调整。

C. 空气调节管每转动 1/3 圈,大约可影响车速 1.6km/h。

7. 部件的更换

在巡航控制系统中须经常更换的两个部件是伺服机构和开关。

(1) 伺服机构总成的更换

更换伺服机构总成时,所需的工具主要有:翼子板护罩、一套旋具(螺丝刀)、一套组合扳手、棘轮钻和一套筒板。

对伺服机构总成实施更换拆卸时,可按下列步骤进行:

①拆下连接车速控制执行器拉索到加速器拉索固定架和进气歧管支撑架上的固定螺钉。

②断开支架上的拉索。

③拆开加速器拉索上的车速控制拉索。

④拆开到伺服机构总成上的电器连接。

⑤拆下连接伺服机构总成固定支架到前悬架支撑上的两个固定螺母。

⑥拆下连接伺服机构总成到固定支架的两个固定螺母。

⑦拆下伺服机构和拉索总成。

⑧拆开盖住伺服机构总成固定螺栓的两个拉索护罩并拆下该罩。

⑨从伺服机构总成上拆下拉索。

装配伺服机构总成时按相反的操作规程进行。调整执行器拉索时,保持拉索调整夹具松开并拉紧拉索直到消除松弛为止,在拉索上保持轻度的压力并装配好调整夹具。安装该夹具时必须迅速夹紧。

(2) 开关的更换

开关的拆卸根据其安装位置而不同。如果开关是转向信号手柄上多功能开关总成的一部分,参照维修手册拆卸该开关。下述内容是更换固定在转向盘上开关的通用方法。注意:进行该项工作之前,必须按照维修手册中操作规程解除安全气囊系统。不解除安全气囊系统会导致意外引爆及人身伤害。正确解除安全气囊的方法是,拆下气囊组件,断开到开关总成内的电器连接,拆下把开关总成连接到转向盘上的螺钉,然后拆下开关。安装新开关总成时,把它安放在转向盘底座板上,然后拧紧固定螺钉。如果已拔下喇叭插接器,须把它们连接在底座板上,重新安装安全气囊组件并重新装备安全气囊系统。

8. 常见故障诊断

由于巡航控制系统是汽车整个控制系统的一部分,它和其他控制系统共用几种传感器,如速度传感器和节气门传感器。因此如果传感器出现故障,不但巡航控制系统不能工作,而且自动变速器会先出问题,所以巡航控制系统的故障大部分最终归到执行机构和 ECU 问题上。

巡航控制系统的故障可以分为两类,一类是巡航控制系统不能工作;二是巡航控制安全保持系统的故障。一旦巡航控制系统在使用过程中出现了故障,可以按表6-2做检查。

项目六 汽车巡航控制系统结构与检修

巡航系统可能故障及其检修方法   表6-2

故障类型	故障现象	检修方法及处理
巡航控制操作不能调整	巡航控制速度超出设定要求	检查伺服机构是否有故障
		检查控制器是否失效
		检查车速传感器是否失效
巡航控制系统不工作	巡航控制开关故障	检查巡航控制开关状态及线束是否短路、断路
	节气门位置传感器无信号	检查节气门位置传感器及其线束
	速度传感器无信号	检查速度传感器及其线束
	执行机构不工作	检查执行机构动力源的供电情况;检查真空泵或步进电机的工作情况;检查真空马达橡胶是否老化或有机械损伤
	自由拉杆和节气门拉索卡死	检查自由拉杆和节气门拉索
	安全系统不复位	详见安全系统故障分析
	ECU 工作不良	更换 ECU
巡航控制系统间歇性工作	巡航控制系统在某些时候不能正常工作	检查控制开关
		检查伺服机构
		检查控制器是否失效
		检查线束搭铁连接情况
		检查控制电路的连接情况
		检查继电器
		检查车速传感器
安全系统故障	车速信号不正确或无车速信号	检查车速传感器及其线束
	高速限制电路故障	检查高速限制开关及其线束
	低速限制电路故障	检查低速限制电路、ECU 及其线束
	安全离合器工作不良	检查安全离合器及其线束
	没有空挡起动信号	检查空挡开关、熔断器及其线束
	ECU 不工作	更换 ECU

巡航控制系统的使用注意事项

巡航控制系统在使用中应注意以下几个问题:

(1)为了让汽车获得最佳控制,当遇到交通阻塞或恶劣天气,不要使用巡航控制系统。

(2)道路上车辆太多,不适合使用巡航控制系统。为了避免巡航控制系统误工作,务必使巡航控制系统的控制开关处于关闭状态。

(3)汽车行驶在上下陡坡时,使用巡航控制系统会引起发动机转速变化过大,且避免加速行驶,最好不要使用巡航控制系统。若车辆的实际车速比设定车速高出很多,则可省略巡航控制装置,然后将变速器换入低挡,利用发动机制动使车速得到控制。

(4)汽车使用巡航系统行驶时,对装备 MT 的汽车不应在未踩下离合器踏板时就将换挡操纵手柄置于空挡,否则会造成发动机转速急剧升高。

（5）打开巡航控制系统要注意观察仪表板上的 CRUISE 指示灯。若闪亮，则表明巡航控制系统处于故障状态，应停止使用巡航控制系统，待排除故障后再使用巡航控制系统。

（6）ECU 是巡航控制系统的中枢，对电磁环境、湿度及机械振动等有较高的要求。汽车上的巡航控制 ECU 对以上各方面均进行了全面的防护，有较强的适应能力。使用时应注意：

①保持汽车发电机及其电压调节器处于良好技术状态。ECU 电源电压的设计可满足车辆的各种工作状况：若发电机及其电压调节器出现故障，将影响到 ECU，应经常检查发电机及其电压调节器的工作状况，若调节电压不符合规定或有故障应及时排除。

②必须保证车辆的蓄电池与发电机、车体的良好连接。蓄电池与发电机及车体的良好连接，不仅能使蓄电池充电良好，而且蓄电池对汽车上的瞬变电压起到很大的吸收作用。若蓄电池与发电机断开，会使电源的瞬变电压直接作用在 ECU 上，导致 ECU 不能正常工作，甚至损坏。ECU 的搭铁线应连接可靠，不可任意改变搭铁线的位置。

③保持 ECU 电源插接件接线正确，连接可靠。ECU 电源插接件一般不会插错，但在维修中有可能重新接线，此时必须注意电源的极性及电源线的位置。电源插接件应保持清洁，金属部分应保持无氧化、无变形和无油污。插接件应连接到位，有锁紧装置的必须锁紧。

④注意 ECU 防潮、防振、防磁、防污染。ECU 通常安装在车辆干燥、清洁处，其外壳应保持固定可靠，注意防水、油进入 ECU 内部。ECU 存放时，注意防潮、防尘。ECU 的磁屏蔽罩应保证牢固，不可有松脱、变形，不可在磁屏蔽罩上打孔、安装螺钉。

（7）盘山路或弯路过多时，要慎用巡航控制系统。因为正常行驶在弯路的情况下，要适当加油提供更大的转向力。定速巡航状态下车辆自动维持车速恒定，节气门开度由行车电脑控制，往往给弯路行车带来危险。在这种条件下，应当适当控制车速。

任务二 典型汽车巡航控制系统的检修

姓名_____ 班级_____ 学号_____ 成绩_____

客户任务	LS400 轿车在行驶过程中，巡航控制速度超出设定要求，巡航控制器不能调整
任务目的	制订工作计划，并对巡航控制系统进行检测，确定故障原因并维修更换

一、资讯

1. 巡航控制 ECU 的主要作用是什么？
_____
_____

2. 控制开关的主要作用跟维修用途是什么？
_____
_____

3. 巡航控制 ECU 的主要功能有：
_____
_____

4. 真空泵的工作原理是什么？它由哪几部分组成？
_____
_____

续上表

二、决策与计划

根据任务要求,确定需要的检测仪器、工具,并对小组人员合理分工,制订详细的诊断和修复计划。

1. 需要检测仪器工具。

2. 小组成员分工。

3. 诊断和修复计划。

三、实施

1. 伺服机构检测结果。

2. 控制器检查结果。

3. 车速传感器检查结果。

四、检查

通过检查分析,得出以下结论:

五、评估

1. 根据自己完成任务情况,对自己工作进行自我评估,并提出改进意见。

2. 教师对小组工作情况进行评估与点评。

一、LS400 汽车巡航控制系统的组成

如图 6-15 所示,巡航控制系统由传感器、主开关、巡航控制开关、执行器和巡航控制 ECU 组成,传感器和控制开关将信号传送至巡航控制 ECU。根据这些信号,巡航控制 ECU 计算出节气门的适当开度,根据这些计算将驱动信号传送至执行器,执行器则据此调节节气门开度。

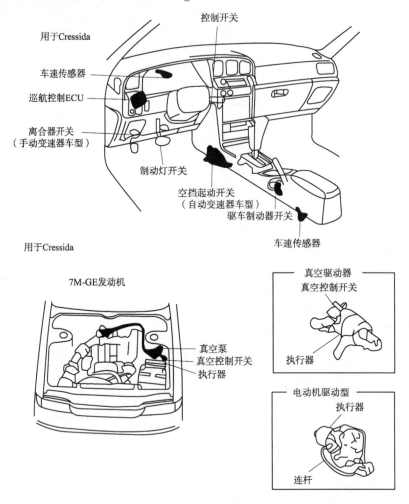

图 6-15　CCS 系统的组成

巡航控制 ECU 的主要作用是接收来自车速传感器和开关的信号,据以控制巡航控制系统的所有功能。执行器的主要作用是根据来自巡航控制 ECU 的信号,增减节气门开度,执行器可以分为真空驱动型和电动机驱动型两种。车速传感器的主要作用是产生脉冲信号,巡航控制 ECU 利用这些脉冲信号的频率检测车速。控制开关(SET/COAST、RES/ACC、CANCEL)的主要作用是用于设置巡航车速或将其重新设置为另一车速,以及取消巡航控制。维修用途:这个开关也用于取出来自巡航控制 ECU 的诊断输入信号。

巡航控制系统由主开关起动。维修用途:这个开关用于从巡航控制 ECU 中读取诊断输入信号。巡航控制系统指示灯的主要作用是当巡航控制系统主开关位于 ON 时,指示灯点亮,表示电流供应至巡航控制系统。当巡航控制系统出现故障,电源指示灯闪烁以示警告。维修用途:由指示灯的闪烁可得知故障码或输入信号。

二、LS400 汽车巡航控制系统的工作原理

1. 真空驱动型巡航控制系统的工作原理(图 6-16)
2. 电动机驱动型巡航控制系统的工作原理(图 6-17)

项目六 汽车巡航控制系统结构与检修

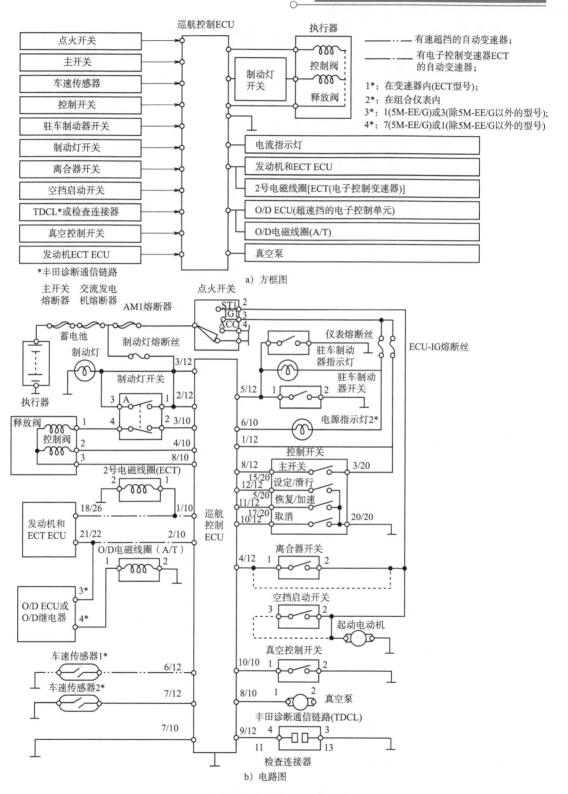

图 6-16 巡航控制系统方框图和电路图（真空驱动型）

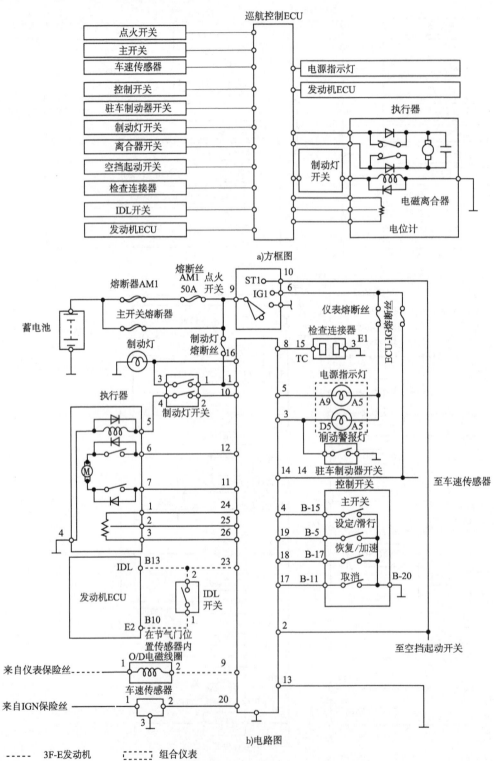

图 6-17 巡航控制系统方框图和电路图(电动机驱动型)(用于"陆地巡洋舰")

三、LS400 汽车巡航控制系统各部件位置图

LS400 汽车巡航控制系统的部件位置，如图 6-18 所示。

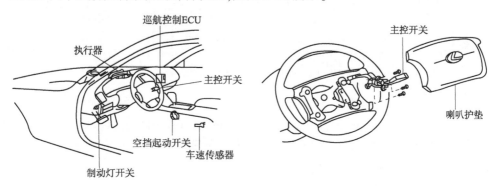

图 6-18　LS400 汽车巡航控制系统的部件位置

一、巡航控制系统电路诊断方法

1. 检查指示灯

(1) 将点火开关扭至"ON"（通）。

(2) 检查巡航主指示灯：检查巡航主指示灯，应在巡航控制主开关接通时亮，而在巡航控制主开关断开时熄灭。如指示灯检查结果不正常，则应对组合仪表进行故障分析和排除。

2. 故障码校核

在巡航控制状态行驶时，如 1 号车速传感器或执行器等发生故障，ECU 则会使巡航控制的"自动取消"起动，同时使巡航主指示灯闪烁，以通知驾驶员发生了故障，如图 6-19 所示。与此同时，存储器也会存储该故障码

3. 故障码输出

(1) 使用诊断检查导线

①将点火开关扭至"ON"（通）。

②用 SST 连接丰田诊断通信链路的 T_C 和 E_1 端子，如图 6-20 所示。

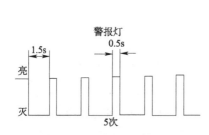

图 6-19　巡航主指示灯闪烁情况

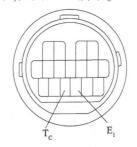

图 6-20　丰田诊断通信链路（插座）

③通过巡航主控指示灯读出故障码。

如果故障码不能输出,则应检查诊断电路。如图 6-21 所示,图中所示是正常码、11 号故障码和 21 号故障码的闪烁方式。

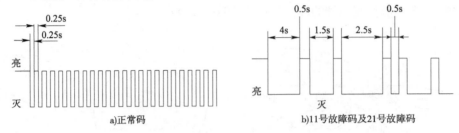

图 6-21　故障灯闪烁正常码、11 号故障码及 21 号故障码情况

④按表 6-3 中巡航指示灯闪烁方式检查系统是否有故障。
⑤检查完毕后,应脱开 T_C 和 E_1 端子,关断显示。
(2)用手持式测试器检查
①将手持式测试器与 TDCL(丰田诊断通信链路)连接起来,如图 6-22 所示。

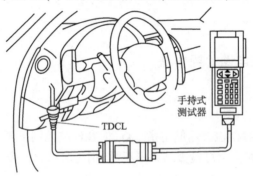

图 6-22　使用手持式测试器诊断接线

②根据测试器显示屏上的提示符号读出故障码(请参阅手持式测试器的操作手册)。

4. 故障码

若 ECU 检测出系统有故障,就按表 6-3 中巡航指示灯闪烁方式显示出来。

故　障　码　　　　　　　　　　　　　　　　　　表 6-3

故障码	巡航指示灯闪烁方式	故障部件
—	亮灭	正常
11	亮灭	电动机电路短路
12	亮灭	(1)电磁离合器电路短路; (2)电磁离合器电路开路达 0.8s
13	亮灭	位置传感器检测到不正常电压
14	亮灭	(1)执行器电动机电路开路; (2)电动机运转时,位置传感信号值不改变

续上表

故障码	巡航指示灯闪烁方式	故障部件
21	亮灭	设定巡航控制时,车速信号未输至ECU
*23	亮灭	(1)实际车速低于设定的车速6km/h,或低于设定车速20%或以上; (2)车速传感器脉冲信号不正常
32	亮灭	控制开关电路短路
34	亮灭	控制开关电压不正常
41	亮灭	100%的负载比输出至电动机加速端
42	亮灭	电源电压下降

注:如显示2个或更多的故障码时,号码最小的一个最先显示。(*)上坡路车速在减慢时为非故障。

5. 用手持式测试器和分接盒测量ECU端子值

(1)将手持式测试器及分接盒与车辆配线连接起来,如图6-23所示。

(2)根据测试器显示屏上的提示符号读出ECU输入/输出值。

(3)参阅分接盒操作手册。

手持式测试器具有"瞬像"功能,可以记录下测量数据,有效地诊断出间歇式故障。

6. 故障码的清除

(1)修理工作完毕后,断开点火开关,将ECU-B熔断丝拔出不少于10s便可清除保存在存储器中的故障码。图6-24所示为装有熔断丝的发动机舱接线盒。

(2)接好熔断丝,检查显示正常码。

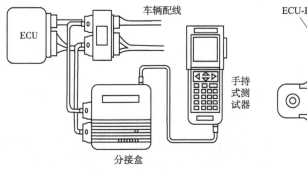

图6-23 手持式测试器、分接盒和车辆的连接

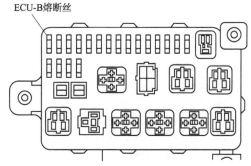

图6-24 发动机舱接线盒

7. 故障码一览表

故障码校核中如显示以下故障码,则对应检查表6-4所列出的电路。

故 障 码 一 览　　　　　　　表6-4

故 障 码	故 障 部 件
11	执行器电动机电路
12	执行器电磁离合器电路
13	执行器位置传感器电路
14	执行器电动机电路
21	车速传感器电路
23	执行器控制拉索
32、34	控制开关电路(巡航控制开关)
41	巡航控制ECU

8. 输入信号的检查

(1)代码输出,见表6-5。

①检查1~2号。将点火开关扭至"ON"(通)。

②检查3号。先将点火开关扭至"ON"(通),再挂D挡。

③检查4号。用举升机升起车辆,起动发动机后再挂D挡。

(2)将控制开关按至SET/COAST(设定/滑行)或RES/ACC(恢复/加速),如图6-25所示将开关压住或提起,如图中①所示方向。

(3)推主开关使其接通,如图中②所示方向。

(4)检查巡航主指示灯,应在3s后反复闪动2~3次。

(5)将SET/COAST(设定/滑行)开关或RES/ACC(恢复/加速)开关扭至"OFF"(断开)。

(6)按表6-5所列次序操作每个开关。

(7)读出巡航主指示灯的闪烁方式。

(8)检查完毕后,将主开关扭至"OFF"(断开)。

如有2个以上的信号输入ECU,号数低的最先显示。

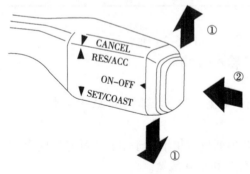

图6-25　巡航操作柄

输入信号检查表　　　　　　　表6-5

编号	操作方法	巡航主指示灯闪烁方式	诊　　断
1	将SET/COAST(设定/滑行)开关扭至"ON"(通)	灯亮灭 0.25s 0.25s	SET/COAST(设定/滑行)开关电路正常
2	将RES/ACC(恢复/加速)开关扭至"ON"(通)	灯亮灭	RES/ACC(恢复/加速)开关电路正常

续上表

编号	操作方法	巡航主指示灯闪烁方式	诊　断
3	将 CANCEL（取消）开关扭至"ON"（通）	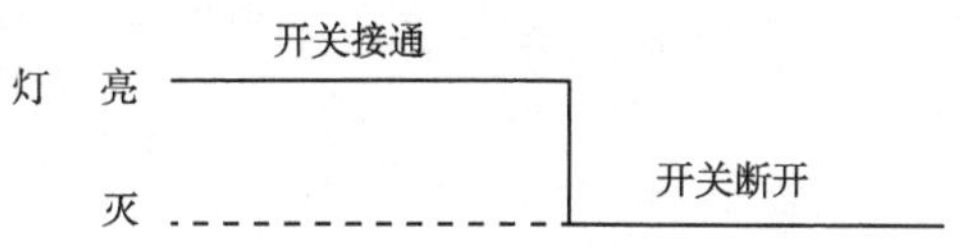 灯亮/灭，开关接通	CANCEL（取消）开关电路正常
	踩下制动踏板，将制动灯开关扭至"ON"（通）	灯亮/灭，开关断开	制动灯开关电路正常
	将空挡起动开关扭至"OFF"（断开），挂 D 挡以外的任一挡	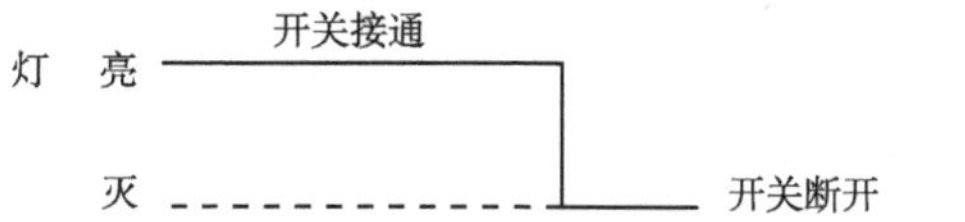 灯亮/灭，开关接通，开关断开	空挡起动开关电路正常
4	以不低于 40km/h 的车速行驶	 灯亮/灭（方波闪烁）	车速传感器正常
	以不高于 40km/h 的车速行驶	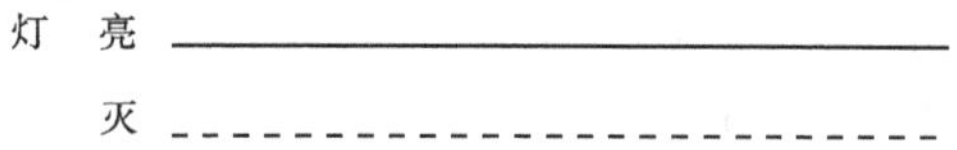 灯亮/灭	

9. 故障现象一览表

在故障码校核过程中，如显示出正常码但故障依然出现（重现），则应按表6-6中所列顺序检查每一个电路，对每一故障现象进行分析排除。

（1）在各电路的流程图中如出现"按表6-6所示进行下一项电路检查"的说明，则应对表中的下一个最高序号的电路继续检查。

（2）如各电路均属正常但故障依然重现，则应按最后步骤，检查或更换巡航控制 ECU。

故障现象一览表　　　　　　　　　　　　　　　表 6-6

故障现象 \ 怀疑部位	执行器	车速传感器电路	控制开关电路（巡航控制开关）	制动灯开关电路	怠速开关电路（主节气门位置传感器）	电控变速器通信电路	电控汽油喷射通信电路	变速器控制开关电路	ECU 电源电路	备用电源电路	主开关电路（巡航控制开关）	诊断电路	执行器控制拉索	巡航控制 ECU
不出现 SET（设定）或出现 CANCEL（取消），故障码为正常码	6	2	3	4			5				1			7
不出现 SET（设定）或出现 CANCEL（取消），不输出故障码									1					2
实际车速高于或低于设定车速	4	2			5	3							1	6
在上坡途中频繁地在 3 挡和超速挡之间变换挡位（调速不稳）					1	2								3

续上表

故障现象	执行器	车速传感器电路	控制开关电路(巡航控制开关)	制动灯开关电路	急速开关电路(主节气门位置传感器)	电控变速器通信电路	电控汽油喷射通信电路	变速器控制开关电路	ECU电源电路	备用电源电路	主开关电路(巡航控制开关)	诊断电路	执行器控制拉索	巡航控制ECU
即使踩下制动踏板,巡航控制也不能取消	3			2									1	4
即使变速器换在D挡以外的其他挡位,巡航控制也不能取消	3							2					1	4
控制开关不工作,不能进行SET/COAST(设定/滑行)、ACC/RES(加速/恢复)、CANCEL(取消)	3		2										1	4
车速不高于40km/h时可以进行SET(设定);或车速不高于40km/h时,CANCEL(取消)不工作	3	2											1	4
在ACC(加速)和RES(恢复)模式,反应不灵敏	3					2							1	4
即使不是上坡,也不能恢复超速挡						1								2
存储的故障码被消除										1				2
故障码不输出,或在不应输出时反而输出												1		2
巡航主指示灯长亮或不亮	分析排除组合仪表故障													

二、巡航控制系统典型电路的检查

1. 执行器电动机电路

执行器电动机电路故障码含义,见表6-7。

执行器电动机电路故障码含义　　　表6-7

故障码	故障码含义	故障部位
11	执行器电动机的电路短路	巡航控制执行器电动机; 执行器电动机与ECU之间的配线和连接器; 巡航控制ECU
14	执行器电动机的电路开路	执行器电动机与ECU之间的配线和连接器;巡航控制ECU

(1) 电路说明

如图 6-26 所示，来自 ECU 的信号操纵执行器电动机的工作，根据负载比的变化传送加速和减速信号。负载比指的是在一个循环中导通时间的比率。例如，若 A 为一个循环的导通时间，B 为非导通时间，则负载比 $= A/(A+B) \times 100\%$。

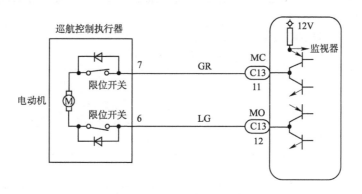

图 6-26 执行器电动机的电路

(2) 检查程序

检查程序，见表 6-8。

检 查 程 序　　　　　　　　　　　　　　　　　　　　　表 6-8

1	检查执行器电动机	
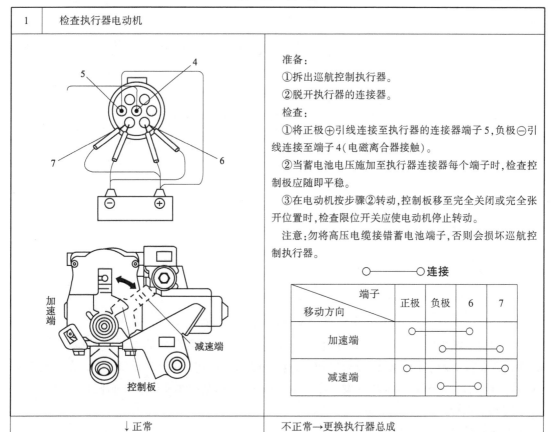 ↓正常		准备： ①拆出巡航控制执行器。 ②脱开执行器的连接器。 检查： ①将正极⊕引线连接至执行器的连接器端子 5，负极⊖引线连接至端子 4（电磁离合器接触）。 ②当蓄电池电压施加至执行器连接器每个端子时，检查控制极应随即平稳。 ③在电动机按步骤②转动，控制板移至完全关闭或完全张开位置时，检查限位开关应使电动机停止转动。 注意：勿将高压电缆接错蓄电池端子，否则会损坏巡航控制执行器。 ○—○ 连接 | 端子 移动方向 | 正极 | 负极 | 6 | 7 | |---|---|---|---|---| | 加速端 | ○—|—○ | ○—|—○ | | | 减速端 | ○—|—○ | | ○—|—○ | 不正常→更换执行器总成

续上表

2	检查巡航控制 ECU 和执行器电动机之间的配线和连接器	
	↓正常	不正常→修理或更换配线或连接器

按表6-6所示进行下一项电路检查。如显示出 11 号、14 号故障码,则应检查和更换巡航控制 ECU

2. 执行器电磁离合器电路

执行器电磁离合器电路故障码含义,见表6-9。

执行器电磁离合器电路故障码含义　　　表6-9

故障码	故障码含义	故障部位
12	电磁离合器电路短路; 电磁离合器电路开路(0.8s)	巡航控制电磁离合器; ECU 与电磁离合器之间、电磁离合器与车身搭铁之间的配线或连接器

(1)电路说明

如图6-27所示,该电路在巡航控制电路工作时,根据来自 ECU 的信号,接通执行器内部的电磁离合器。如执行器、车速传感器等在巡航控制电路工作时发生故障,电动机和控制板之间的转子轴便会松开。

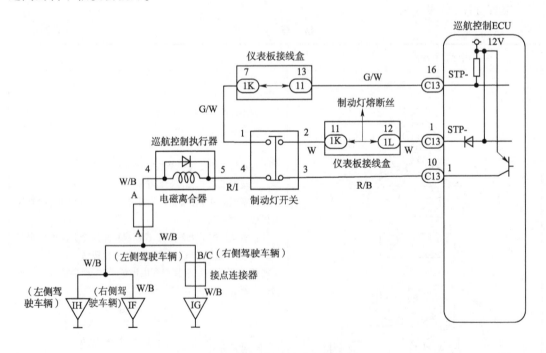

图6-27　执行器电磁离合器的电路

踩下制动踏板时,制动灯开关接通,向制动灯供电,电磁离合器的电源由机械方法切断,电磁离合器被关断。在下坡路段行驶时,如果车速超过设定车速 15km/h,ECU 便会关断电磁离合器。如车速稍后降至高于设定车速 10km/h 以内,设定速度巡航控制便会恢复。

(2)检查程序

检查程序,见表6-10。

检 查 程 序　　　　　　　　　　　　　　表 6-10

1	检查执行器电磁离合器	
	控制板（图示）	准备： ①拆出巡航控制离合器。 ②脱开执行器连接器。 检查：用手移动控制板 正常：控制板移动（电磁离合器断开） 检查： ①将正极⊕引线连接至执行器的连接器端子5,负极⊖引线连接至端子4。 ②用手移动控制板 注意：不要将高压电缆接错蓄电池端子，否则会损坏执行器。 正常：控制板不移动（电磁离合器接通）。
	↓正常	不正常→更换执行器总成
2	检查制动灯开关	
	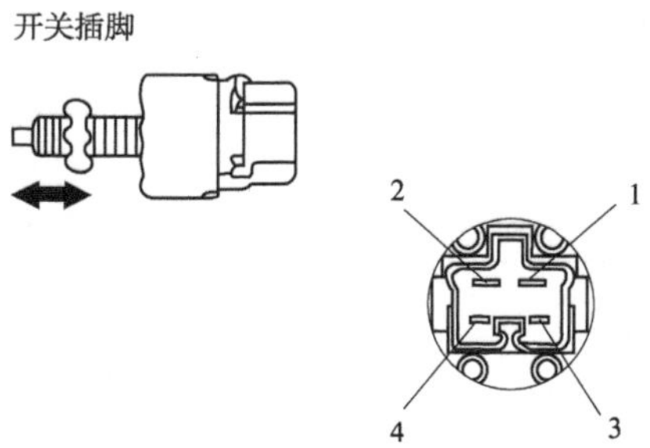 开关插脚（图示）	准备：脱开制动灯开关连接器。 检查：检查各端子间的导通情况。 ○──○ 连接 | 开关位置＼端子 | 1 | 2 | 3 | 4 | |---|---|---|---|---| | 开关插脚未推入（踩下制动踏板） | ○─|─○ | | | | 开关插脚推入（松开制动踏板） | | | ○─|─○ |
	↓正常	不正常→更换制动灯开关
	检查 ECU 与制动灯开关之间、制动灯开关与电磁离合器之间、电磁离合器与车身搭铁之间	
	↓正常	不正常→修理或更换配线或连接器

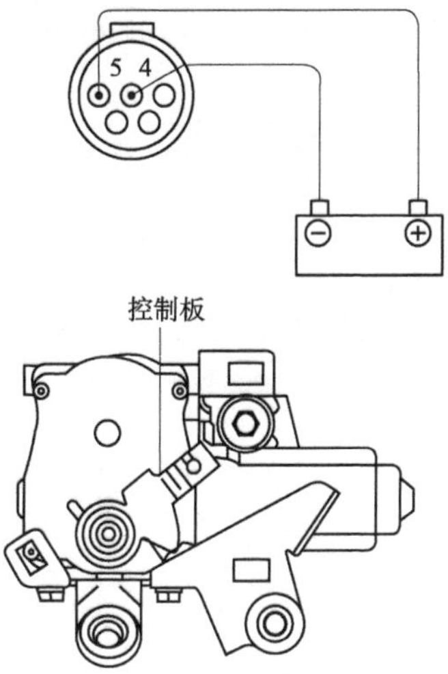

按表 6-6 所示进行下一项电路检查。如显示出 12 号故障码，则应检查配线和连接器是否松动；如连接良好，则检查和更换 ECU。

3. 执行器位置传感器的电路

执行器位置传感器的电路故障码含义，见表 6-11。

执行器位置传感器的电路故障码含义   表 6-11

故障码	故障码含义	故障部位
13	位置传感器检测出不正常电压	巡航控制执行器的位置传感器； 执行器位置传感器与车身搭铁之间的配线或连接器； 巡航控制 ECU
14	执行器电动机的电路开路； 电动机运转时位置传感器信号值不改变	执行器电动机与 ECU 之间的配线或连接器； 巡航控制 ECU

(1) 电路说明

如图 6-28 所示，该电路用于检测执行器控制板的转动位置，将信号传送至 ECT。

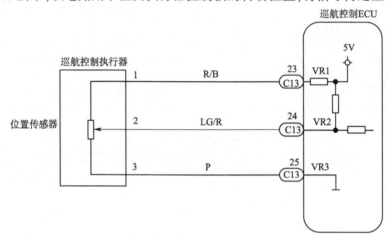

图 6-28　执行器位置传感器的电路

(2) 检查程序

检查程序，见表 6-12。

检 查 程 序   表 6-12

1	检查 ECU 连接器端子 VR2 与 VR3 之间的电压

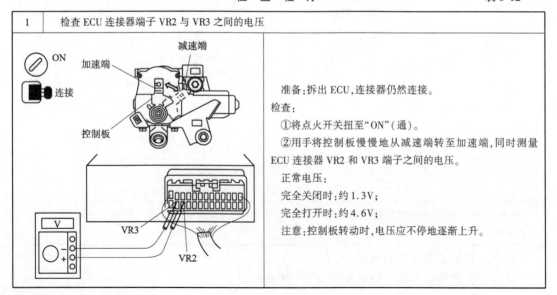

准备：拆出 ECU，连接器仍然连接。

检查：

① 将点火开关扭至"ON"(通)。

② 用手将控制板慢慢地从减速端转至加速端，同时测量 ECU 连接器 VR2 和 VR3 端子之间的电压。

正常电压：

完全关闭时：约 1.3V；

完全打开时：约 4.6V；

注意：控制板转动时，电压应不停地逐渐上升。

续上表

	↓正常	不正常→按表6-6所示进行下一项电路检查
2	检查执行器位置传感器	
	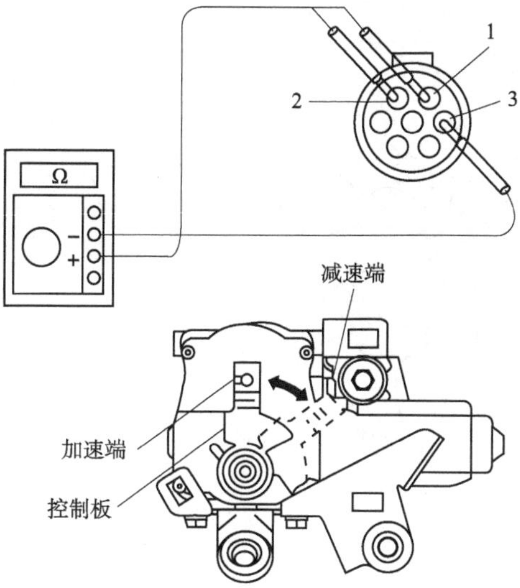 (图示:万用表测量执行器连接器,标注1、2、3端子;执行器结构图标注减速端、加速端、控制板)	准备: ①拆出巡航控制执行器。 ②脱开执行器的连接器。 检查:测量执行器的连接器1与3端子之间的电阻值 正常:电阻约2.2kΩ。 检查:用手将控制板慢慢地从减速端转至加速端,同时测量执行器的连接器2与3端子之间的电阻。 正常电阻: 完全关闭时:约530Ω; 完全打开时:约2.0kΩ。 注意:控制板转动时,电阻应逐渐上升。
	↓正常	不正常→更换执行器总成
3	检查ECU和执行器位置传感器之间的配线和连接器是否开路或短路	
	↓正常	不正常→修理或更换配线或连接器
检查配线和连接器的连接处是否松动;如连接正常,则应检查和更换ECU		

4. 车速传感器的电路

车速传感器的电路故障码含义,见表6-13

车速传感器的电路故障码含义 表6-13

故障码	故障码含义	故障部位
21	巡航控制设定后,车速信号不能输入至ECU	车速传感器; 发动机和ECT ECU; 组合仪表; 车速传感器与发动机和ECT ECU之间、发动机ECT
23	实际车速降至比设定车速低16km/h或更多,或者比设定车速低20%或以上; 车速传感器脉冲不正常; 提示:如车速信号在0.2s内未输入至ECU,便会显示出故障码	巡航控制执行器电动机; 巡航控制执行器拉索; 车速传感器; 配线或连接器的OD、STD端子; 发动机ECU

(1) 电路说明

车速传感器的结构和安装,如图 6-29 所示。转子轴每转动一圈,车速传感器便会通过发动机和 ECT ECU 及组合仪表将信号传送至巡航控制 ECU,如图 6-30 所示,巡航控制 ECU 根据信号脉冲频率计算出车速。车速传感器的电路,如图 6-31 所示。

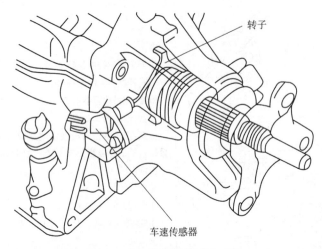

图 6-29　车速传感器的结构和安装

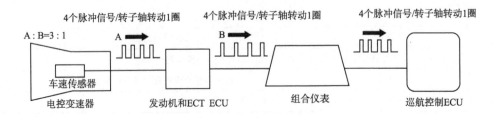

图 6-30　车速传感器的信号传输过程

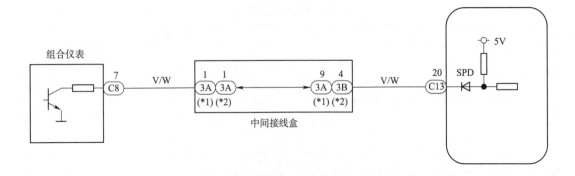

图 6-31　车速传感器的电路
(*1)-左侧驾驶车辆;(*2)-右侧驾驶车辆

(2) 检查程序

检查程序见表 6-14。

检 查 程 序　　　　　　　　　　　　　　　　表6-14

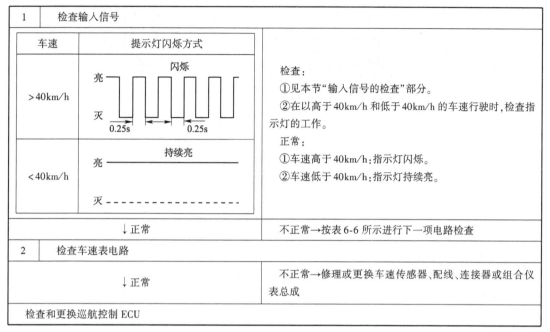

1	检查输入信号	
	车速 >40km/h，提示灯闪烁方式：亮/灭 0.25s 闪烁 车速 <40km/h，提示灯：持续亮	检查： ①见本节"输入信号的检查"部分。 ②在以高于40km/h和低于40km/h的车速行驶时，检查指示灯的工作。 正常： ①车速高于40km/h：指示灯闪烁。 ②车速低于40km/h：指示灯持续亮。
	↓正常	不正常→按表6-6所示进行下一项电路检查
2	检查车速表电路	
	↓正常	不正常→修理或更换车速传感器、配线、连接器或组合仪表总成
	检查和更换巡航控制ECU	

5. 控制开关电路的巡航控制开关

控制开关电路的巡航控制开关故障码含义，见表6-15。

控制开关电路的巡航控制开关故障码含义　　　表6-15

故障码	故障码含义	故障部位
32	控制开关电路短路	巡航控制开关； 控制开关和ECU之间的配线或连接器； 巡航控制ECU
34	控制开关电压不正常	

（1）电路说明

如图6-32所示，该电路将SET/COAST（设定/滑行）、RES/ACC（恢复/加速）及CANCEL（取消）信号（每个电压）传送至ECU。

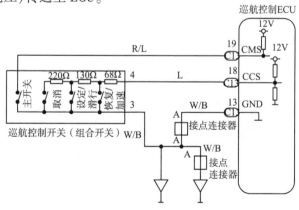

a）左侧驾驶车型

图 6-32

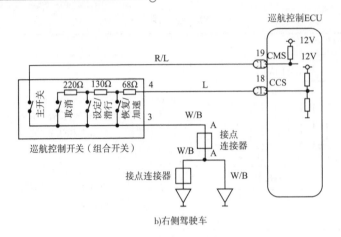

图 6-32 巡航控制开关电路

(2)检查程序

检查程序,见表 6-16。

检 查 程 序　　　　　　　　　　　　　　　　表 6-16

1	检查输入信号		
	输入信号	指示灯闪烁方式	准备: ①见本节"检查输入信号"部分。 ②SET/COAST(设定/滑行)、RES/ACC(恢复/加速)及CANCEL(取消)分别接通时,检查指示灯的运作。 正常: SET/COAST(设定/滑行)、RES/ACC(恢复/加速)开关,当每个开关接通时,如左表所示信号输出:开关断开时,信号应消失,CANCEL(取消)开关接通时,指示灯应熄灭
	SET/COAST 开关	2个脉冲 亮 灭	
	RES/ACC 开关	3个脉冲 亮 灭	
	CANCEL 开关	亮 灭 开关断开 开关接通	
	↓正常		不正常→按表6-6所示进行下一项电路检查
2	检查巡航控制 ECU 连接器的 CCS 端子与车身搭铁之间的电压		
	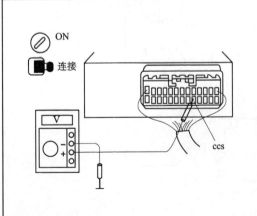		准备:拆出巡航控制 ECU,连接器仍然连接。 检查: ①将点火开关扭至"ON"(通)。 ②SET/COAST、RES/ACC 及 CANCEL 开关分别接通时,测量 ECU 连接器的 CCS 端子与车身搭铁之间的电压。 正常:

开关位置	电压(V)
Neutral	10~14
RES/ACC	0.75~2.5
SET/COAST	2.3~4.6
CANCEL	4.1~7.2

续上表

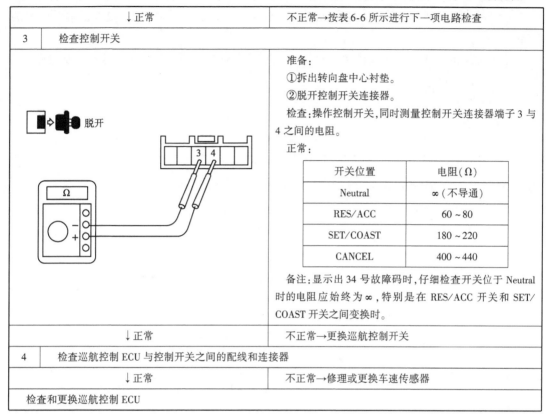

	↓正常	不正常→按表6-6所示进行下一项电路检查
3	检查控制开关	
	准备： ①拆出转向盘中心衬垫。 ②脱开控制开关连接器。 检查：操作控制开关，同时测量控制开关连接器端子3与4之间的电阻。 正常：	

开关位置	电阻(Ω)
Neutral	∞（不导通）
RES/ACC	60～80
SET/COAST	180～220
CANCEL	400～440

备注：显示出34号故障码时，仔细检查开关位于Neutral时的电阻应始终为∞，特别是在RES/ACC开关和SET/COAST开关之间变换时。

	↓正常	不正常→更换巡航控制开关
4	检查巡航控制ECU与控制开关之间的配线和连接器	
	↓正常	不正常→修理或更换车速传感器
	检查和更换巡航控制ECU	

6. 制动灯开关的电路

（1）电路说明

如图6-33所示，车辆制动时，蓄电池电压通常会通过制动灯熔断丝和制动灯开关作用在ECU的STP端子上，ECU随之断开巡航控制电路。

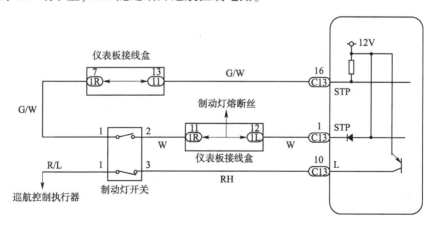

图6-33 制动灯开关电路

该电路具有故障防护功能，即使制动灯信号电路发生故障，也可保证取消功能仍正常运作。

①如连接 STP－端子的配线开路,端子 STP－便具有蓄电池电压,使巡航控制电路断开。

②如制动灯熔断丝开路,在制动时,端子 STP＋的电压会变为 0,ECU 便可正常操作取消功能。

另外,制动时,制动灯开关还会用机械方法断开电磁离合器,从而断开巡航控制电路(见本节电磁离合器的工作)。

(2)检查程序

检查程序,见表6-17。

检 查 程 序　　　　　表6-17

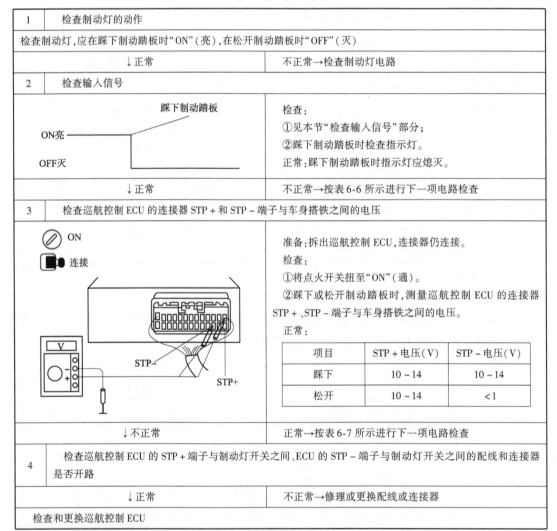

1	检查制动灯的动作	
	检查制动灯,应在踩下制动踏板时"ON"(亮),在松开制动踏板时"OFF"(灭)	
	↓正常	不正常→检查制动灯电路
2	检查输入信号	
	(波形图)	检查: ①见本节"检查输入信号"部分; ②踩下制动踏板时检查指示灯。 正常:踩下制动踏板时指示灯应熄灭。
	↓正常	不正常→按表6-6所示进行下一项电路检查
3	检查巡航控制 ECU 的连接器 STP＋和 STP－端子与车身搭铁之间的电压	
	(测量图)	准备:拆出巡航控制 ECU,连接器仍连接。 检查: ①将点火开关扭至"ON"(通)。 ②踩下或松开制动踏板时,测量巡航控制 ECU 的连接器 STP＋、STP－端子与车身搭铁之间的电压。 正常: | 项目 | STP＋电压(V) | STP－电压(V) | | 踩下 | 10～14 | 10～14 | | 松开 | 10～14 | <1 |
	↓不正常	正常→按表6-7所示进行下一项电路检查
4	检查巡航控制 ECU 的 STP＋端子与制动灯开关之间、ECU 的 STP－端子与制动灯开关之间的配线和连接器是否开路	
	↓正常	不正常→修理或更换配线或连接器
	检查和更换巡航控制 ECU	

7. 怠速开关的电路

(1)电路说明

如图 6-34 所示,当接通节气门位置传感器中的怠速开关时,信号便输至 ECU。ECU 利用该信号来校正节气门位置传感器与执行器传感器之间信号值的差异,使巡航控制设置在准确的速度。如怠速开关发生故障,发动机也会出现故障症状,这时也应检查发动机。

项目六 汽车巡航控制系统结构与检修

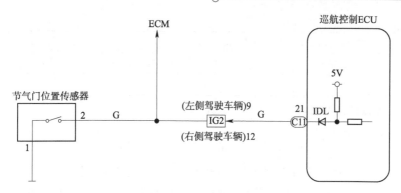

图 6-34 怠速开关电路

（2）检查程序

检查程序，见表 6-18。

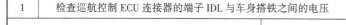

检 查 程 序　　　　　　　　　　　　　表 6-18

1	检查巡航控制 ECU 连接器的端子 IDL 与车身搭铁之间的电压	
	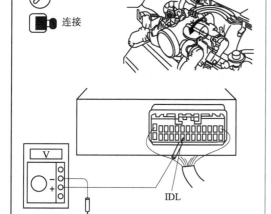	准备： ①拆出巡航控制 ECU，连接器仍然连接。 ②脱开发动机和 ECT ECU 连接器，以及 ABS 和牵引控制 ECU 连接器。 检查： ①将点火开关处于"ON"（通）。 ②在节气门完全打开及完全关闭时测量巡航控制 ECU 连接器的 IDL 端子与车身搭铁之间的电压。 正常： | 节气门位置 | 电压(V) | |---|---| | 完全打开 | 6~9 | | 完全关闭 | <1 |
	↓不正常	正常→按表 6-6 所示进行下一项电路检查
2	检查执行器位置传感器	
	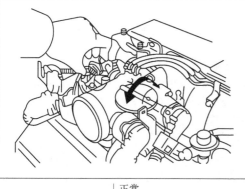	准备：脱开节气门位置传感器连接器 检查：在节气门完全打开及完全关闭时，测量节气门位置传感器连接器端子 1、2 之间的电阻。 正常： | 节气门位置 | 电阻 | |---|---| | 完全打开 | ∞（不导通） | | 完全关闭 | <1Ω |
	↓正常	不正常→更换节气门位置传感器

207

续上表

3	检查巡航控制 ECU 与节气门位置传感器之间,节气门位置传感器与车身搭铁之间的配线和连接器	
	↓正常	不正常→修理或更换配线或连接器
检查和更换巡航控制 ECU		

8. 电控变速器的通信电路

(1) 电路说明(图6-35)

巡航控制 ECU 的 ECT 端子检测来自电控变速器换挡信号(输出至电控变速器 2 号电磁阀)。如车速下降,以及当巡航控制 ECU 的电控变速器端子接收到换低挡信号时,ECU 便会将来自端子 OD 的信号输送至 ECT 端子,从而在上坡行驶结束之前切断超速挡,减少换挡次数、改变电控变速器内的换挡。

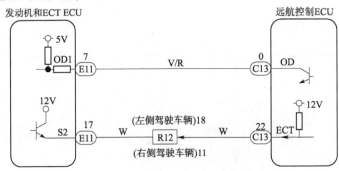

图 6-35 电控变速器的通信电路

(2) 检查程序

检查程序,见表6-19。

检 查 程 序　　表6-19

1	检查超速挡的工作	
准备:发动机预热后进行试车。		
检查:对超速挡开关进行"通↔断"操作,检查超速挡应"通↔断"		
	↓正常	不正常→检查和修理电控变速器
2	检查巡航控制 ECU 配线一侧的连接器 OD 端子与车身搭铁之间的电压	
		准备:拆出巡航控制 ECU,连接器仍然连接。 检查: ①脱开巡航控制 ECU 连接器。 ②将点火开关扭至"ON"(通)。 ③测量巡航控制 ECU 配线一侧连接器端子 OD 与车身搭铁之间的电压。 正常:电压为 10~14V。

续上表

	↓正常	不正常→进行步骤5
3	检查巡航控制ECU连接器的电控变速器端子与车身搭铁之间的电压(试车时)	
	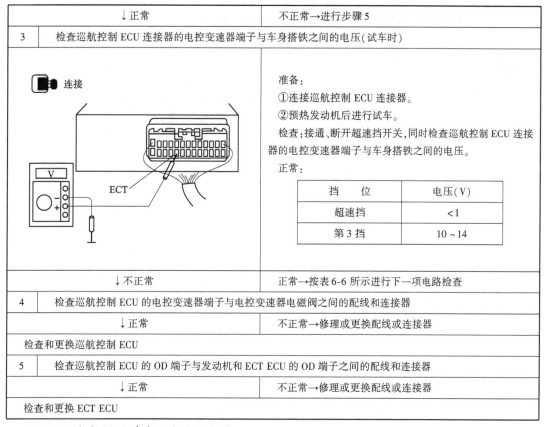	准备： ①连接巡航控制ECU连接器。 ②预热发动机后进行试车。 检查：接通、断开超速挡开关，同时检查巡航控制ECU连接器的电控变速器端子与车身搭铁之间的电压。 正常： | 挡　位 | 电压(V) | |---|---| | 超速挡 | <1 | | 第3挡 | 10~14 |
	↓不正常	正常→按表6-6所示进行下一项电路检查
4	检查巡航控制ECU的电控变速器端子与电控变速器电磁阀之间的配线和连接器	
	↓正常	不正常→修理或更换配线或连接器
检查和更换巡航控制ECU		
5	检查巡航控制ECU的OD端子与发动机和ECT ECU的OD端子之间的配线和连接器	
	↓正常	不正常→修理或更换配线或连接器
检查和更换ECT ECU		

9. EFI(电控燃油喷射)的通信电路

(1) 电路说明

如图6-36所示，在巡航控制下的车辆下坡时，为使巡航控制平稳，使燃油切断所造成的发动机转矩变化减至最小，巡航控制ECU向发动机和ECT ECU发出一个专为巡航控制用的延迟角控制信号。

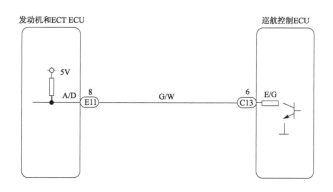

图6-36　EFI的通信电路

(2) 检查程序

检查程序，见表6-20。

检 查 程 序   表 6-20

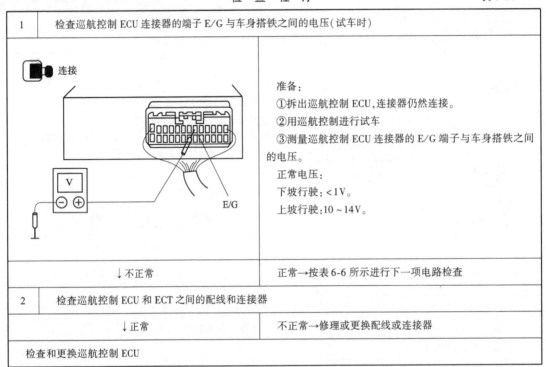

1	检查巡航控制 ECU 连接器的端子 E/G 与车身搭铁之间的电压(试车时)	
		准备： ①拆出巡航控制 ECU，连接器仍然连接。 ②用巡航控制进行试车 ③测量巡航控制 ECU 连接器的 E/G 端子与车身搭铁之间的电压。 正常电压： 下坡行驶：<1V。 上坡行驶：10～14V。
	↓不正常	正常→按表 6-6 所示进行下一项电路检查
2	检查巡航控制 ECU 和 ECT 之间的配线和连接器	
	↓正常	不正常→修理或更换配线或连接器
检查和更换巡航控制 ECU		

10. 变速器控制开关的电路

(1)电路说明

如图 6-37 所示，挡位位于 D 挡以外任一挡时，会有一个信号从变速器控制开关输送至 ECU；当这一信号在巡航控制行驶中输入时，ECU 便会取消巡航控制。

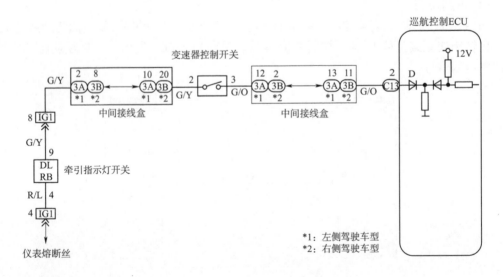

图 6-37 变速器控制开关的电路

(2)检查程序

检查程序，见表 6-21。

检 查 程 序　　　　　　　　　　　　　　　　　　　　表6-21

1	检查起动机的工作	
检查起动机应正常工作,发动机应能起动		
	↓正常	不正常→进行发动机故障排除分析
2	检查输入信号	
		检查: ①见本节"检查输入信号"部分。 ②换入除 D 挡以外任一挡,检查指示灯。 正常:换挡杆换入除 D 挡以外的任一挡时,指示灯熄灭。
	↓不正常	正常→按表6-6所示进行下一项电路检查
3	检查巡航控制 ECU 连接器 D 端子与车身搭铁之间的电压	
		准备:拆出巡航控制 ECU,连接器仍连接。 检查: ①将点火开关扭至"ON"(通)。 ②换入 D 挡和其他各挡时,测量巡航控制 ECU 的连接器 D 端子与车身搭铁之间的电压。 正常: | 挡位	电压(V)
---	---
D 挡	10~14
其他挡	<1	
	↓不正常	正常→按表6-6所示进行下一项电路检查
4	检查巡航控制 ECU 与仪表熔断线之间的配线和连接器是否开路	
	↓正常	不正常→修理或更换配线或连接器
检查和更换巡航控制 ECU		

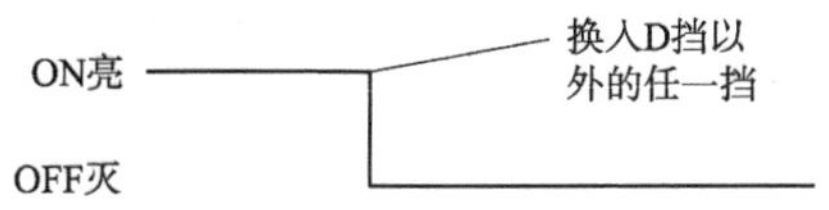

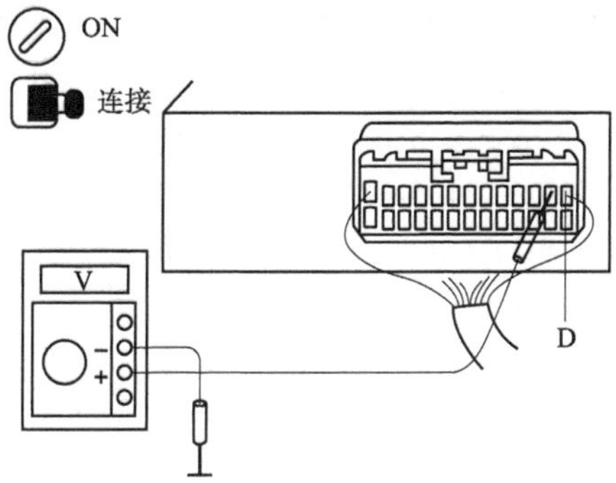

11. ECU 的电源电路

(1)电路说明

如图6-38所示,当 GND 端子和巡航控制 ECU 外壳搭铁时,ECU 电源电路便向执行器及各传感器等供电。

(2)检查程序

检查程序,见表6-22。

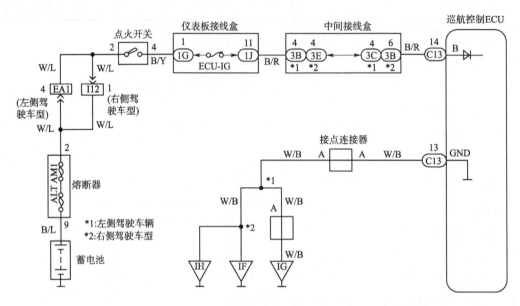

图 6-38 ECU 的电源电路

检 查 程 序 表 6-22

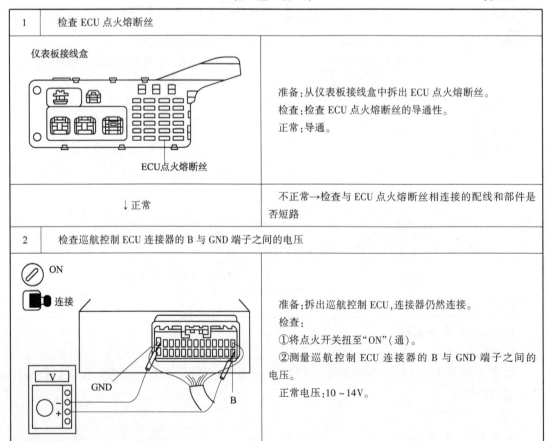

续上表

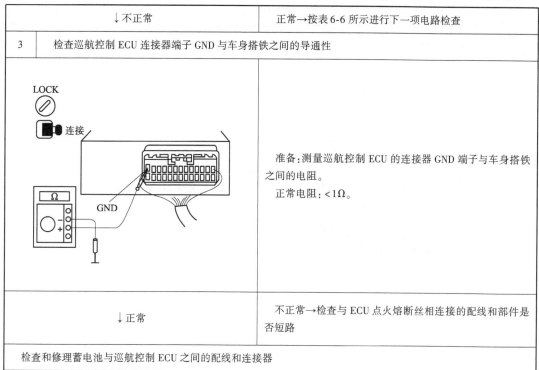

3	检查巡航控制 ECU 连接器端子 GND 与车身搭铁之间的导通性	正常→按表6-6所示进行下一项电路检查
↓不正常		
		准备:测量巡航控制 ECU 的连接器 GND 端子与车身搭铁之间的电阻。 正常电阻:<1Ω。
↓正常		不正常→检查与 ECU 点火熔断丝相连接的配线和部件是否短路
检查和修理蓄电池与巡航控制 ECU 之间的配线和连接器		

12. 备用电源的电路

(1)电路说明

如图 6-39 所示,即使断开点火开关,ECU 备用电源仍然供电,并且用于故障码存储器等。

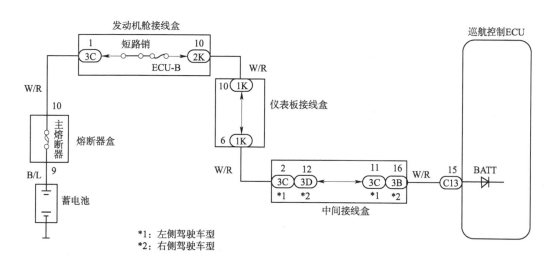

图 6-39　备用电源的电路

(2)检查程序

检查程序,见表6-23。

检 查 程 序　　　　　　　　表6-23

1	检查 ECU-B 熔断丝	
	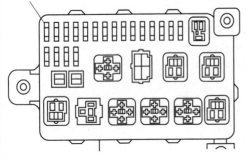	准备:从发动机舱接线盒中拆出 ECU-B 熔断丝。 检查:检查 ECU-B 熔断丝的导通性。 正常:导通。
	↓正常	不正常→检查与 ECU-B 熔断丝相连接的配线和部件是否短路
2	检查巡航控制 ECU 连接器的 BATT 端子与车身搭铁之间的电压	
	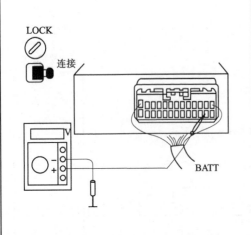	准备:拆出巡航控制 ECU,连接器仍然连接。 检查:测量巡航控制 ECU 的连接器 BATT 端子与车身搭铁之间的电压。 正常电压:10~14V。
	↓不正常	正常→按表6-6所示进行下一项电路检查
检查和修理蓄电池与巡航控制 ECU 之间的配线和连接器		

13. 主开关电路(巡航控制开关)

(1) 电路说明

如图 6-40 所示,断开巡航控制开关时,巡航控制便不能运作。

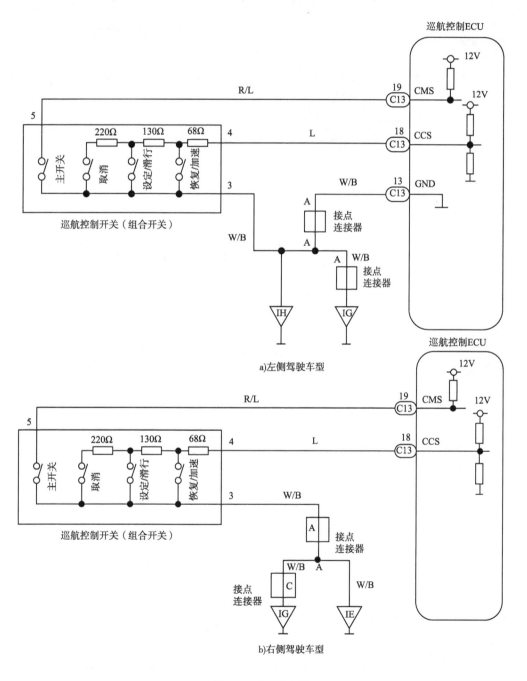

图 6-40　主开关电路

(2) 检查程序

检查程序,见表 6-24。

检 查 程 序 表6-24

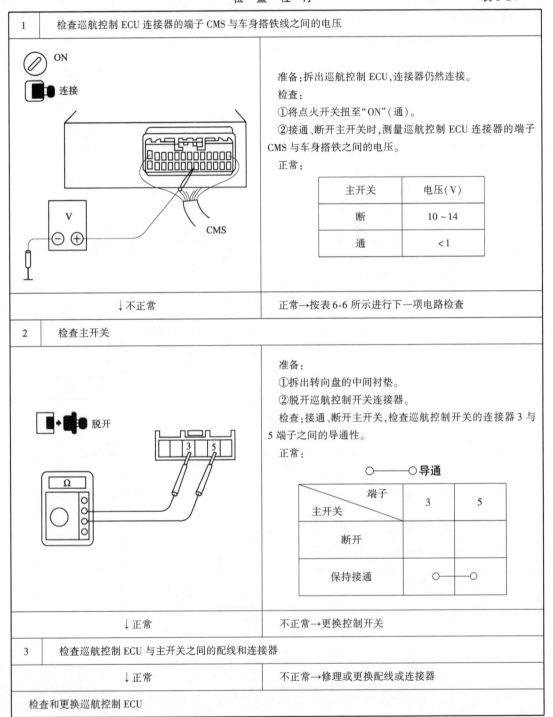

14. 诊断电路

(1) 电路说明

如图6-41所示,该电路将输出故障码所需的信号传输至ECU。

项目六 汽车巡航控制系统结构与检修

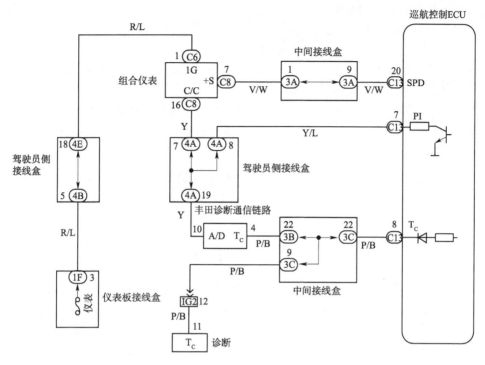

图6-41 诊断电路(左侧驾驶车型)

(2)检查程序

检查程序,见表6-25。

检 查 程 序　　　　　　　　　　　表6-25

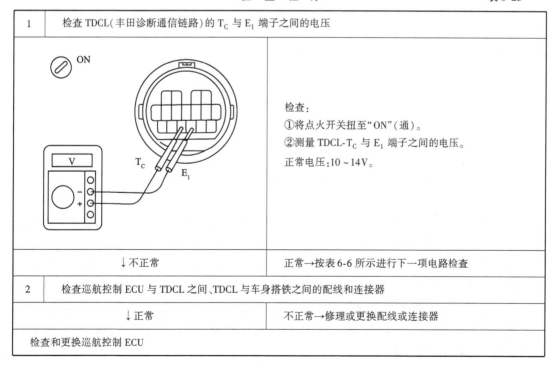

1	检查TDCL(丰田诊断通信链路)的T_C与E_1端子之间的电压
	检查: ①将点火开关扭至"ON"(通)。 ②测量TDCL-T_C与E_1端子之间的电压。 正常电压:10~14V。
	↓不正常　　　　　　　　　　正常→按表6-6所示进行下一项电路检查
2	检查巡航控制ECU与TDCL之间、TDCL与车身搭铁之间的配线和连接器
	↓正常　　　　　　　　　　不正常→修理或更换配线或连接器
	检查和更换巡航控制ECU

· 217 ·

15.执行器控制拉索的检查

执行器控制拉索,如图 6-42 所示。

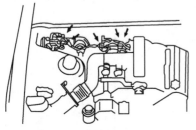

图 6-42 执行器控制拉索

检查:

(1)检查执行器、控制拉索和节气门连杆,均应安装正确。

(2)检查执行器和节气门连杆应平稳工作。

(3)检查控制拉索应既不松动又不太紧。

备注:

如果控制拉索太松,车辆上坡时速会损失很大。

一、巡航控制系统的主要功能

巡航控制 ECU 接收到来自车速传感器和各种开关的信号后,按照预先存储的程序进行处理。根据这些信号,巡航控制 ECU 将控制信号传送至真空泵、执行器、ECT ECU(电控自动变速器的电子控制单元)和超速挡继电器。巡航控制 ECU 还有一个特殊电路,使维修人员能利用主开关上的电源指示灯,进行巡航控制系统的诊断以及检查输入和输出信号的工作。

巡航控制 ECU 有 16 项主要功能,下面对各项功能的工作情况进行介绍。

1. 匀速控制功能

ECU 将实际车速与设定车速进行比较。如车速高于设定车速,就起动执行器,将节气门适当闭合。如车速低于设定车速,就起动执行器,将节气门适当开启。

2. 设定功能

当主开关接通,车辆在巡航控制车速范围(40~200km/h)内行驶时,如 SET/COAST 开关接通后松开,巡航控制 ECU 就会将这个车速存储在存储器内,并使车辆保持这个速度。

3. 滑行功能

当车辆以巡航控制模式行驶时,如 SET/COASF 开关接通后不松开,执行器就会关闭节气门,使车辆减速。ECU 将开关松开时的车速存储,使车辆保持这一速度行驶。

4. 加速功能

当车辆以巡航控制模式行驶时,如 RES/ACC 开关接通,执行器就会将节气门适当开启,使车辆加速,ECU 将开关松开时的车速存储,使车辆保持在这一速度行驶。

5. 恢复功能

只要车速没有降至速度下限(约 40km/h)以下,如用任一个取消开关以手动的方法将巡航控制模式取消后,接通 RES/ACC 开关,即可恢复设定车速。

车速一旦降至车速下限以下,设定车速就不能恢复,因为存储器中的车速设定已被清除。

6. 车速下限控制功能

车速下限是巡航控制所能设定的最低车速(约 40km/h)。巡航控制不能低于这个速度。当车辆以巡航控制模式巡航时,如车速降至这个速度以下,巡航控制就会自动取消,存储在存储器内的车速设定被清除。

7. 车速上限控制功能

车速上限是巡航控制所能设定的最高车速(约200km/h)。巡航控制不能高于这个速度,操作ACCEL(加速)开关,也不能使车速超过这个速度。

注:这个控制仅在能以200km/h行驶的车辆上才有。

8. 手动取消功能

当车辆以巡航控制模式行驶时,下列任何一个信号被传送至巡航控制ECU时,巡航控制就会取消。

(1) 真空驱动执行器

执行器内的释放阀和控制阀同时关断,就会取消巡航控制模式(大气压进入)。

(2) 电动机驱动执行器

关断执行器内的电磁离合器,巡航控制模式即取消。

①制动灯开关"ON"(接通)信号(制动踏板踩下)。
②驻车制动器开关"ON"信号(使用了驻车制动器)。
③离合器开关"ON"信号(仅限MT变速器,离合器踏板踩下)。
④空挡起动开关"N"挡位信号(仅限AT变速器,换挡杆移至"N"挡位)。
⑤CANCEL(取消)开关"ON"信号(控制开关拉起)。

9. 自动取消功能

(1) 用于Cressida(真空驱动执行器)。当车辆以巡航控制模式行驶时,如发生以下任何一种情况,存储在存储器内的车速就会清除,巡航控制取消。

①车速降至车速下限(约40km/h)以下。
②车速降至设定车速以下,相差超过约16km/h(上坡行驶时)。
③供应巡航控制系统的电力暂时中断超过5ms。
④制动灯开关线束断路或制动灯灯泡烧毁。
⑤2号车速传感器信号不正常(仅限ECT)。
⑥流过执行器驱动晶体管的电流过大。
⑦执行器控制阀或释放阀电路断路。
⑧预定时间内(约140ms),无车速传感器信号输入到巡航控制ECU中。
⑨当接通主开关时,RESUME(恢复)开关已经接通。
⑩控制开关短路或不正常。
⑪微电脑(在巡航控制ECU内)的执行器输出信号不正常。
⑫来自控制开关的输入信号不正常。

如果发生这些故障,巡航控制ECU就切断执行器的电源。巡航控制系统的构造使其要在点火开关通断一次后,主开关才会重新接通。

除上述①、②、⑧、⑨、⑩、⑪和⑫这些情况外,在发生以下任何一种情况时,电机驱动执行器的自动取消功能也会工作。

①流至电动机或电磁离合器驱动电路的电流过大,电动机不断试图打开节气门。
②电磁离合器断路。
③SET(设定)开关和RESUME(恢复)开关同时接通。

④尽管电动机驱动信号输出,电动机不工作。

⑤电位计信号不传送至ECU。

(2)用于Cressida(真空驱动执行器)当车辆以巡航控制模式行驶时,如发生制动灯开关端子3与巡航控制ECU端子3/12之间断路的情况时,巡航控制取消,但设置在存储器内的车速并不清除。只要车速超过车速下限(约40km/h),操纵SET(设定)或RESUME(恢复)开关,即可恢复设定车速。

10. 自动变速器的控制功能

(1)在车辆以超速挡上坡巡航等情况下,车速降至超速挡切断速度(比设定车速约减小4km/h)时,ECU即取消超速挡,增加转矩,阻止车速进一步降低。当车速升至超速挡恢复速度(比设定车速增大2km/h)以上时,约6s后ECU即恢复超速挡。

(2)当车辆以巡航控制模式行驶时,巡航控制ECU将信号传送至发动机和变速器的ECU。在收到这一信号时,发动机和变速器的ECU即转换为正常换挡模式,并在节气门位置传感器的IDL(急速开关)触点接通时(如下坡行驶等),禁止变矩器锁止。这就保证了平稳的巡航控制行驶。

11. 控制阀和释放阀的控制功能(仅限于真空驱动型执行器)

车速升至设定车速以上(超过15km/h)时,执行器内的释放阀电磁线圈关断,大气常压状态下的空气进入,使车辆减速。当车速减至仍在设定车速以上,但相差不足10km/h时,释放阀电磁线圈接通(切断大气常压状态下的空气),巡航控制恢复工作。

12. 真空泵控制功能(仅限于真空驱动型执行器)

(1)当CANCEL或COAST任一功能工作时,真空泵就不工作。

(2)当ACCEL功能工作时,真空泵即工作。

(3)除上述两种情况外,如有以下情况,真空泵就会接通或关断。

①真空泵接通

A. 当真空开关接通时。

B. 当实际车速为设定车速,或降至设定车速以下(相差超过3km/h)时。

②真空泵关断

A. 在上述①和②的接通条件未得到满足,已过去约14s时。

B. 当实际车速升至设定车速以上(相差超过3km/h)时。

13. 电磁离合器的控制功能(电动机驱动型执行器)

如车速增至设定车速以上(相差超过15km/h,如在下坡行驶时),ECU即将电磁离合器分离,使车辆减速。当车速降至超过设定车速(不足10km/h)时,电磁离合器再次接合,恢复巡航车速。

14. 迅速降速(Tab-down)控制功能(仅限于LS400)

当实际车速与设定车速相差不足5km/h时,每次迅速(在0.6s以内)操纵SET/COAST开关,可将设定车速降低1.6km/h。

15. 迅速升速(Tap-up)控制功能

当实际车速与设定车速相差不足5km/h时,每次迅速(在0.6s以内)操纵RES/ACC开关,可将设定车速增加1.6km/h。

16. 诊断功能

(1)警告显示。如 CCS 发生故障,即通知驾驶员。

(2)诊断代码显示。告诉维修人员故障的性质。

(3)输入信号检查功能。使维修人员能检查输入信号从传感器和开关传送入 ECU 的情况。

(4)取消信号检查功能:告诉维修人员最后哪个输入信号取消了巡航控制。

二、巡航控制系统各部件的功能

1. 主开关

如图 6-43 所示,主开关是巡航控制系统的主电源开关,它是一个按键开关,每次将其推入"MAIN▼",该系统的电源就会接通或关断。

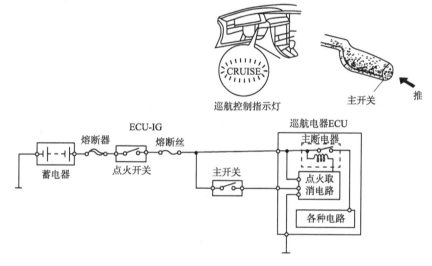

图 6-43 巡航控制系统主开关及电路图

主开关接通时,如将点火开关关断,主开关也关断。即使点火开关再次接通,主开关仍保持关断。

在图 6-43 所示的电路中,主继电器是安装在 ECU 内的。另外也有些电路,其主继电器是安装在主开关内,或者是单独安装的,如图 6-44 所示。

2. 控制开关

如图 6-45 所示,控制开关在一茎状操纵杆上。当车辆以巡航控制模式行驶时,这个操纵杆可控制 5 个不同的功能(设定、滑行、恢复、加速和取消)。SET(设定)和 COAST(滑行)模式共用一个开关,RESUME(恢复)和 ACCEL(加速)模式共用另一个开关。仅当沿箭头 A、B 和 C 方向操作开关时,这个开关才接通;而松开时则关断,这是一个自动回位型开关。

除了如图 6-45 所示的控制开关电路外,还有如图 6-46 所示的这两种类型的电路:

3. 车速传感器

车速传感器的功能是使巡航控制 ECU 得知当时的车速。车速传感器的主要类型有片簧开关型、光电耦合器型(发光二极管和光电晶体管组合而成)和 MRE(磁阻元件)型。这个传感器安装在速度里程表内或变速器内。如图 6-47 所示,当车速增加时,里程表软轴转动也加快,使片簧开关(或晶体管)通断频率升高,从而提高车速信号的频率;车速下降时,这个开关(或晶体管)通断频率降低,从而降低车速信号频率。

4. 取消开关

如图 6-48 所示,取消开关包括控制开关(在取消开关是分开的车型上,还包括取消开关)、制动灯开关、驻车制动器开关、离合器开关和空挡起动开关。当这些开关中的任一个接通,巡航控制就自动取消。在 CCS 取消瞬间的车速不低于 40km/h,这个车速就寄存在巡航控制 ECU 中。所以,当接通 RESUME(恢复)开关时,最后寄存的车速就会自动恢复。

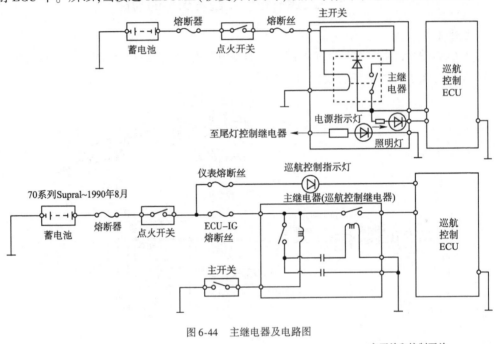

图 6-44 主继电器及电路图

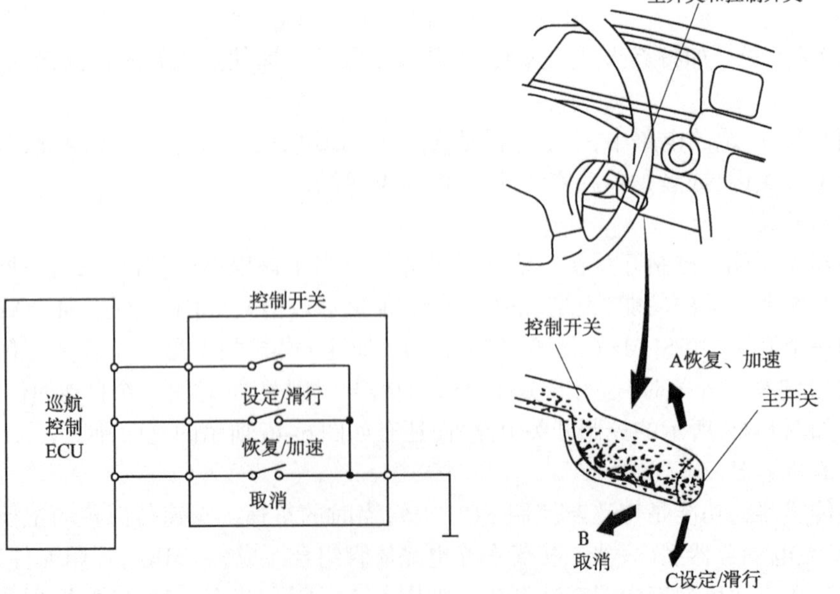

图 6-45 巡航控制系统的控制开关及电路(80 系列 Cressida)

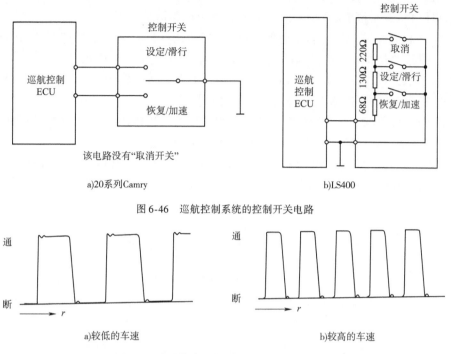

图 6-46 巡航控制系统的控制开关电路

a) 20系列Camry b) LS400

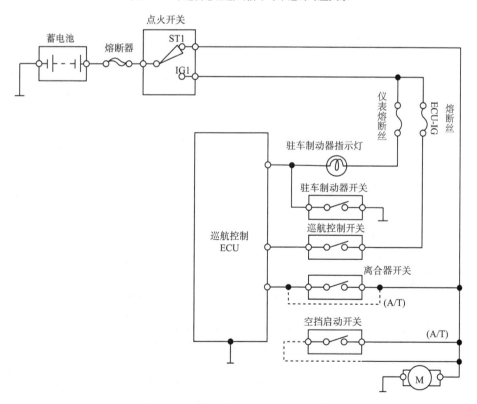

图 6-47 车速传感器输出信号与车速的对应关系

a) 较低的车速 b) 较高的车速

图 6-48 取消开关电路(80系列 Cressida)

（1）驻车制动器开关。当拉起驻车制动器操纵杆时，驻车制动器开关就接通，将取消信号（搭铁电压）传送至巡航控制 ECU。同时，驻车制动器指示灯亮。

（2）空挡起动开关（AT 自动变速器车型）。当换挡杆设置在自动变速器的"P"或"N"挡位时，空挡起动开关即接通，将取消信号（搭铁电压）传送至巡航控制 ECU。

（3）离合器开关（MT 手动变速器车型）。当踩下手动变速器的离合器踏板时，离合器开关即接通，将取消信号（搭铁电压）传送至巡航控制 ECU。

在手动变速器车辆上，使用离合器换挡是很重要的。当车辆在 CCS 控制下行驶时，如果没有踩下离合器踏板就将变速器换至空挡，发动机可能会超速运转。

（4）制动灯开关：如图 6-49 所示，制动灯开关实际上由 A 和 B 两个开关组成。当踩下制动踏板时，两个开关同时工作。

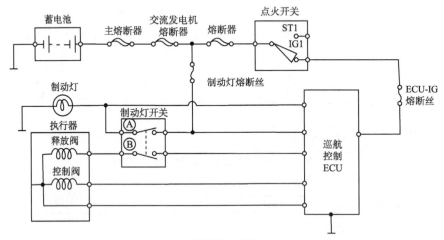

a）真空驱动型执行器（80系列Cressida）

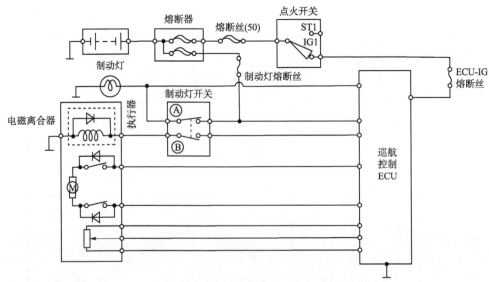

b）电动机驱动型执行器（80系列"陆地巡航舰"）

图 6-49　巡航控制系统制动灯开关电路图

①开关 A 闭合,电流流过制动灯开关,使制动灯亮。同时,蓄电池电压经过这个开关施加在巡航控制 ECU 上,使其知道已经使用制动器。所以,巡航控制 ECU 取消巡航控制系统的工作。

②开关 B 断开,阻止来自巡航控制 ECU 的信号(在真空驱动执行器的情况是释放阀信号;在电动机驱动执行器的情况是电磁离合器信号)达到执行器。这就关断了执行器。

5. 巡航控制 ECU(用于 Cressida)

巡航控制 ECU 接收到来自车速传感器和各种开关的信号后,按照预先存储的程序进行处理。根据这些信号,巡航控制 ECU 将控制信号传送至真空泵、执行器、ECT ECU(电控自动变速器的电子控制单元)和超速挡继电器。巡航控制 ECU 还有一个特殊电路,使维修人员能利用主开关上的电源指示灯,进行巡航控制系统的诊断以及检查输入和输出信号的工作。

6. 执行器

执行器在巡航控制系统中起重要的作用,它们按照来自 ECU 的指令调节节气门开度。目前,使用的执行器有两种类型:一种是真空驱动型,另一种是电动机驱动型。前者利用负压操纵节气门,后者由电动机操纵节气门。

(1) 真空驱动型执行器

如图 6-50 所示,真空驱动型执行器有两种方法施加负压:一种方法是仅从发动机进气歧管施加负压;另一种方法是,在进气歧管负压太高,用真空泵提高负压。

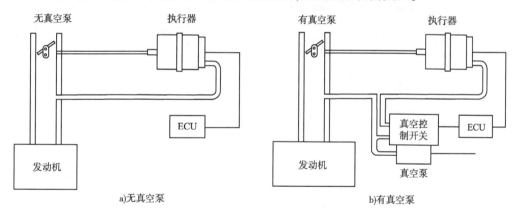

图 6-50 真空驱动型执行器

①执行器的构造

真空驱动型执行器的结构如图 6-51 所示,由控制阀、释放阀、两个电磁线圈、膜片、回位弹簧和空气滤清器组成:

②控制阀和释放阀的工作

A. 控制阀

a. 当有电流供应时,执行器的控制阀用于将大气常压状态下的空气或真空吸入执行器。如图 6-52 所示,当电流供应至控制阀的电磁线圈时,大气常压状态下空气的通道关闭,进气歧管真空的通道则打开,于是在执行器内产生一负压;由于吸力大于回位弹簧弹力,膜片向内移动。这就使节气门(经拉索与膜片相连)打开,从而增加发动机输出功率,也就使车速提高。

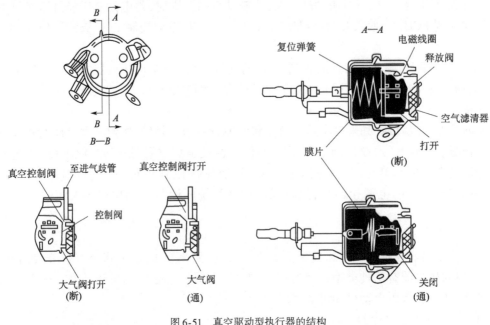

图 6-51 真空驱动型执行器的结构

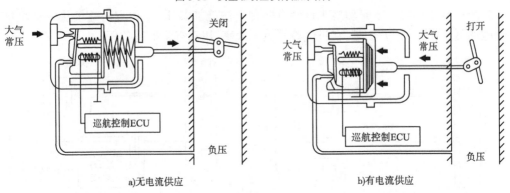

a)无电流供应　　　　　　b)有电流供应

图 6-52 控制阀的工作过程

b. 当无电流供应给控制阀时,在大气常压状态下的空气充满执行器,回位弹簧将膜片推回。节气门因此关闭,使发动机输出功率降低,使车速相应降低。

c. 负载控制:ECU 以 20Hz 的频率,将一间断性电流(负载信号)输送至控制阀,改变这一电流通断的相对间隔(称为负载率),使执行器内的真空强度随车速而增减。

如图 6-53 所示,当电流流通时间较长(负载率高)时,真空控制阀也就打开较长时间,使得执行器内的负压增大,结果:节气门打开,车速也就提高。当电流断开时间较长(负载率低)时,大气阀打开时间也就较长,使得执行器内的负压减小,结果:节气门关闭,车速也就降低。

B. 释放阀

释放阀用于当巡航控制系统的工作取消时,使大气常压状态下的空气流入执行器,以便在较短时间内关闭节气门。

如图 6-54 所示,当电流供应至释放阀的电磁线圈时,大气常压状态下的空气通道关闭。

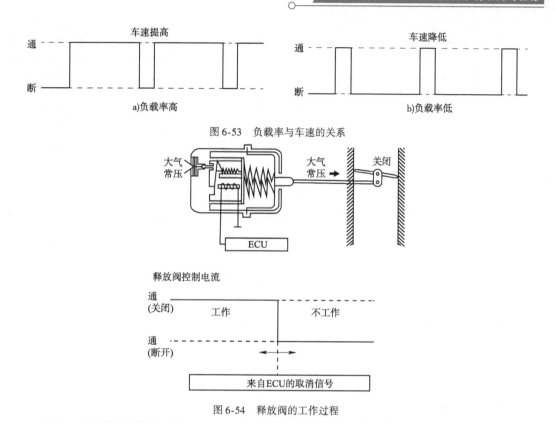

图 6-53 负载率与车速的关系

图 6-54 释放阀的工作过程

所以,当使用巡航控制系统时,电流供应至释放阀,当巡航控制系统的工作取消时,供应至释放阀电磁线圈的电流同时停止。于是,大气常压状态下的空气进入执行器,结果使回位弹簧将膜片推回,节气门关闭。此时,供应至控制阀的电流也停止,使空气通过该阀进入执行器。

如果控制阀安装在真空(负压)引入位置,在有故障时,释放阀的作用如同一安全阀。控制阀将来自释放阀的大气常压引入,使节气门关闭,从而减小车速。释放阀就是这样保证较大行驶安全性的。

综上所述,不论是车速保持不变、提高或降低,执行器中控制阀和释放阀都在工作,以控制车速。在车辆的各种行驶情况下,这两个阀的工作及相互关系见表 6-26。图 6-55 表明了表 6-26 中的①、②、③和④的行驶情况;图 6-56 表明了表 6-26 中的⑤、⑥和⑦的行驶情况;图 6-57 表明了表 6-26 中的⑧、⑨、⑩和⑪的行驶情况。

在各种行驶情况下控制阀和释放阀的工作 表 6-26

行驶情况	主开关	执行器		
		控制阀		释放阀
		电流		电流
		真空控制阀	大气阀	大气阀
①CCS 关断	断	断		断
		关闭	打开	打开
②车速未设定		断		断
		关闭	打开	打开

续上表

行驶情况	主开关	执行器		释放阀
		控制阀		
		电流		电流
		真空控制阀	大气阀	大气阀
③车速设定	通	最大(90%)负载控制		通
		开↔闭 90% 10%	开↔闭 10% 90%	关闭
④在CCS控制下以匀速行驶	通	负载控制		通
		开↔闭	开↔闭	关闭
⑤用控制开关加速	通	负载控制		通
		开↔闭	开↔闭	关闭
⑥用控制开关减速	通	断		断
		关闭	打开	打开
⑦用加速踏板暂时加速	通	关闭	打开	打开
⑧车速在设定车速以上	通	负载控制		通
		开↔闭	开↔闭	关闭
⑨车速在设定车速以下	通	负载控制		通
		开↔闭	开↔闭	关闭
⑩取消	通	断		断
		关闭	打开	打开
⑪用控制开关恢复车速	通	负载控制		通
		开↔闭	开↔闭	关闭

如图6-58所示,真空泵由电动机、连杆、3个单向阀和膜片组成:当进气室负压不足时(例如,当车辆上坡行驶或加速踏板完全被踩下时),真空泵向执行器供应额外的负压。

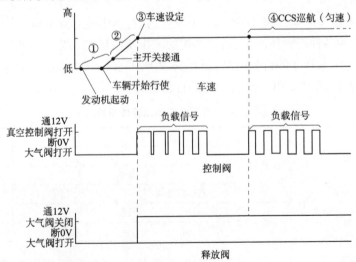

图6-55 ①、②、③和④行驶情况下控制阀和释放阀的工作

项目六 汽车巡航控制系统结构与检修

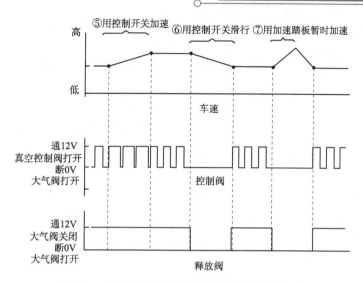

图 6-56 ⑤、⑥和⑦行驶状况下控制阀和释放阀的工作

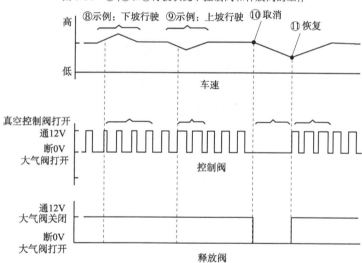

图 6-57 ⑧、⑨、⑩和⑪行驶状况下控制阀和释放阀的工作行驶

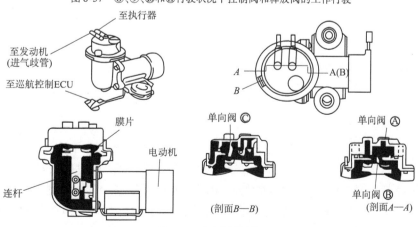

图 6-58 真空泵的结构

· 229 ·

真空泵的工作原理如图6-59所示,由于进气室负压的作用,单向阀Ⓐ通常保持打开,向执行器提供负压。当进气室的负压低时,巡航控制ECU发出信号,将真空泵接通。结果,负压通过单向阀B提供给执行器。

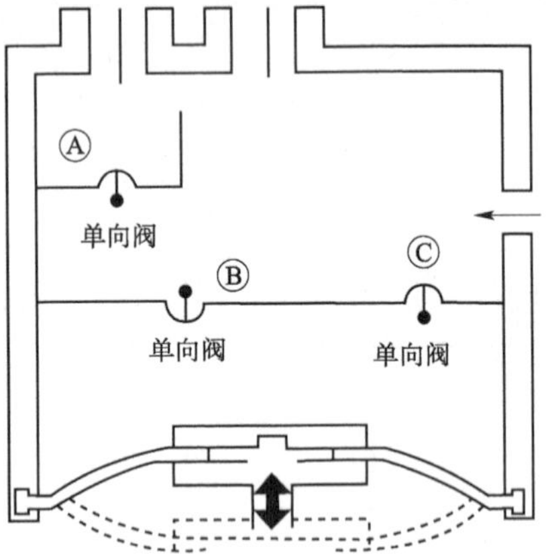

③真空控制开关

如图6-60所示,真空控制开关检测进气室的负压。当负压降至22.7kPa或更低时,真空控制开关接通,将信号传送至巡航控制ECU,用于控制真空泵工作。如图6-61所示为真空控制开关的电路。

(2)电动机驱动型执行器

电动机驱动型执行器的结构如图6-62所示,它由电动机、电磁离合器和电位计组成。这个执行器不能解体修理,若有故障或损坏,必须更换总成。

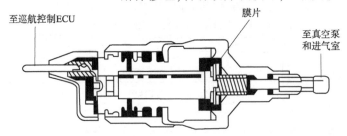

图6-59 真空泵的工作原理

图6-60 真空控制开关

①电动机和限位开关

如图6-63所示,电动机根据来自巡航控制ECU的信号,顺时针或逆时针方向转动,从而改变节气门的开度。

节气门已完全打开或关闭后,如电动机继续转动就会损坏。为了防止这种情况发生,在电动机上安装了两个限位开关。在节气门完全打开或关闭的这段时间内,这些开关的触点闭合。当节气门收到来自巡航控制ECU的加速信号后,将节气门完全打开时,1号限位开关断路,将电动机关闭;当节气门完全关闭(减速)时,2号限位开关断路,将电动机关闭。

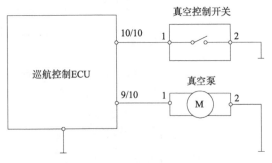

图6-61 真空控制开关的电路

②电磁离合器

如图6-64所示,电磁离合器使电动机与节气门拉索接合和分离。不论什么时候,只要巡航控制系统在工作,来自巡航控制ECU的信号就使之接合,电动机就通过拉索转动节气门。

在巡航控制系统工作时,如果驾驶员起动任一个取消开关。巡航控制ECU收到这个信号后立即做出反应,将电磁离合器分离,阻止电动机转动节气门,于是节气门回至怠速位置,取消巡航控制系统的工作。其工作电路如图6-65所示。

项目六 汽车巡航控制系统结构与检修

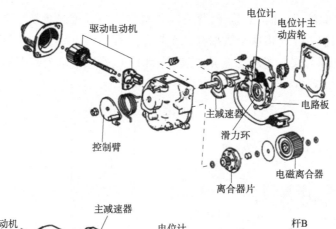

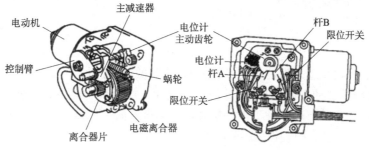

图 6-62 电动机驱动型执行器的结构

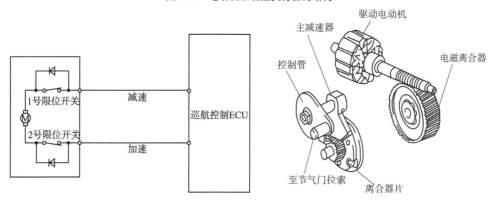

图 6-63 电动机和限位开关电路图　　图 6-64 电磁离合器

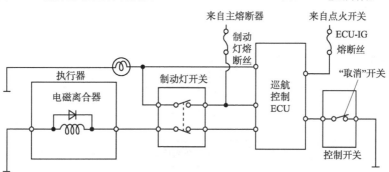

图 6-65 电磁离合器的工作电路图

③电位计

当巡航控制系统设定时,电位计(图6-66)将节气门开度转换为电信号,并传送至巡航控制ECU,巡航控制ECU将这个数据存储在其存储器中。如图6-67所示为电位计的电路。如果以后设定车速与实际车速有差异,巡航控制ECU就根据这个数据确定应将节气门开度改变多少,使其与设定车速相匹配。

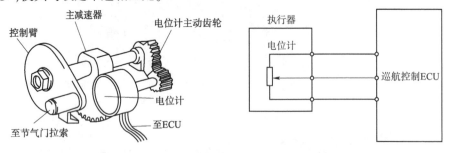

图6-66 电位计　　　　　图6-67 电位计的电路

综上所述,不论车速是保持不变,还是提高或降低,执行器中的电动机都在工作,以控制车速。改变电动机转动方向,即可进行加速和减速。电磁离合器则适当控制电动机传送至控制臂的动力:在各种行驶条件下电动机和电磁离合器的工作情况见表6-27。图6-68是在表6-27中的①、②、③、④行驶情况下电动机和电磁离合器的工作情况;图6-69是在表6-27中的⑤、⑥、⑦行驶情况下电动机和电磁离合器的工作情况;图6-70是在表6-27中的⑧、⑨、⑩、⑪行驶情况下电动机和电磁离合器的工作情况。

在各种行驶条件下电动机和电磁离合器的工作情况　　　表6-27

行驶情况	主开关	执行器			
		电动机		电磁离合器	
		电流		电流	
		加速	减速	分离	接合
①巡航控制系统关断		断		断	
			分离		
②车速未设定	通	断		断	
		—		分离	
③车速设定	通	负载控制		通	
		加速	—	接合	
④在巡航控制系统控制下	通	断		通	
		—		接合	
⑤用控制开关加速	通	负载控制		通	
		加速	—	接合	

续上表

①行驶情况	主开关	执 行 器			
		电动机		电磁离合器	
		电流		电流	
		加速	减速	分离	接合
⑥用控制开关降速	通	负载控制		通	
		—	减速		接合
⑦用加速踏板暂时加速	通	断		断	
		—	—		接合
⑧车速在设定车速以上	通	负载控制		通	
		—	减速		接合
⑨车速在设定车速以下	通	负载控制		通	
		加速	—		接合
⑩取消	通	负载控制		断	
		—	减速	分离	
⑪用控制开关恢复车速	通	负载控制		通	
		加速	—		接合

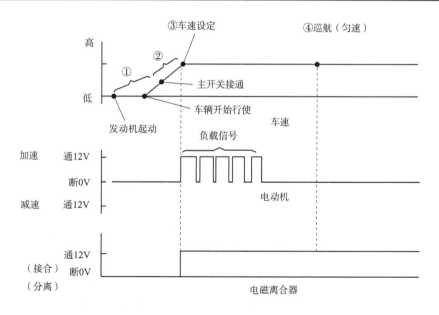

图 6-68　①、②、③和④行驶情况下电动机和电磁离合器的工作

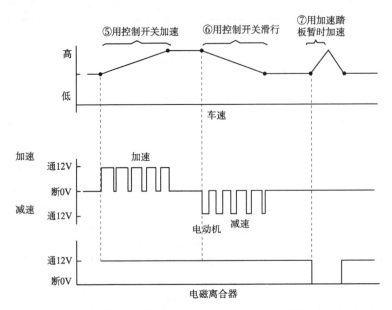

图 6-69　⑤、⑥和⑦行驶情况下电动机和电磁离合器的工作

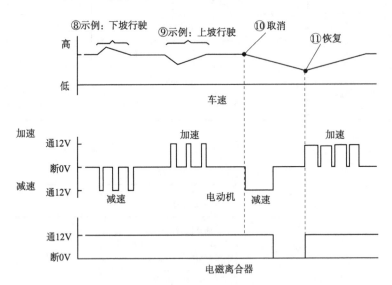

图 6-70　⑧、⑨、⑩和⑪行驶情况下电动机和电磁离合器的工作

项目七 安全气囊系统结构与检修

学习目标

项　　目	职　业　技　能	技　术　知　识
任务一	熟识典型的安全气囊的结构、工作原理及其元件名称	熟练掌握安全气囊的基本组成、工作原理
任务二	安全气囊系统检修	熟练掌握安全气囊故障码的读取、清除和检修

任务一　认识典型的安全气囊的结构、工作原理及其元件名称

姓名_____　　班级_____　　学号_____　　成绩_____

客户任务	一辆本田车事故后,安全气囊引爆,更换整套安全气囊后,气囊故障灯一直亮,请对此故障进行诊断分析并予以排除
任务目的	制订工作计划,认识典型的安全气囊的结构、工作原理及其元件名称

一、资讯

1. 安全气囊的功用是:
_____
_____

2. 安全气囊的基本类型:
_____
_____

3. 安全气囊的组件有:
_____
_____

4. 气体发生器作用是什么?
_____
_____

5. 安全气囊的组件有？各有什么作用?
_____
_____

6. 点火器作用是什么?
_____
_____

· 235 ·

续上表

二、决策与计划

根据任务要求,确定需要的检测仪器、工具,并对小组人员合理分工,制订详细的诊断和修复计划。

1.需要检测仪器工具。

2.小组成员分工。

3.认识小结。

三、实施

1.安全气囊系统的构成。

(1)碰撞传感器。

(2)电控单元。

(3)点火器。

(4)气体发生器。

(5)螺旋电缆。

(6)SRS指示灯。

(7)线束和连接器。

(8)汽车仪表板上的各种显示仪表、指示灯。

2.安全气囊系统电路图认识和描述。

四、评估

1.根据自己完成任务情况,对自己工作进行自我评估,并提出改进意见。

2.教师对小组工作情况进行评估与点评。

一、安全气囊系统概况

1.安全气囊的作用

汽车安全气囊系统(Supplemental Restraint System,SRS)是汽车上的一种辅助保护系统,与座椅安全带配合使用,可以为乘员提供十分有效的防撞保护。

当汽车时速超过30km/h发生前碰撞事故时,控制系统检测到冲击力超过设定值时,安全气囊立即接通充气元件中的电雷管引爆火药粉和气体发生剂,产生大量气体,气囊就会迅速充气膨胀,冲破缓冲垫(装饰板),在30ms内迅速在乘员与车辆之间形成一道柔软的弹性屏障,使乘员免受伤害,见图7-1。当撞击发生后,气囊随即自动放气,它不会妨碍车内人员出逃,也不影响他们的视线。

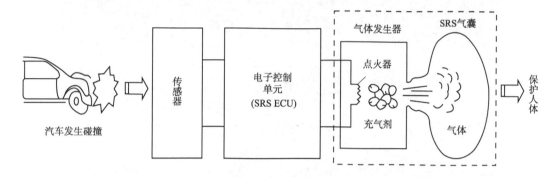

图7-1 安全气囊工作过程

汽车安全性分为:主动安全和被动安全。

(1)主动安全性

主动安全性又称"积极安全性",所谓主动可理解为防患于未然。重点是将车轮悬架、制动和转向的性能达到最好的程度,尽量提高汽车行驶的稳定性和舒服性,减少行车时所产生的偏差。

(2)被动安全性

被动安全性又称"消极安全性",顾名思义就是一旦事故发生时,汽车保护内部乘员及外部人员的安全程度。

安全气囊(图7-2)属于汽车被动安全系统。安全气囊作为三点式安全带的补充,是辅助保护设备。

碰撞试验,见图7-3。

2. 安全气囊系统分类

(1)按碰撞类型

正面防护安全气囊、侧面防护安全气囊和顶部碰撞防护安全气囊。

(2)按气囊数目

单气囊系统、双气囊系统等。

总的来说,安全气囊系统有下列几种形式:安装在转向盘内的驾驶员安全气囊;安装在仪表板内的副驾驶席安全气囊;安装在车门上的侧面安全气囊;安装在前排椅背上的后排座椅安全气囊,如图7-4所示。它们分别用来在汽车碰撞时保护驾驶员、副驾驶员及乘客。

图7-2 安全气囊

3. 安全气囊的基本类型

(1)机械控制式SRS

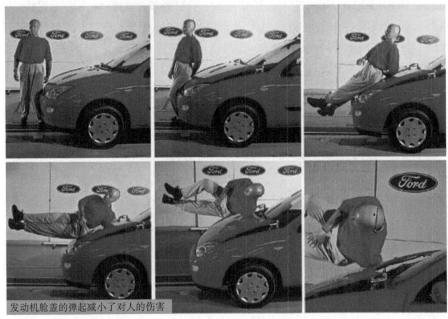

发动机舱盖的弹起减小了对人的伤害

图 7-3　碰撞试验

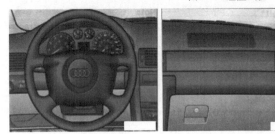

图 7-4　安全气囊分类

采用机械方式检测和引爆气囊,目前已很少使用。

（2）电子控制式 SRS

采用碰撞传感器和电控单元检测和控制安全气囊的引爆,目前最广泛采用。

（3）智能型安全气囊系统

将安全气囊系统与安全带相结合,根据座椅上是否有乘员和是否系好安全带,控制安全气囊系统的引爆时机和安全带收紧器。

（4）非智能型安全气囊系统

安全气囊系统和安全带的保护作用互相独立。

（5）单/双安全气囊系统

单安全气囊系统,只在驾驶员转向盘上安装一个安全气囊。

双安全气囊系统,在驾驶员转向盘上和前乘员前仪表台上各安装一个安全气囊。

（6）现在很多是"多安全气囊"

正面/侧面碰撞 SRS。

按照系统的安全保护作用分类。

正面 SRS，在车辆发生正面碰撞时起安全保护作用。
侧面 SRS，在车辆发生侧面碰撞时起安全保护作用。
侧面 SRS 是在正面的基础上发展而来的。

今天的技术能更好地适应碰撞过程以及乘员在碰撞中身体的移动，更好地识别乘客类型，采取不同的保护措施。新系统采用重量、红外、超声波等传感器来判断乘客与仪表板的距离以及重量、身高等因素，进而在碰撞时判断是否点爆气囊、采用一级点火还是二级点火、点爆力有多大，并与安全带形成总体控制。通过传感器，气囊系统还可以判断出汽车的碰撞形式，是正面碰撞还是角度碰撞，侧面碰撞还是整车的翻滚运动，以便驱动车身不同位置的气囊，形成对乘客的最佳保护。

4. 汽车对安全气囊的要求

（1）可靠性高

安全气囊的使用年限为 7～15 年。

（2）安全可靠

能正确区分制动减速度和碰撞减速度的区别。

（3）灵敏度高

当汽车发生碰撞时，在二次碰撞前打开。

（4）有防误爆功能

减速度过低、轻微碰撞不能引爆。

（5）有自动诊断功能

电控安全气囊要有备用电源。

同时，网络技术应用也是安全气囊系统的发展方向。在汽车网络中，有一种应用面比较窄，但是非常重要的网络即 Safe-By-Wire。Safe-By-Wire 是专门用于汽车 SRS 的总线，通过综合运用多个传感器和控制器来实现 SRS 的细微控制。Safe-By-Wire Plus 总线标准是由如飞利浦、德尔福等汽车电子供应商和部件供应商提出。与整车系统常用的 CAN、FlexRay 等总线相比，Safe-By-Wire 的优势是有专门面向 SRS 的汽车 LAN 接口标准。保证了系统在汽车出事故时也不受破坏，Safe-By-Wire 中嵌入有多重保护功能。比如，即使线路发生短路，安全气囊系统也不会因出错而起动。

5. 安全气囊动作过程

安全气囊的工作原理。

当汽车时速超过 30km/h 发生前碰撞事故时，装在汽车前端的碰撞传感器和装在汽车中部的安全传感器可检测到车速突然减速，由碰撞传感器将撞击信息传给电子控制单元电脑 ECU，也称微处理器 CPU，经微处理器判断撞击的严重程度，并在几毫秒内决定是否起动气囊。若需要则发出点火信号，使气体发生器在极短的时间内向气囊充气（气体的数量是经过严格设计计算的），当人体脸部一接触气囊，气囊的泄气孔就逐渐泄气，从而起到对驾驶员和乘客的缓冲保护作用。由于从传感器接收信号到气囊张开仅需 50ms，而驾驶员撞向转向盘的时间约为 60ms，故在发生碰撞时，能有效地保护驾驶员，避免了驾驶员直接撞转向盘的危险。

安全气囊从触发，到充气膨胀，再到驾驶员头部陷入气囊，直至气囊被压扁的全过程，不超过 110ms，见图 7-5～图 7-7。

碰撞后经历的时间	SRS的动作状态
0ms	遭受碰撞
10ms	点火引爆开始充气

图7-5 安全气囊触发

碰撞后经历的时间	SRS的动作状态
40ms	气囊充满人体前移
60ms	排气节流吸收动能

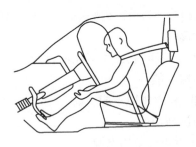

图7-6 安全气囊工作

碰撞后经历的时间	SRS的动作状态
110ms	人体复位恢复视野
120ms	危害解除车速为零

图7-7 碰撞结束后

安全气囊按其被引爆的有效范围分为正向和侧向。正向引爆的安全气囊是在有效范围上30°角或斜前方发生撞车,而且纵向加速度(负值)达到某一值时,气囊才被引爆,而横向加速度(包括从侧面发生的撞车和从纵轴的侧翻)不能引爆,侧向气囊可用于防侧向冲撞。正向引爆的安全气囊有效范围,见图7-8。

虽然安全气囊主要作用是到保护车人员或者财产安全。有些情况安全气囊是存在开启的盲区的,见图7-9。

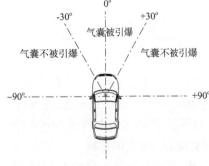

图7-8 正向引爆的安全气囊有效范围

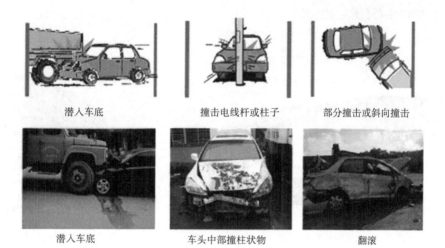

图 7-9 前门气囊可能不打开

二、安全气囊系统的组成

安全气囊系统的组成：传感器、气囊组件及 ECU 等，见图 7-10、图 7-11。

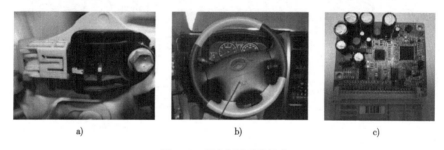

图 7-10 安全气囊系统组成

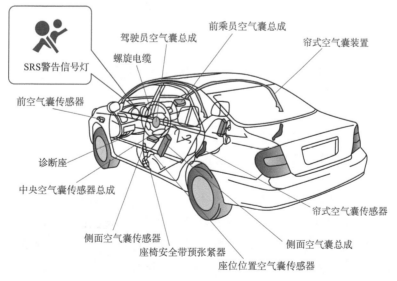

图 7-11 汽车安全气囊结构

(1)碰撞传感器(图7-12、图7-13)

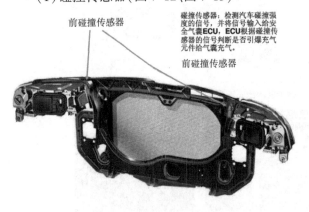

碰撞传感器:检测汽车碰撞强度的信号,并将信号输入给安全气囊ECU,ECU根据碰撞传感器的信号判断是否引爆充气元件给气囊充气。

图7-12 前碰撞传感器位置　　　　　图7-13 侧碰撞传感器位置

采用滚柱式碰撞传感器(图7-14)。左、右两个传感器用螺栓固定在车身前挡泥板内。

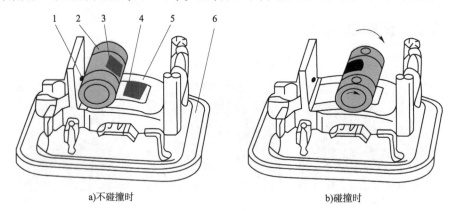

a)不碰撞时　　　　　　　　　　b)碰撞时

图7-14 滚柱式碰撞传感器
1-止动销;2-滚轴;3-滚动触点;4-固定触点;5-片簧;6-底座

该传感器未碰撞时,片状弹簧将滚柱抵靠在止动板上,滚动触点与固定触点断开,见图7-14a)。

碰撞强度超过限度时,滚柱惯性力克服片状弹簧力,向前滚动,动/静触点闭合,向电控单元输出碰撞信号。碰撞传感器不能解体和维修,并应按规定方向安装,见图7-14b)。

按用途的不同,碰撞传感器分为触发碰撞传感器和防护碰撞传感器。触发碰撞传感器用于检测碰撞时的减速度,将碰撞信号传给气囊电脑,作为触发信号,如滚柱式碰撞传感器。防护碰撞传感器与触发碰撞传感器串联,防止气囊误爆。如电控单元内部的传感器。

(2)电控单元

此SRS电控单元具有引爆控制、故障自诊断和备用电源等功能,一般安装在驾驶室内并与车身刚性连接,见图7-15。电控单元内部触发传感器具有检测碰撞强度的功能,有规定的安装方向。电控单元内部有备用电源,见图7-16。在碰撞过程中因蓄电池断电后,备用电源短时间供给系统电源。点火开关接通后,电控单元始终监视系统各部件的工作情况,当出现故障时,控制SRS指示灯点亮,并将故障内容存储。

备用电源电路由电源控制电路和若干个电容器组成,见图7-17。当汽车电源与SRS电脑之间的电路切断以后,在短时间内,维持安全气囊系统供电,保持安全气囊的正常功能。当汽车遭受碰撞而导致蓄电池和发电机与SRS电脑之间的电路切断时,电脑备用电源能给电脑供电,保持电脑测出碰撞,发出点火指令等正常功能。

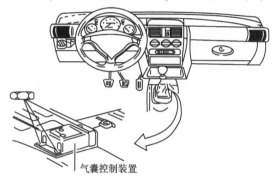 

图7-15 电控单元位置

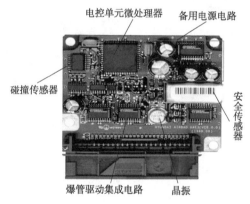 

图7-16 电控单元构造　　　　图7-17 备用电源

(3)气囊组件

气囊组件主要由充气元件和气囊组成,见图7-18。充气元件包括引爆管、火药、充气剂和隔板。碰撞时,电控单元使引爆管引爆,引燃火药。充气剂在高温高压下分解大量的氮气,经隔板降温、降压和导流后进入气囊,气囊充气后冲破转向盘盖张开。前乘员安全气囊组件位于仪表板右侧杂物箱的上方,结构和工作原理同上。

a)　　　　　　　　b)　　　　　　　　c)

图7-18 气囊组件

为了避免前乘员气囊不必要张开造成浪费(如座上没人),可以通过开关将其关闭。

气囊采用尼龙制成,内层涂有聚氯丁二烯,用于密封气体。气囊静止时被折叠成包,安放在气体发生器上部和气囊饰盖之间,气囊饰盖表面模压有浅印,以便气囊充气爆开时撕裂饰盖,并减少冲出饰盖的阻力。气囊背面或顶部设置有排气孔,当驾驶员压在气囊上时,气囊受压后便从排气孔排气。

(4) 点火器

点火器外包铝箱,安装在气体发生器内部中央位置,见图7-19。其功能是在前SRS电脑发出点火指令时,引爆点火剂,产生热量使充气剂分解。它的所有部件均装在药桶内。点火剂量包括引爆炸药和引药。

(5) 气体发生器

气体发生器的功用是在点火器引爆点火剂时,产生气体向SRS气囊充气,使气囊胀开,见图7-20。

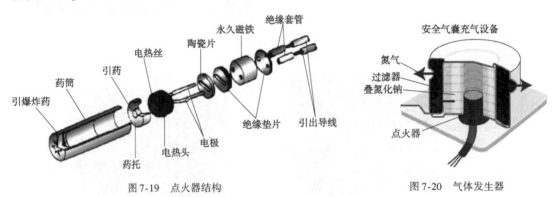

图7-19 点火器结构　　　　　图7-20 气体发生器

气体发生器用专用螺旋和螺母固定在气囊支架上,由点火器、点火剂、金属过滤器和氮气发生剂等组成。

(6) 螺旋电缆

螺旋电缆动态连接驾驶员气囊引爆管与电控单元控制端,见图7-21。螺旋电缆由转子、电缆、凸轮和壳体组成。转子与凸轮之间有连接凸缘和槽,转动转向盘时,两者互相触动,形成一个整体一起旋转。电缆线呈螺旋状缠绕在壳体内,当转动转向盘时,转子和电缆线保持接触而不会拖动导线。

(7) SRS指示灯

安全气囊有故障自诊断功能。将点火开关"ON"后,指示灯亮6~8s后熄灭,说明安全气囊正常。若指示灯不亮、闪烁或常亮则说明有故障。检修时,首先读取故障码。

(8) 线束和连接器

安全气囊系统的线束采用了特殊的包扎和黄色色标,以便于检查和安全警示。各电路插接器带锁止装置,以保证电路连接可靠。也有深蓝色或橘红色插接器(图7-22)。

插接器采用导电性和耐久性好的镀金端子,并有防误爆装置:从ECU到点火器之间的连接器采用防误爆的短路弹簧片。当连接器拔开时,短路片自动将靠近气囊点火器一侧插头或插座的2个引线端子短接,防止静电或误通电造成气囊误爆。

图 7-21　螺旋电缆

图 7-22　线束连接器

本田车系安全气囊检修

本田车系仪表盘上设有 SRS 指示灯。当安全气囊系统工作正常时，打开点火开关，SRS 指示灯亮 6s 后自动熄灭。如果打开点火开关后 SRS 指示灯不亮或亮后不熄灭，则表示 SRS 系统有故障。

对 SRS 电脑左侧的 16 孔测试座上各端子的电压进行诊断。SRS 电脑左侧配有一个 16 端子测试座，见图 7-23。

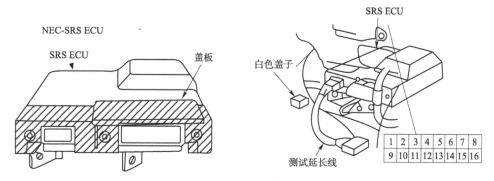

本田 SRS 电脑故障码

故障码	内　容	故障码	内　容
无	SRS 指示灯线路故障	2-3	前乘员侧安全气囊电源线路短路
1-1	驾驶员侧安全气囊线路断路或电阻过大	2-4	前乘员侧安全气囊搭铁线短路
1-2	驾驶员侧安全气囊线路短路或电阻过小	5-1	SRS 电脑有故障
1-3	驾驶员侧安全气囊电源线路短路	9-1	SRS 灯电路有故障
1-4	驾驶员侧安全气囊搭铁线路短路	9-2	SRS 电源电路故障
2-1	前乘员侧安全气囊线路断路或电阻过大	10-1	SRS 电脑更换号码
2-2	前乘员侧安全气囊线路短路或电阻过小		前乘员侧安全气囊搭铁线短路

图 7-23　本田 SRS 电脑故障诊断测试座

故障代码消除:先关断点火开关,用导线跨接故障码消除连接器,见图7-24,(2.P)连接器(WHT.BLX)是一个黄色二线空线插。再接通点火开关(ON),SRS灯亮,6s后,SRS灯熄灭。取下跨接线,等SRS灯再次亮起后再用导线跨接,4s后灯会熄灭,取掉跨接导线。等待4s后,SRS灯会闪烁2次,此时将点火开关转OFF,故障码清除完成。这时若起动发动机,SRS灯不亮。

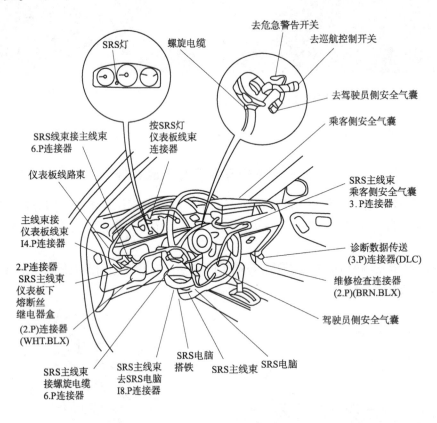

图7-24 本田SRS布置图

本田车系所有的SRS系统线路都是黄色的,以明显区别于其他线路。每当要检查线路时,要先从蓄电池上拆下搭铁线和正极接线。若用高阻万用表检测SRS系统,须确保电流小于10mA,否则可能会损坏安全气囊或SRS电脑。

更换灯光变换开关、刮水器/清洗开关、巡航控制开关时,不许拆开转向机。

拆卸检查SRS系统线路前,须用红色短路(跨接)连接器将气囊的线束连接器连接起来(图7-25)。红色短路连接器随车附带,驾驶员侧安全气囊短路连接器在通路板内,前乘员安全气囊短路连接器在杂物箱后面(要拆下杂物箱)。

安全气囊拆卸要领:将红色短路连接器与气囊线束连接器连接起来;拆下驾驶员侧安全气囊,其用于紧固的两个螺栓位于转间盘下左右两侧;拆下前乘员侧安全气囊5个固定螺母,注意下方3个是自锁螺母,见图7-26。

安全气囊的安装要领:驾驶员侧安全气囊应用新的TORXR螺栓;前乘员侧气囊的3个自锁螺母应当换新,先旋紧上方2个螺母,再旋紧下方3个螺母;装好有关线束;接通全部线束后,将点火开关转至 ON,SRS 灯应亮 6s 后熄灭。安全气囊拆卸与安装,务必小心,任何轻微的碰撞都可能导致其触发甚至伤人,而且切不可使用有变形的 SRS 元件。

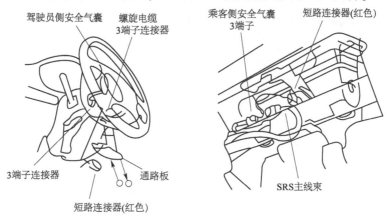

图 7-25　SRS 拆卸

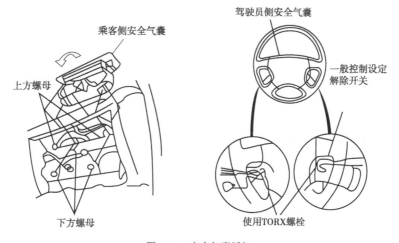

图 7-26　安全气囊拆卸

任务二　安全气囊系统检修

姓名_____　班级_____　学号_____　成绩_____

客户任务	一辆哈弗车更换转向机后,安全气囊灯常亮,用 x-431 检测后显示"B1021"驾驶员前气囊电阻过高
任务目的	制订工作计划,掌握电控悬架故障码的读取、清除和检修方法

一、资讯

1. 检查前注意事项。

2. 如何读取安全气囊故障码?

续上表

二、决策与计划

根据任务要求,确定需要的检测仪器、工具,并对小组人员合理分工,制订详细的诊断和修复计划。

1. 需要检测仪器工具。

2. 小组成员分工。

3. 诊断和修复计划。

三、实施

1. 碰撞传感器检查。

2. 时钟弹簧检查。

3. 线束和连接器检查。

4. 气体发生器检查。

5. 故障自诊断。

四、检查

1. 检查安全气囊是否正常?

2. 通过检查分析,得出以下结论:

五、评估

1. 根据自己完成任务情况,对自己工作进行自我评估,并提出改进意见。

2. 教师对小组工作情况进行评估与点评。

一、安全气囊检修注意事项

安全气囊内有火药及电雷管等易爆品，故在维修操作时必须按正确顺序进行。否则，可能会使安全气囊系统在维修中发生意外，从而导致严重事故，或在需要安全气囊充气起保护作用时却不起作用。因此，检修应注意以下几点：

（1）气囊系统只能工作一次，发生事故被引爆后的气囊必须更换，为安全起见，气囊系统的所有元件也需更换。气囊系统经10年后必须送维修厂更换，更换日期一般贴在工具箱的标签上或在遮阳镜的下面。

（2）故障代码是安全气囊系统故障诊断的重要信息源，在系统故障诊断时应首先读取故障码，然后再脱开蓄电池。检修操作前，务必将点火开关转到 LOCK 位置，并在蓄电池负极端子拆下电缆 90s 以后方可开始工作。因为安全气囊系统有备用电源。如果在拆下蓄电池负极端子不到 90s 开始维修工作，它可能会被引爆。若点火开关在 ON 或 ACC 位置检修，则会出现故障码。

（3）由于车内时钟和音响系统的存储内容随蓄电池的脱离而被消除，所以在开始检修前，应将各存储系统的内容做好记录，在检修结束后，应将音响系统和时钟重新设置或调准。同样，对于具有转向盘电动倾斜和伸缩的转向系统、电动座位、电动车外后视镜和电动安全肩带系紧装置，由于它们都有存储参数的记忆功能，在检修后都必须重新设置。所以在检修结束后必须告知用户，需按其个人的需要和习惯进行调整并重新设置存储器内容。

（4）若车辆发生轻微碰撞，SRS 没有触发，也应检查转向盘衬垫、前座乘客安全气囊总成、座位安全带收紧器和安全气囊传感器。

（5）若碰撞车辆的 SRS 系统已经触发，除需更换已经引爆的气囊与安全带预紧装置外，还必须同时更换全部碰撞传感器和中央气囊传感器总成，并检查线束与接头状况。不允许拆卸和修理被更换下的碰撞传感器、中央气囊传感器总成、转向盘衬垫、前座乘客安全气囊总成或座位安全带收紧器，以供重新使用。不可用其他车辆的 SRS 零件，只能使用原厂所设计的零件，包括接线。不允许乱拉索或随意换线，以免影响安全气囊的可靠性。凡需要更换零件时，应装用新零件。

（6）如发现碰撞传感器、SRS 电脑或转向盘衬垫、前座乘员安全气囊总成或座位安全带收紧件等系统部件在外壳、托架或连接器有裂纹、凹陷或其他缺陷，应换装新品。在修理过程中，如果会对传感器产生冲击作用，则在修理前应先拆下安全气囊传感器，严禁机械撞击传感器和安全气囊。

（7）不要让碰撞传感器、SRS 电脑、转向盘衬垫、前座乘员安全气囊总成或座位安全带收紧器直接暴露在热空气中或接近火源。在使用喷灯或焊接设备时，不得靠近充气装置，以防引起安全气囊自动充气。宜用高阻抗万用表检测电路。维修工作完成后，应检查 SRS 警告灯。

（8）发生过碰撞且 SRS 系统已触发的碰撞传感器不可重复使用。无论是左侧或右侧，甚至中间碰撞传感器都应同时更换。安装碰撞传感器时，传感器上的箭头应朝向车辆前方。

碰撞传感器的定位螺栓是经过防锈处理的。当传感器拆下后，必须换用新的定位螺栓。接上连接器时必须将电气检测机构可靠锁住，否则诊断系统上会检测出故障码。

（9）拆卸转向盘安全气囊总成时，应将转向盘衬垫顶面向上正置，不可翻转倒置。在搬动新的转向盘衬垫时也务必注意将其顶面朝上。转向盘衬垫上不得涂润滑脂，不得用任何类型的洗涤剂清洗。转向盘衬垫总成应放在环境温度低于93℃、湿度不高且远离电场干扰的地方。车辆报废或仅报废转向盘衬垫机构时，在废弃前用专用工具使气囊触发张开，且操作时应选择在远离电场干扰的地方进行。

（10）切不可用万用表去测量安全气囊电雷管的电阻，因为微小电流即可引爆电雷管，使安全气囊充气。安装螺旋接线器时，必须将其预置在中间位置，使转向盘由中间位置向左右两个方向各转2.5圈时不致拉断螺旋导线或引起其他故障。

（11）拆、装前座乘员安全气囊总成放置时，应将气囊门朝上放置。如果将气囊门朝下放置，一旦安全气囊充气张开可能会引发严重事故。安全气囊总成上不得涂润滑脂，气囊门不得用任何类型洗涤剂清洗。安全气囊总成应存放在环境温度低于93℃、湿度不高并远离电场干扰的地方。用电弧焊时，必须先脱开气囊连接器才可开始工作。车辆报废或前座乘员安全气囊总成报废时，在报废前应使安全气囊触发张开，以避免其意外引爆而伤人。操作引爆时应选择在远离电场干扰的地方进行。

（12）存放拆下的或新的安全带时，双锁式连接器锁柄应处于销定位置，务必注意不能损坏连接器。切不可用万用表测量座位电动安全带收紧器的电阻，以防收紧器被触发。安全带上不得沾油或水，不得用任何类型的洗涤剂清洗。必须先脱开连接器后才可电弧焊。该连接器安装在前车门围板下和地毯下面。车辆报废或仅报废安全带时，在报废前应使安全带收紧器起作用，此项操作应在远离电场干扰的地方进行。已发生过碰撞且SRS已经触发的SRS系统电控单元不可重复使用。拆卸SRS电脑前，务必将点火开关转到LOCK位置，并在拆下蓄电池搭铁线90s后才可开始操作。

二、故障排除

故障1：时钟弹簧断裂导致安全气囊灯亮。

故障现象：一辆哈弗车更换转向机后，安全气囊灯常亮，用x-431检测后显示"B1021"驾驶员前气囊电阻过高。

排除过程：首先断开电瓶，对时钟弹簧进行检测，用万用表做导通实验，发现时钟弹簧两端断路。对时钟弹簧拆解发现内部螺旋线已经拉断，从而导致故障灯亮，见图7-27。

原因分析：分析时钟弹簧线束拉断的原因，是由于更换转向机时，转向盘没有固定。当转向机拆下来时，转向盘可以自由旋转。从而时钟弹簧也自由旋转，但是时钟弹簧只能左右旋转三圈，超过时钟弹簧自由旋转极限圈数后，时钟弹簧的线束就被拉断。

图 7-27

故障2：气囊EUC搭铁不良造成气囊灯亮。

故障现象：一辆哈弗车事故后，安全气囊引爆，更换整套安全气囊后，气囊故障灯一直点亮。用x-431不能清除故障码,故障内容显示"乘员侧前安全气囊电阻过高"。

故障排除:更换乘员侧气囊模块后,故障灯还是亮。故障内容不变。对线束插头重新插接处理后故障还是存在。由于安全气囊系统是整个更换的,分析系统部件不会有故障。于是对气囊 ECU 重新拆装固定后,用 x-431 清除故障码,故障排除。

原因分析:由于气囊 ECU 与车身固定时,要求与车身之间电阻不能大于 100mΩ。所以更换气囊 ECU 时,要注意必须与车身可靠搭铁。

一、BMBS 爆胎监测与制动系统

高速行驶爆胎导致的后果十分可怕。数据表明:高速行驶爆胎导致的死亡人数占高速公路意外事故死亡人数的 49.81%,占受伤人数的 63.94%,占直接财产损失的 43.38%。所以,高速行驶爆胎被公认为高速行驶的头号杀手。

BMBS:Blow-out Monitoring and Brake System,当出现爆胎时,轮胎气压传感器将这一信号立即传递给电控单元 ECU,ECU 马上发出指令给制动器,制动器瞬间爆发出强大的制动力,在极短时间内(0.2~0.5s)使汽车紧急制动并安全减速,短时间内使车速降到 20~30km/h 甚至停车,见图 7-28。

a)　　　　　　　　　　b)

图 7-28

BMBS 实时监测轮胎状态,确保对爆胎或快速泄气等灾难性事件做出及时响应,以智能控制系统实施行车干预,及时降低行车速度,化解爆胎危险,保障行车安全。

二、BMBS 功能

1. 自检功能

当汽车点火钥匙接通时,BMBS 主机首先进入自检程序。自检结果异常时,警示灯亮,保持 80km/h 以下速度谨慎驾驶,注意安全。若系统正常,警示灯灭。

2. 爆胎自动救助功能

当汽车行驶过程中发生爆胎或快速泄气灾难性事件(轮胎压力≤80kPa)时,BMBS 将实施自动制动,制动时间持续至停车,同时做"××轮爆胎"的提示。

3. 轮胎气压、温度、电池电压及故障提醒

（1）轮胎严重缺气提醒

当轮胎压力>80kPa且≤60%标准轮胎压力时，BMBS做"××轮严重缺气"提醒。

（2）轮胎缺气提醒

当轮胎压力>60%且≤80%标准轮胎压力时，BMBS做"××轮缺气"提醒。

4. 轮胎气压正常提示

（1）当轮胎压力>80%且≤125%标准轮胎压力时，BMBS做"轮胎气压正常"提示。

（2）轮胎气压偏高提醒

当轮胎压力>125%且≤320kPa时，BMBS做"××轮胎气压偏高"提醒。

5. 轮胎气压严重偏高提醒

当轮胎压力≥320kPa时，BMBS做"××轮胎气压严重偏高"提醒。

6. 轮胎温度偏高提醒

当轮胎温度（胎内气体）≥90℃时，BMBS做"××轮温度偏高"提醒。

7. 电池电量不足语音提醒

当轮胎气压监测模块电池电压过低时，BMBS做"××轮分机电量不足"提醒。

8. 分机故障语音提示

当四个分机中有一个或几个分机不发送数据信号时，即判定相应分机故障并做"××分机故障，请低速行驶"提示预警。

项目八　汽车 CAN 总线系统检修

项　目	职　业　技　能	技　术　知　识
任务一	丰田轿车总线系统检修	掌握丰田轿车网络系统类型及总线结构
任务二	汽车 CAN 总线系统检修	掌握汽车的网络系统及故障诊断流程

任务一　丰田轿车汽车总线系统结构与故障诊断

姓名_____　班级_____　学号_____　成绩_____

客户任务	一辆行驶里程约 9.1 万 km 的 2007 款丰田卡罗拉轿车。车主反映：该车发动机故障指示灯、ABS 故障指示灯、动力转向故障指示灯等在发动机起动后仍不熄灭，车辆发动后发动机有明显的急速抖动、加速不顺畅现象。用故障检测仪读取故障码，结果发现故障检测仪无法进入到发动机电控系统，因此必须首先排除通信网络的故障
任务目的	制订工作计划，并对汽车总线系统进行性能检测，判定汽车故障原因。掌握丰田轿车网络系统结构，学会汽车总线系统故障诊断方法

一、资讯
1. 丰田车系采用的网络系统包括_____。
2. 丰田车各总线系统的特点为_____。
3. 常用的汽车网络检测设备包括万用表、_____和_____等。
4. CAN 控制器局域网主要由 CAN 控制器、_____、_____和_____。

二、决策与计划
根据任务要求，确定需要的检测仪器、工具，并对小组人员合理分工，制订详细的诊断和修复计划。
1. 需要检测仪器工具。
_____
_____

2. 小组成员分工。
_____
_____

3. 汽车总线故障诊断工作计划。
_____
_____

三、任务实施
1. 对丰田轿车汽车总线进行故障诊断。
(1) 根据 CAN 通信系统的结构原理找到卡罗拉轿车 CAN 系统各 ECU 在车辆上的位置。

· 253 ·

续上表

(2) 用故障检测仪读取故障码。

(3) 用故障检测仪对发动机系统进行检测,故障检测仪可以与 ECM 进行通信联络,读取故障码,排除发动机故障。

(4) 查阅维修手册,根据维修手册找出故障原因。

(5) 排除故障,清除故障码。

2. 使用智能诊断仪对网络系统进行测试。
实验步骤:

实验结果:

3. 通过上述检查结果分析,得出结论并提出解决方案。

四、评估
1. 根据自己完成任务情况,对自己工作进行自我评估,并提出改进意见。

2. 教师对小组工作情况进行评估,并点评。

一、丰田汽车车载网络系统

丰田汽车车载网络系统称为 MPX(Multiplex Communication System)。丰田汽车采用网络系统是从 1992 年的 MARK Ⅱ 车型开始的,该车使用了电动车窗主开关到车身 ECU 的速率为 1kb/s 的低速单项网络。随着汽车上 ECU 数量的增加及技术的发展,丰田汽车采用的车载网络技术也不断发展,图 8-1 所示为丰田锐志的 MPX 系统。

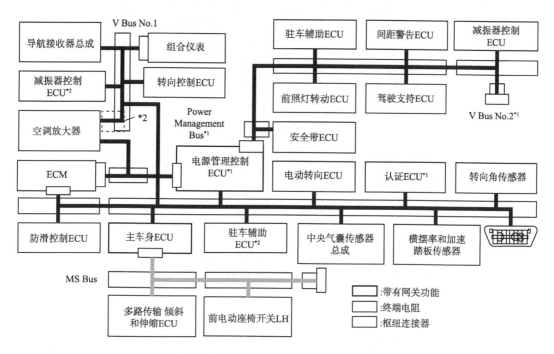

图 8-1　丰田锐志的 MPX 系统

*1-带智能进入和起动系统;*2-不带智能进入和起动系统

丰田车系采用的网络系统包括有:CAN、BEAN、AVC-LAN、LIN、MOST 等类型,如表 8-1 所示。

丰田车系采用的网络系统类型　　　　　　表 8-1

协议	CAN	LIN	AVC-LAN	AVC-LAN Plus	MOST
应用	整车	车身电气	音频视频	音频视频	音频视频
通信数据类型	系统控制信号	系统控制信号	系统控制信号	大容量音视频数据	①系统控制信号;②大容量音视频数据
通信速度	500kb/s(HS) 250kb/s(LS)	20kb/s	17.8kb/s	7.4Mb/s	50Mb/s
驱动类型	差分电压驱动	单线电压驱动	差分电压驱动	差分电压驱动	差分电压驱动
通信方向	双向	双向	双向	双向	双向
接入系统	CSMA/CR(多主 ECU)	主/从(单主 ECU)	主/从(单主 ECU)	主/从(单主 ECU)	主/从(单主 ECU)
拓扑类型	总线形	星形	星形	环形	环形
终端名称	CAN-H CAN-L	LIN	TX+/-	TXI+/- TXO+/-	MI+/- MO+/-

车身电子局域网络 BEAN(Body Electronic Area Network),是具有丰田汽车专利的双向通信网络。它是一个通信速率为 10kb/s 的单线网络系统,采用环形拓扑,例如图 8-2 所示的雷克萨斯 LS430 的仪表板系统总线。

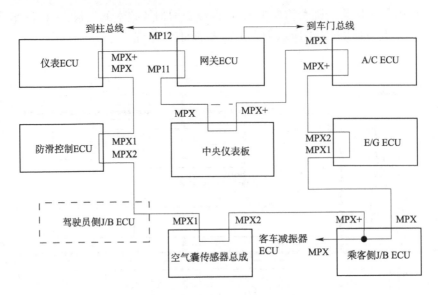

图8-2 雷克萨斯LS430的仪表板系统总线

当系统中的网线有一处断开时,菊花链式配置可以使用另一条路径,当然如果有多处断路,通信就无法进行了,但车身电子局域网络BEAN的使用正在逐渐减少。

AVC-LAN(Audio Visual Communication-Local Area Network,音响视听局域网络),主要用于音频和视频设备中的通信网络。LIN与MOST与其他车系相同,此处不再赘述。CAN总线是符合国际标准化组织ISO标准的串行数据通信网络,这些网络的通信协议是不同的。内置CPU从不同的总线接收数据,对数据进行处理,再按照各通信协议把该数据发送到总线上去,各个网络通信协议不同,传输速率不同,翻译工作由网关来完成。

1. CAN 系统

从2003年开始,丰田MPX开始采用CAN(控制器区域网络)来控制底盘控制系统。CAN是一个用于实时应用的串行数据通信系统。它是一个车辆多路通信系统,该系统通信速度高且可检测故障。通过将CAN-H和CAN-L总线配对,CAN可根据电压差进行通信。许多安装在车辆上的ECU(传感器)通过信息共享和相互通信进行工作。在CAN系统中有两个120Ω的电阻器,由于两个电阻器是并联安装,两条CAN总线间的电阻可能接近60Ω。这些电阻器使得CAN总线之间的电压差能够得到精确的测定。为使CAN通信能够正常工作,两个终端电阻器必须安装妥当。

丰田车系的CAN系统分为HSCAN(高速CAN)和MSCAN(低速CAN)两种类型,其中HSCAN的通信速率为500kb/s,而MSCAN的通信速率为250kb/s。如图8-3所示为卡罗拉轿车CAN系统各ECU在车上的实际位置。

(1)CAN1号总线拓扑图

主总线是总线(通信线路)上介于两个终端电阻器之间的线束。它是CAN通信系统的主总线。支线是从主总线分离出来通往ECU或传感器的线束。相应的各ECU通过直线在总线连接器内与主总线相连,CAN1号总线网络(图8-4)中有两个CAN总线连接器:CAN1号接线连接器(图8-5)与CAN2号接线连接器(图8-6)。

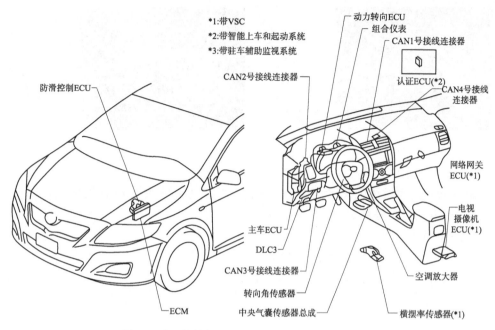

图 8-3　卡罗拉轿车 CAN 系统各 ECU 在车上的实际位置

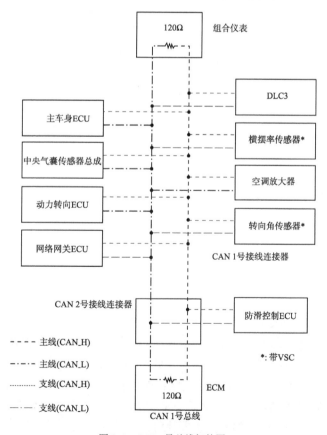

图 8-4　CAN1 号总线拓扑图

汽车车身底盘电控技术与检修

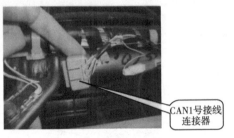

图8-5 CAN1号接线连接器

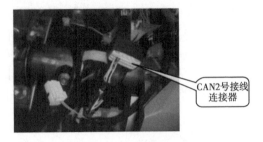

图8-6 CAN2号接线连接器

（2）CAN2号总线拓扑图

带驻车辅助监视系统的车辆：CAN通信系统由通过网络网关ECU连接至各个系统的CAN1号总线和CAN2号总线（图8-7）组成。

（3）MS总线拓扑图

带智能上车和起动系统的车辆：CAN通信系统由通过主车身ECU连接至各个系统的CAN1号总线和MS总线组成。MS总线拓扑图，如图8-8所示。

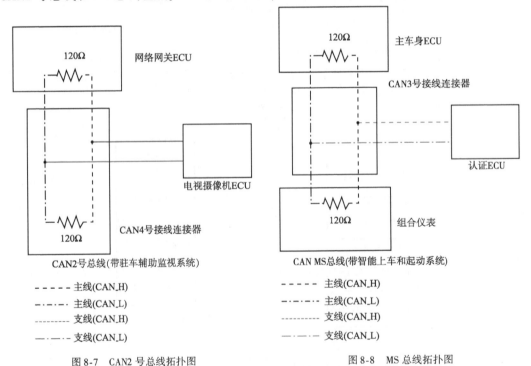

图8-7 CAN2号总线拓扑图　　　　　图8-8 MS总线拓扑图

（4）CAN总线终端电阻

终端电阻器在CAN系统中具有很重要的作用，它使得CAN总线之间的电压差能够得到精确的测定。测量CAN总线主线和CAN总线支线的电阻前，首先将点火开关置于OFF位置。将点火开关置于OFF位置后，检查并确认钥匙提醒警告系统和车灯提醒警告系统未处于工作状态。开始测量电阻前，使车辆保持原来状态至少1min，不要操作点火开关和任何其他开关或车门。如果需要打开任何车门以检测连接器，则打开该车门并让它保持打开。测量DLC3的第6针与第14针（图8-9），实际测量结果如图8-10所示，查表标准值为54~69Ω。

· 258 ·

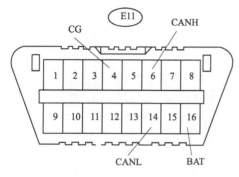

图8-9　DLC3插脚布置图

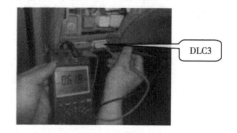

图8-10　测量终端电阻

(5) CAN总线波形

使用通用示波器对CAN总线的波形进行检测,如图8-11所示。

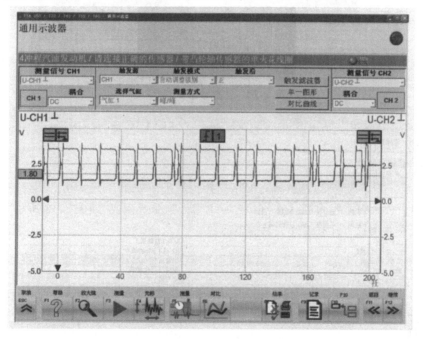

图8-11　CAN总线波形

(6) CAN总线电压

CAN2.0B规范定义了两种互补的逻辑数值:"显性"和"隐性",同时传送"显性"和"隐性"位时,总线结果值为"显性"。"显性"("Daminant")数值表示逻辑"0",而"隐性"("Recessive")表示逻辑"1"。

在CAN规范中并未定义代表逻辑电平的物理状态(例如电压),iCAN网络使用符合ISO-11898-2标准的电平信号,CAN信号则使用差分电压传送,两条信号线称为"CAN-H"和"CAM-L",静态时均为2.5V左右,此时的状态表示为逻辑"1",也可以叫作"隐性",电位差为0V;用CAN-H比CAN-L高表示逻辑"0",称为"显性",通常电压值为:CAN-H=3.5V,CAN-L=1.5V,电位差为2.5V。用万用表测量CAN总线CAN-L(低线)和CAN-H(高线)的方法,如图8-12所示。

(7) 使用智能诊断仪对网络系统进行诊断

智能诊断仪 GTS(图 8-13)能够对通信总线进行检测,以下为通信总线检查并进行诊断的具体过程。

a)低线电压

b)高线电压

图 8-12　万用表测量 CAN 总线电压

图 8-13　智能诊断仪 GTS

进入系统的通信总线检查时(图 8-14),会出现该车总线上的各 ECU,如果某个 ECU 无法进行通信将不会出现,只有与维修资料进行对比,才能知道哪个 ECU 无法通信。

当然,通过单击如图 8-14 所示诊断仪屏幕右下角的 DTC 图标也可以诊断出相应的故障码(图 8-15),以及能找出无法通信的 ECU。

2. LIN 总线

LIN 总线采用单线进行数据传输,网络拓扑为星形。如图 8-16 所示为丰田锐志轿车上的 LIN 总线。以天窗系统为例:如图 8-17 所示为天窗系统组成,如图 8-18 所示为实测天窗系统 LIN 线在关闭及打开点火开关时的电压。

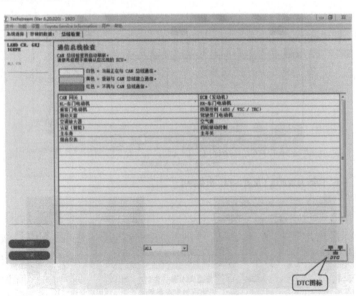

图 8-14　通信总线系统检查

项目八　汽车CAN总线系统检修

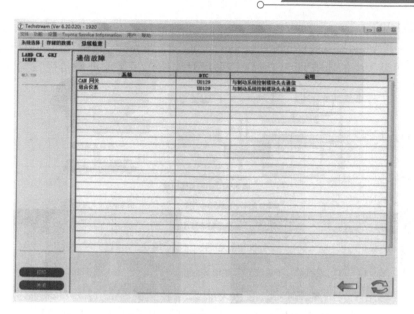

图 8-15　防滑控制 ECU 不能与 CAN 总线通信时的故障

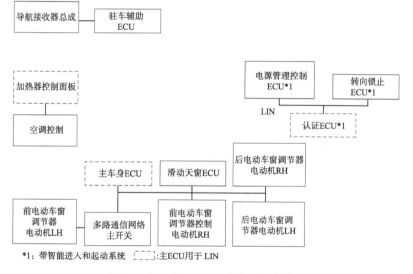

*1：带智能进入和起动系统　　⌐ ¬:主ECU用于LIN

图 8-16　LIN 和 AVC-LIN 通信（丰田锐志）

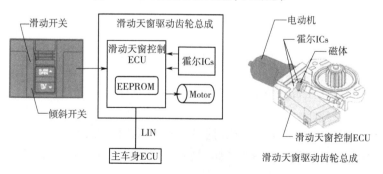

图 8-17　天窗系统组成

· 261 ·

3. AVC-LAN

AVC-LAN(Audio Visual Communication-Local Area Network,音响视听局域网络),主要用于音频和视频设备中的通信网络。该网络采用双绞线作为传输介质传递数据,网络拓扑为星形,如图8-19所示。

a)关闭点火开关

b)打开点火开关

图8-18 万用表测量LIN总线电压

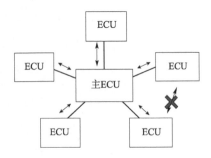

图8-19 星形结构拓扑图

位于这类网络中央的是主ECU,它具有中央控制功能。各ECU如果不经过主ECU则不能相互通信。如图8-20所示为丰田锐志驻车辅助ECU控制系统,其中导航接收器总成与驻车辅助ECU之间采用AVC-LAN进行连接。

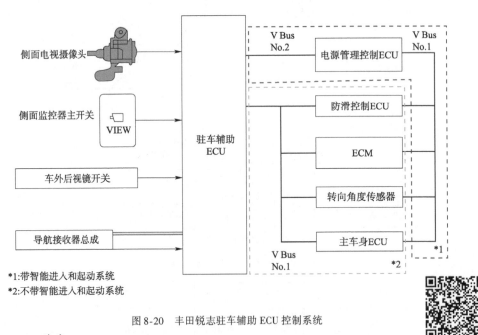

图8-20 丰田锐志驻车辅助ECU控制系统

4. MOST总线

MOST是指Media Oriented Systems Transport即多媒体定向系统传输网,ECU采用环形连接如图8-21所示。

图8-22所示为丰田LAND CRUISER路段巡洋舰轿车的RSE(后座娱乐)系统,该系统可以同时为前座和后座乘员提供不同的音频、视频享受。如图8-23所示为该系统拓扑图,实际线路如图8-24所示,通信线路为带屏蔽的双绞线。

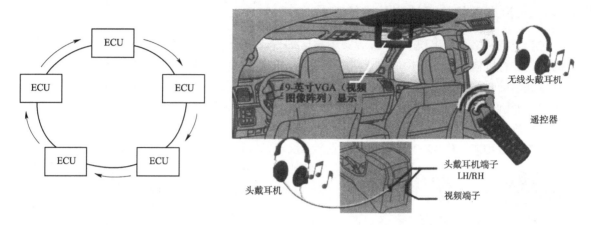

图 8-21　MOST 总线环形拓扑图

图 8-22　丰田路段巡洋舰轿车的 RSE(后座娱乐)系统

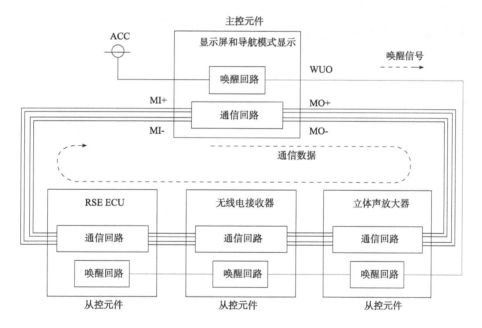

图 8-23　丰田路段巡洋舰轿车的 RSE(后座娱乐)系统拓扑图

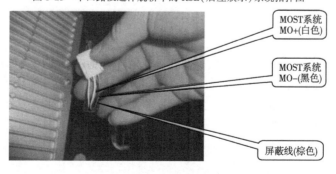

图 8-24　MOST 系统传输数据所采用的屏蔽双绞线

二、汽车网络故障检测及维修工具

当车载网络系统出现故障时,需要用相应的检查设备发现并找到故障点然后采用适当的工具进行维修。较为常用的检查设备包括:万用表、示波器、诊断仪等,当然在使用示波器测量波形的时候还需要相应的适配器。作为维修技师最常用的诊断设备莫过于汽车万用表,下面我们首先了解一下万用表。

1. 汽车万用表

汽车万用表(图 8-25)也是一种数字多用仪表,其外形和工作原理与普通万用表几乎没有区别,只增加了几个汽车专用功能挡(如 DWELL 即凸轮闭合角挡)。汽车万用表除具有普通万用表功能外,还具有汽车专用项目测试功能:可测量交流电压、交流电流、直流电压、直流电流、电阻、频率、电容、占空比、温度、二极管、闭合角、转速;也有一些新颖功能,如自动断电、自动变换量程、模拟条图显示、峰值保持、读数保持(数据锁定)以及电池测试(低电压提示)等。为实现某些功能(例如测量温度、转速),汽车万用表还配有一套配套件,如热电偶适配

图 8-25 汽车万用表

器、热电偶探头、电感式拾取器以及 AC/DC 感应式电流夹钳(5~2000A 等)。

万用表属于精密电子仪表,也是常用的工具仪表,需要正确操作、合理使用,才能充分发挥其特长。如果使用不当,不但会引起测量失准,严重时也可造成仪表本身损坏。在使用中务必注意下列几点。

(1)数字万用表的使用应注意的一般事项

①使用前,应仔细阅读万用表的说明书,了解其技术性能及特点。

②应在清洁干燥、环境温度适宜、无外界强电磁场干扰、没有振动条件下使用数字万用表。

③测量之前,需仔细检查表笔有无裂痕和引线的绝缘层是否损坏以确保安全。

④虽然万用表内部电路有较完善的保护措施,但是也应避免出现误操作,每次拿起表笔准备测量时,一定要核对测量项目和量程开关是否拨对位置,输入插孔(或专用插口)是否选对。对于自动量程式数字万用表,亦不得按错功能键或把输入插口搞错。

⑤测量时,假如事先无法估计被测电压(或电流)的大小,应先拨至最高量程挡试测一次,然后根据测试情况选择合理的量程。

⑥严禁在测量高电压(100V 以上)时,拨动量程开关,以免电弧烧毁触点。

⑦具有自动关机功能的数字万用表,在使用中如果出现 LCD 突然消隐,不是故障现象,是仪表进入"休眠"状态(电源切断)。遇此问题只需重新起动,即可恢复正常。

⑧测量时,仅高位显示数字"1",其他数字位均消隐,这表明仪表过载,应选择较高量程。

⑨具有读数保持键(HOLD)的数字万用表,在做连续测量时,该键应置于"关断"位置。否则仪表不能正常采样,无法刷新显示数符。

⑩具有峰值保持键(PKHOLD)的数字万用表只能保持并显示被测量的最大读数值,不

能检测被测量的瞬态变化峰值,这里的"峰值"应理解成"最大值"。

⑪测量完毕后,应将量程开关拨至最高电压挡,再关闭电源,以防止下次误操作损坏仪表。

⑫如果开机后 LCD 不显示任何数字,应首先检查是否忘记装 9V 电池或者电池已失效,还需检查电池引线有无断线。若显示电源低的电压指示符,则应换用新电池。更换电池前,应把电源开关关闭。

⑬袖珍数字万用表常用的熔断器管有多种规格(如 0.2A、0.3A、0.5A、1A、2A),更换时必须选用与原规格相同的熔断器管。

⑭长期不使用的数字万用表,其中的电池应取出,以免电池渗出电解液将印制板腐蚀。

⑮不得随意打开袖珍数字万用表拆卸线路,以免造成人为故障或改变已调好的技术指标。

⑯有的袖珍数字万用表在后盖上贴有屏蔽层,不得揭掉或拆掉引线。以免引入外界电磁干扰。

⑰清洗数字万用表表壳时,不可用丙酮、汽油等有机溶剂,建议用无水酒精棉球擦去污垢。

(2)万用表测量时的主要事项

①电压测量

测量电压时,袖珍数字万用表应与被测电路并联。

输入插口旁边注明危险标记的数字,是该插口输入的电压(或电流)的极限值。在使用时,切莫超过,否则,可能损坏仪表,甚至可能危及操作者的安全。

测量交流电压时,应当用黑表笔接触被测电压的低电位端(如被测信号的公共地端、机壳、220V 交流电的零线端等),这样,可以消除袖珍数字万用表输入端(V)对地(COM)分布电容的影响,减小测量误差。

如需要测量几十至几百微伏的微弱电压信号,最好选用设有 20mV 挡的数字万用表。

在测量高压(几百伏)时,应单手操作,即先把黑表笔固定在被测电路的公共端,再用一只手持红表笔去接触测试点,这样才比较安全。

②电流测量

测量电流时,应把袖珍数字万用表串联到被测电路中。

测量大电流时,测量不得超过 10~15s,以免袖珍数字万用表内的锰铜丝分流电阻发热引起电阻值改变,影响测量的准确性。

严禁在测量大电流(0.5A 以上)时拨动量程开关,以免电弧烧毁触点。

③电阻测量

测量电阻时必须将电路断开。

检测二极管时,红表笔带正电,黑表笔接 COM 插孔,带负电。

用 200Ω 电阻挡测量低阻时,应首先将两支表笔短路,测量出两根表笔引线的电阻值(一般为 0.1~0.3Ω),然后,从实测的结果中减去此值,所得才是实际电阻值。对于其他电阻挡,表笔引线电阻在测量中可忽略不计。

用 20MΩ 高阻挡测量时,显示值需经过几秒钟后才趋于稳定,这属正常现象;

不宜用数字万用表测量二极管、晶体管正向电阻。数字万用表电阻挡所提供的测试电流很小,用它测量所得要比用指针式万用表电阻挡的测量值高出几倍,甚至几十倍,在这种情况下,建议改成二极管挡。

测量电阻时两手不得碰触表笔的金属端或被测物体,以免入体电阻影响测量结果。

严禁在被测线路带电的情况下测量电阻,也不允许用电阻挡测量电池的内阻。因为这相当于给数字万用表的电阻测量电路外加了一个电压,测量结果完全失去意义,而且还有可能损坏仪表。

(3)万用表在网络故障维修中的应用

①终端电阻的测量

测量方法详见图8-26。

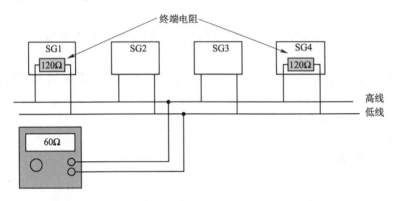

图8-26 终端电阻的测量

②总线电压的测量

测量方法详见图8-27。

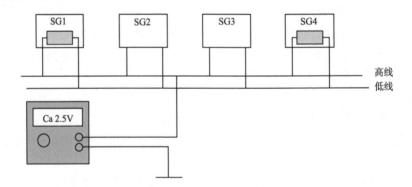

图8-27 总线电压的测量(以动力总线为例)

③电路互相短路的检查

测量方法详见图8-28。

④电路断路的检查

测量方法详见图8-29。

⑤电路对电源正极短路的检查

测量方法详见图8-30。

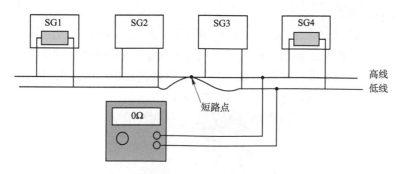

图 8-28 电路互相短路的检查

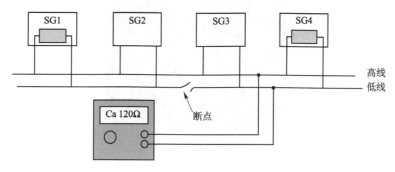

图 8-29 电路断路的检查

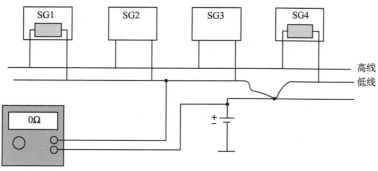

图 8-30 电路对电源正极短路的检查

⑥电路对电源负极短路的检查

测量方法详见图 8-31。

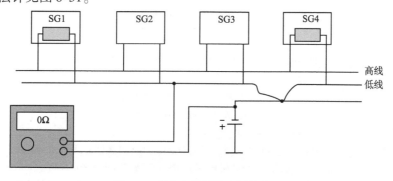

图 8-31 电路对电源负极短路的检查

2. 汽车专用示波器

汽车专用示波器(图 8-32)在发现车载网络系统故障的时候,较万用表更加实时与直观。并且很多原厂的诊断设备已经具有了示波器的功能,但是调整示波器并进行设置,通过观察波形发现故障并进行分析的确需要一定的基础知识及相应的经验,因此使用示波器是中级以上的维修技师包括技术总监应当具备的技能。

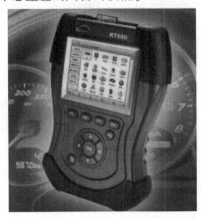

图 8-32　汽车专业示波器

(1) 基本术语(表 8-2)

示波器的基本术语　　　　　　　　　　　　　　　　　　　表 8-2

序号	名称	定义
1	触发电平	示波器显示时的起始电压值
2	触发源	示波器的触发通道(通道1、通道2 或外部触发等)
3	触发沿	示波器显示时的波形的上升沿或下降沿
4	直流耦合	测量交流和直流信号
5	交流耦合	只允许信号的交流成分通过,滤掉了直流成分
6	电压比例	每格垂直高度代表的电压值
7	时基	每格水平长度代表的时间值
8	搭铁耦合	确认示波器显示的 0V 电压位置
9	自动触发	如果没有手动设定,示波器就自动触发并显示信号波形

(2) 示波器的设置(表 8-3)

示波器的基本术语　　　　　　　　　　　　　　　　　　　表 8-3

序号	项目	内容
1	设置项目	①电压比例; ②时基; ③触发电平(也可以将触发模式置于"自动"挡); ④耦合方式(AC 交流、DC 直流或 GND 搭铁)。 A. 直流(OC)耦合方式; B. 交流(AC)耦合方式:此方式能过滤信号中的直流部分,只显示交流成分,常用于两根导线的变磁阻磁电式传感器信号的波形观察,以及信号中的噪声或其他较少的例子中的观察; C. 搭铁 GND 方式:此方式用于判定接地位置或 0V 电压水平或显示示波器 0V 电压参考点

续上表

序号	项　目	内　容
2	示波器设置要领	①当用自动设置功能(AUTORANGE)能够看清楚显示的波形时,可以用手动设置(MANUAL)来进一步微调; ②如果显示屏上仍不能看清晰的波形,可以根据推断,假设电压比例和触发电平,暂且先不设定时基; ③用数字式万用表测量信号电压,并根据测出的电压来设置电压挡比例; ④将触发电平设定在信号电压的一半以上,在设定电压比例和触发电平后,唯一未设定的就是时基; ⑤这时手动设定时基,大多数信号应在1ms～1s; ⑥时基/频率表可以用来帮助选择时基,可以先用汽车示波器上的游动光标测量信号频率然后确定所希望的显示波形的循环次数(个数),再从表中找到信号频率与循环次数(个数)的交点,这就是要确定时基数
3	捕捉不到波形时的对策	①确认触发模式是在"自动(AUTO)"模式下,如果在"自动"模式下汽车示波器有可能不触发; ②确认汽车示波器的屏幕显示并未处在冻结(HOLD)状态,若屏幕已被冻结,就按一下解除键; ③确认信号是否真的存在,可以用万用表先检查电压,如果确信信号是存在的,用汽车示波器和万用表不能够捕捉到,就检查测试线和接线柱的连接情况; ④确认耦合方式不在搭铁(GND)模式,若在搭铁模式,任何信号都无法进入; ⑤确认触发源是定义在所选择的通道上

知识拓展

汽车总线系统基本原理

1. 汽车总线系统的需求

汽车中总线要完成的服务是,使其中的电子系统的通信成为可能。通信任务是汽车功能的需求,这些汽车功能可能来自汽车总体,也可能是来自汽车子系统,如汽车驱动系统,或是来自更小的分系统。由于这些功能需求导致了对总线系统大量的技术需求。

这些技术需求的系统化是依据各种不同的等级原理。在表8-4中,总结性地列出了汽车功能需求的一个优先序列。

汽车功能域　　　　　　　　　　　　　　　　　　　　表8-4

汽车功能域	系统举例
驱动系统	发动机控制系统和变速器控制系统
主动型安全性	行驶动态调节
被动型安全性	气囊、安全带
舒适性	车厢内照明、自动空调
多媒体和电话	导航系统、CD换盘系统

根据总线原理和必要的传输速率,以及消息长度等原则,定义了一个简单的总线系统应用等级,称为SAE等级,共分成4等,下面以举例方式列于表8-5中。

为了能使总线系统适应不同品牌的不同结构系列，并且应用于不同的汽车型号，它必须具有灵活性、可配置性，以及在不同层次上的可重新标定的特性。另外，总线系统还必须考虑到具有售后服务方面的需求(例如，可诊断测试)，以及作为产品配套的需求(例如，联网驱动)。

总线系统 SAE 等级　　　　　　　　　　　　　　表 8-5

SAE 等级	特　　点	典型总线系统
A	执行器和传感器联网 低数据传输速率(约 10kb/s) 低要求的错误识别和纠错机制	LIN 总线
B	控制单元联网(例如与舒适性有关的) 中等数据传输速率(约 125kb/s) 复杂的错误识别和纠错机制	CAN 总线(低速)
C	简单的实时控制单元联网(例如驱动系统) 高数据传输速率(达 1Mb/s)	CAN 总线(高速)
D	多媒体应用 极高数据传输速率(达 10Mb/s) 极长消息长度	MOST 总线

2. CAN 总线基本特征和总线访问方法

CAN 协议属于面向消息的协议，因为每条消息通过一个 ID 识别器被加注 ID。每个网络节点检测发送到总线上的消息 ID，然后确定是否接收这条消息。这样就能确定，这条消息被一个或数个总线节点(或者没有节点)接收和处理。CAN 协议实现的是广播方式和组播方式的传输。这里没有特权节点，所以 CAN 系统是多主系统。

CAN 的拓扑结构是线拓扑结构，也称总线拓扑结构。总线挂接节点数在协议里是无限制的。根据已成熟的系统，一个总线系统挂接的节点数可以为 32、64，直到 110 个。网络的扩充仅限于物理层，扩充特别受到传输速率的限制。例如，传输速率为 125kb/s 时，总线物理长度最大达 500m。通过加装一些相应的适配节点，总线系统的物理长度还能加大。

CAN 协议中规定的总线访问方法是 CSMA/CA 法，即载波侦听多路访问/冲突避免法。这种非中心法的特点是，有可能出现多节点同时发送的情况。在这种情况下，冲突将通过一个仲裁过程而消除，仲裁过程是比较每条消息 ID 的位值裁决出谁具有最高优先级。位值的比较是基于总线电平自动裁决的，位值有两挡，一挡是"显性"(dominant)电平(0)，另一挡是"隐性"(rezessiv)电平(1)。

图 8-33 所示是一个仲裁过程的例子(其中节点 3 抢占成功)。图的上栏是 CAN 总线消息的结构，它包括：SOF(Start of Frame，帧起始符)、ID、RTR(Remote Transmission Request，远程传输请求)、控制场和数据场。11 位 ID 作为一个数，数值越小优先级越高，11 位 ID 的高位先发送。SOF 的显性电平是仲裁过程的起始点，仲裁是在三个具体的网络节点之间进行的，要对它们的 ID 位值进行比较。仲裁的基本原理是，每个参与仲裁的节点要将自己的 ID 与总线上当时呈现的位进行比较。如果一个节点遭遇总线上的显性低电平，而它本身发送的是一个隐性高电平，则由于它的这个低优先级，这个节点会把自己的发送请求从总线上撤回，系统的接收状态发生了变化。图中例子的第 5 位和第 2 位就是这种情况，获得"胜利"的节点在仲裁结束后不必再重发消息了，这种方法也称"无损仲裁"。

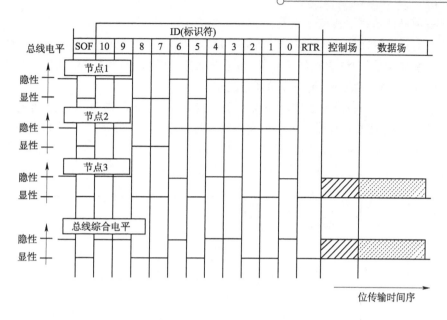

图 8-33 CAN 总线系统的仲裁过程

3. LIN 总线基本特点和总线访问方法

在 CAN 总线系统中,每个节点是平等的(多主系统)。与 CAN 不同,根据图 8-34 的 LIN 系统拓扑结构看出,图中描述的是一个主节点及多个从节点的结构,该结构称为单主系统,一个节点通常是一个控制单元,一个传感器,或一个执行器。通信的运行是以"任务"展开的。这些任务形成了消息的一部分,这些消息将在主节点和从节点间交换。因为主节点也会处于接收消息的状态,所以主节点也会被要求完成从节点的任务。这种结构的通信关系可能发生在从节点之间,也可能发生在主从节点之间。LIN 总线不用节点地址,而是应用消息中的消息 ID,LIN 协议作为面向消息的协议,能够实现广播通信及组播通信。

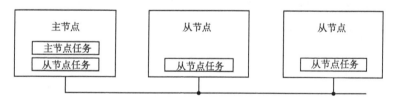

图 8-34 LIN 系统拓扑结构

LIN 总线的访问处理,用主-从方法进行仲裁。主节点依据一个发送时间表控制通信的时间。首先发送的是主节点任务消息的第一部分——消息头(图 8-35)。因为消息头中包含有消息 ID,被这消息头呼唤的从节点任务发出消息的响应部分。消息头和消息响应合在一起为一个"帧"。

图 8-35 LIN 总线通信过程

4. Flexray 总线基本特点和总线访问方法

为了满足对今后通信系统的需求，Flexray 标准制定了一系列的先进指标。总体系统属于多主节点系统，除了允许星拓扑结构外，也适合线拓扑结构(总线拓扑结构)。基于单通道和双通道的体系结构，Flexray 允许传输冗余消息。

为了达到一个更高的容错需求，系统具有一个能对网络含错节点不激活的机制。在 Flexray 中，通过一个附加的监控单元——总线管理员，系统能识别通信错误和同步错误。通过对消息传输施加直接影响，可抵消错误。一个 Flexray 节点逻辑结构中的总线管理员将在通信控制单元和总线驱动器之间来回切换，使总线驱动器通过相应的控制信号起作用(图 8-36)。

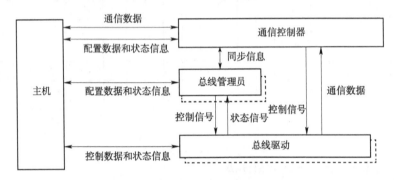

图 8-36　双通道模块 Flexray 节点系统结构

CAN 系统和 LIN 系统在总线挂接方式上是类似的，节点要和主机交换状态信息和控制信息。数据传输路径是从主机出发，经过通信控制单元，数据才能继续传送到总线驱动器。在通信控制单元和总线管理员之间，有一系列的同步信息要交换，只有这样，总线管理员的监控使命才能完成，而且总线管理员的时基才能和系统的总时基同步。

为了满足各个不同子系统的需求，并保证一个确定型数据传输(发送时间确定的数据)，Flexray 的通信将按通信周期的节拍进行。一个周期将分成一个"静态段"和一个"动态段"。在静态段里，确定型数据传输将严格按通过节点的时间窗分段，动态段里有可能分配一个优先级控制场。后者的场是灵活配置的，所以一个曲轴同步传输也是可以实现的，这种数据传输对汽车驱动系统是很有必要的。

5. MOST 总线基本特点和总线访问方法

图 8-37 所示是 MOST 协议的一个 MOST 节点(或称 MOST 器件)内部的功能结构和这些功能之间的关系。在 MOST 网络中，每个 MOST 节点被理解为一个基本单位，各节点之间要实现通信，以实现多种功能。这些功能在图中被记为"功能块"，例子中画了两个应用功能模块框，在汽车中它们也许是"音频功放"和"收音机"。

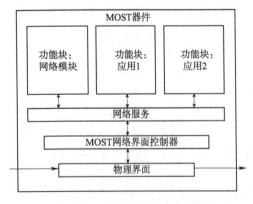

图 8-37　一个 MOST 节点的功能结构

一个 MOST 系统可以由多达 64 个节点组成。某一个节点可以设置成时间主机，它为系统的所有节点提供时基，使得系统的同步驱动得以实现。MOST 系统也可以构成点对点拓扑结构，或星拓扑结构。

MOST 通信是以"块"方式组织的,每个块由 16 帧组成。每帧包含 3 个不同的通道,这些通道将不停地连续工作,采用不同的传输类型和总线访问方法。

6. 汽车的通信体系结构

对于汽车的不同需求开发了各种不同的总线系统,其中一些已经被选为标准系统。随着人们对汽车功能的期望越来越高,则要求建立能满足与各种系统匹配要求的、快速的、开放的、有实际应用意义的总的体系结构。能和总线系统匹配的系统模块,例如网关和路由器,通信体系结构可以用不同方式建立起来。图 8-38 为汽车中通信体系结构的两种可能方案。

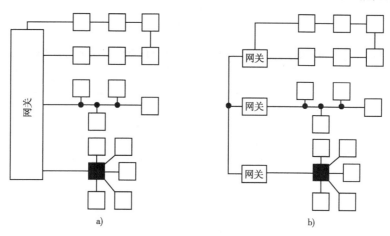

图 8-38 汽车中通信体系结构的可能方案

图 8-38a)所示是一种可能方案,它用一个中心网关将不同的控制单元连接起来。这种方案的优点是可以把这个网关按系统的专用目的进行优化设置,可以避免无为功能的干涉;缺点在于它具有一个中心控制单元,一旦中心控制单元失效,对汽车整体通信的影响将会很大。

图 8-38b)所示是另一种可能方案,它引入了非中心网关来解决系统匹配任务,这些网关通过"主干总线"相互连接,这个主干总线是线拓扑结构的。用主干把各个子系统相互连接起来。由此形成的结构,是一个模块友好的、可换性强的、多重网关化的结构。这些多网关问题通过在线控制单元的软件模块可得到很好处理。

任务二 汽车 CAN 总线系统检修

姓名_____ 班级_____ 学号_____ 成绩_____

客户任务	大众迈腾轿车,该车运行了 112000km,偶尔出现安全气囊黄色灯报警,同时机油红色灯报警,接着发动机转速表突然降到 0r/min,但发动机不熄火。关闭发动机,重新起动发动机,机油报警灯会熄灭,发动机转速正常,安全气囊灯不熄灭。当清除故障码,该车正常,运行几天后,故障再次出现。诊断维修:该车间歇性故障现象,现场技术诊断时从未见到机油报警灯亮和发动机转速表为零,只是安全气囊灯亮,判断可能是通信系统故障
任务目的	制订工作计划,并对汽车 CAN 总线系统进行检测,确定故障原因并维修更换。掌握此车的网络系统结构,学会该车故障流程

续上表

一、资讯

1. 对于单一故障信息其诊断流程是什么?

2. 对于一组故障信息其诊断流程是什么?

二、决策与计划

根据任务要求,确定需要的检测仪器、工具,并对小组人员合理分工,制订详细的诊断和修复计划。

1. 需要检测仪器工具。

2. 小组成员分工。

3. 工作计划。

三、任务实施

1. 故障查找工作步骤。

2. 运用 VAS5051B 检测仪对此车进行现场技术诊断步骤。

四、检查

通过检查分析,得出以下结论:

五、评估

1. 根据自己完成任务情况,对自己工作进行自我评估,并提出改进意见。

2. 教师对小组工作情况进行评估与点评。

一、故障查找流程

1. 对于单一故障信息的诊断流程

（1）在众多的电控系统故障信息中,通过比较分析,确认故障信息存储在哪一个电控系统中。

（2）针对这单一的相同的故障信息,明确其准确的故障含义,并仔细分析这个信息在出现的各个电控系统中的作用,明确其引起的结果,从众多的电控系统中故障信息中比较分析。

首先出现在哪一个电控系统中,即该故障信息首先是哪一个电控单元监测到的,明确故障信息的源性电控系统。同时明确哪些电控单元的故障信息是由CAN数据总线传递的,即明确哪些电控系统是该故障信息的非源性电控系统。

（3）根据找到的源控制单元的故障信息,分析故障产生的具体原因。

具体故障点的分析,主要是三类故障点:源性故障信息电控系统的电源;源性故障信息电控系统的链路,即CAN传输双绞线;源性故障信息电控系统的节点,即电控单元。

（4）排除故障点后,将储存在故障存储器中的信息清除掉,即清除故障码,并做好相关系统的设置或匹配。

（5）运行车辆,看车检验故障信息是否存在,故障现象是否出现,确认故障排除。

2. 对于一组故障信息的诊断流程

（1）从众多的电控系统故障信息中寻找出相同的一组故障信息,明确该组故障信息的含义。

（2）对该组故障信息的每一条详细分析,找出该组故障信息间的因果关系或相互影响的关系。

（3）对储存该组故障信息的各个电控系统进行比较分析,分析该组故障信息首先出现在哪一个电控系统中,即该故障信息首先是哪一个电控单元监测到的,明确故障信息的源性电控系统。同时明确哪些电控单元的故障信息是由CAN数据总线传递的,即明确哪些电控系统是该故障信息的非源性电控系统。

（4）根据找到的源控制单元的故障信息,分析出故障产生的具体原因。具体故障点的分析,主要是三类故障点:源性故障信息电控系统的电源;源性故障信息电控系统的链路,即CAN传输双绞线;源性故障信息电控系统的节点,即电控单元。

（5）排除故障点后,将储存在故障存储器中的信息清除掉,即清除故障码,并做好相关系统的设置或匹配。

（6）运行车辆,检验故障信息是否存在,故障现象是否出现,确认故障排除。

二、现场技术诊断

运用V-A-S5051B检测仪进行分析,进入"引导性故障查寻"功能。

1. 对所有电控系统故障信息进行全面检测

运用V-A-S5051B检测数据,故障代码存储器内容如下。

（1）Motronic发动机管理系统

```
8D0907559B.8L R4/5VS MOTR HS D021
编码 4001 经销商编号 661873
3 检测故障
数据总线驱动链缺少来自安全气囊控制模块的信息  偶发故障
18044 P1636 035
数据总线驱动链没有来自仪表板的信息  偶发故障
18058 P1650 035
传动链数据总线来自安全气囊模块的不可信的信息  偶发故障
18091 P1683 035
```

(2)安全气囊——不带侧面安全气囊

```
6Q0909601A0LAIRBAGVWS0006
编码 12364 经销商编号 66187
2 检测故障
数据总线的诊断接口没有通信  偶发故障
01299049
驱动链数据总线损坏  偶发故障
01312037
```

(3)46——舒适系统中央模块

```
1J0959799Q.SG Komf7N Zentral.0001 编码 4097
2 检测故障
加热的外视镜—驾驶员侧—Z4
00943 035
加热的外后视镜—前座乘客侧—Z5
00944 035
```

(4)ABSITT20IE 防抱死制动系统

```
1J0907379 D ABS 20 IE CAN 0001
编码 3604 经销商编号 12345
0 检测故障
```

(5)防盗器/仪表板

```
3BD920802X.KOMBIlNSTR.B5VDO V27
编码 5145 经销商编号 01440
IMMO-IDENTNR:VWZ7ZOY3298096
3 检测故障
驱动链数据总线损坏
```

> 01312037
> 发动机控制单元无信息交换
> 01314049
> 安全气囊控制单元 J234 无信息交换
> 01321049

2. 检测数据分析

经过上述检测,为了从众多的电控系统故障信息中寻找出相同的一组故障信息,对整个检测数据进行分析。

(1) ABS 电控系统无故障。

(2) 舒适电控系统有两个故障码,即 00943 035 加热的外视镜—驾驶员侧—Z4 和 00944 035 加热的外后视镜—前座乘客侧—Z5 故障。该故障通过清故障码可以立刻清掉,并且该系统故障码与该车故障没有必然联系。

(3) 防盗器/仪表电控系统有 01312037 驱动链数据总线损坏;01314049 发动机控制单元无信息交换;01321049 安全气囊控制单元 J234 无信息交换。

(4) 安全气囊电控系统有两个故障码,即 01299049 数据总线的诊断接口没有通信,属于偶发故障;01312037 驱动链数据总线损坏,也属于偶发故障。

(5) Motronic 发动机管理系统有 3 检测故障:

分别是:18044P1636035 数据总线驱动链缺少来自安全气囊控制模块的信息,属于偶发故障。

18058P1650 035 数据总线驱动链没有来自仪表板的信息,属于偶发故障。

18091P1683 035 传动链数据总线来自安全气囊模块的不可信的信息,属于偶发故障。

从以上检测情况分析,该故障关键都集中在 CAN 数据总线方面。在安全气囊、仪表、发动机电控系统都有数据总线的故障信息提示,其中有关于安全气囊控制模块和数据通信接口,在各个系统中都存在故障信息。

这里共同的故障点是:所有的故障信息中都有安全气囊数据总线的通信信息不正常,同时还有仪表系统与发动机电控系统通信的故障信息。

3. 导致故障原因

为此,对储存该组故障信息的各个电控系统进行比较分析,找出该组故障信息间的因果关系或相互影响的关系,分析该组故障信息首先出现在哪一个电控系统中,即该故障信息首先是哪一个电控单元监测到的,找出多个系统中共有的信息,确定出源性故障电控系统。

进一步分析,考虑到安全气囊灯常亮,分析其故障原因,安全气囊系统中的故障码信息:

①01299049 数据总线的诊断接口没有通信,属于偶发故障。

②01312037 驱动链数据总线损坏,也属于偶发故障。

首先看①01299049 数据总线的诊断接口没有通信,属于偶发故障,即安全气囊电控系统与数据总线的诊断接口没有通信,说明安全气囊系统信息无法转递给诊断接口,而该系统间信息传递是通过 CAN 数据总线进行传递的。因此,推断安全气囊系统和诊断接口间 CAN 数据总线可能有问题。

再看②01312037驱动链数据总线损坏,也属于偶发故障。从该故障信息上可以分析,该驱动链数据总线损坏。故障码信息含义是安全气囊的数据总线有问题。从上述分析可以得出一个结论,即安全气囊CAN数据总线存在偶发故障。

4. 导致总线系统问题

明确故障信息的源性故障电控系统。对源性故障信息系统进行具体故障点的分析,主要是三类故障点:

①源性故障信息电控系统的电源。

②源性故障信息电控系统的链路,即CAN传输双绞线。

③源性故障信息电控系统的节点,即电控单元。

通过以上分析,既然各个电控系统都存在安全气囊CAN数据总线的偶发故障,这说明:安全气囊电控系统是故障信息的源性故障电控系统,安全气囊电控单元首先检测到的,进而被其他电控系统检测到,并储存。

尽管以前维修中已更换了安全气囊电脑,但据现在分析,仍需进一步检查安全气囊电脑电控系统,尤其是安全气囊CAN数据总线。

安全气囊CAN数据总线和安全气囊电脑位于驾驶室胶质地板下,检查该线束需要拆下仪表台及仪表台内部支架,拆下暖风水箱、蒸发箱及仪表盘下部主熔断丝盒线束等,拆下全部座椅,将换挡杆中间护罩拆下,前左右门框下护板拆下,最后,将整个胶质地板掀起。地板移开后,就将底部的安全气囊电脑和多路线束露了出来。

检查安全气囊电脑正常,检查线束也无明显破损或接触不良之处。

仔细分析,故障码:

①01299049数据总线的诊断接口没有通信,是指没有数据传递到诊断接口,这包含了因线路导致的无法传递。

②01312037驱动链数据总线损坏,其含义是数据链总线本身的问题。

这二者都在指向一个原因就是数据链路故障,因此判断问题还是出在CAN数据线束上。

基于这个分析反复仔细检查安全气囊电脑线束,特别注意CAN数据总线的双绞线。该线束位于换挡杆支架后部的地板,仔细检查发现安全气囊CAN双绞线绝缘胶皮上有一条非常细的缝隙,在不受外力挤压的情况下,该线胶皮是看不出缝隙的,只有将线弯曲时才会出现缝隙。该线是被手动挡把手支架后侧锋利的U形支架的钢板切开的。如图8-39所示为线束位置。

双绞线线束割开的缝隙,如图8-40所示。(需要说明的是:在图片上,为了表示清楚,被割开线束绝缘层的缝隙被人为扩大)

图8-39 线束位置　　　　　图8-40 双绞线束割开的缝隙

但是这个绝缘层缝隙会是引起故障的原因吗?如果是,应该是双绞线绝缘层破坏某线搭铁造成信号搭铁所致,信号不能正常传输到电脑和CAN数据总线系统,从而出现故障。

为了验证故障原因,将双绞线H线裂缝处裸露出的铜线搭铁,但故障没有重现。再将双绞线L裂缝处裸露出的铜线搭铁,故障还没有出现!

仔细考虑,又将H、L线裂缝处裸露出的铜线同时搭铁,搭铁约5s后,故障重现了。仪表盘上出现安全气囊黄色灯报警,同时机油红色灯报警,接着发动机转速表突然降到0r/min,但发动机不熄火。关闭发动机,重新起动发动机,机油报警灯熄灭,发动机转速正常,安全气囊灯不熄灭。

三、故障维修

采用绝缘的方式,恢复破损数据线。用绝缘胶带将裸露的双绞线做好绝缘处理,并将该线束包扎固定好。其位置固定在U形支架后部。

试车运行,再未出现故障现象,该车恢复正常。

大众轿车系统总线系统

1. 大众汽车总线系统组成

大众汽车应用的总线主要有以下几种类型(表8-6)。

表8-6 大众汽车应用的总线类型

项目	驱动系统CAN总线(高速)	舒适性系统CAN总线(低速)	D^2B	MOST	LIN
传输速率	500kb/s	100kb/s	5.6Mb/s	22.6Mb/s	20kb/s
传输介质	双绞线	双绞线	光纤	光纤	单根铜线
适用范围	传输控制、调节信号	传输控制信号	传输控制和音频信号	传输控制、音频和视频信号	局部功能和诊断
拓扑结构	总线/星形	总线/星形	环形	环形	环形
工作方式	K1.15 System	Sleepmodus/wake-up	Sleepmodus/wake-up	Sleepmodus/wake-up	Sleepmodus/wake-up
状态	采用	采用	采用	采用	采用

2. 大众汽车CAN系统

由于汽车不同控制器对CAN总线的性能要求不同,因此最新版本的CAN总线系统人为设定为5个不同的区域(图8-41),分别为驱动系统、舒适系统、信息系统、多功能仪表、诊断总线5个局域网。其速率分别为:驱动系统(由15号线激活),500kb/s;舒适系统(由30号线激活),100kb/s;信息系统(由30号线激活),100kb/s;诊断系统(由30号线激活),500kb/s;仪表系统(由15号线激活),100kb/s。

(1) 驱动系统

驱动系统的主要特征是传输速率500kb/s，即传递1bit所需时间为0.002ms（平均一个信息大约需0.2ms）。无数据传输时的基础电压值约为2.5V。

线色：CAN-H 为橙黑；CAN-L 为橙棕。

驱动系统线径：035mm²，无单线工作模式。驱动系统的波形如图8-42所示。

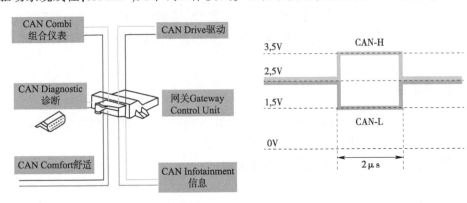

图8-41 CAN总线系统的5个不同区域　　　　图8-42 驱动系统的波形

驱动系统波形的特点是：CAN-High 的高电平为3.5V，CAN-High 的低电平为2.5V，CAN-Low 的高电平为2.5V，CAN-Low 的低电平为1.5V。图8-43所示为迈腾轿车的动力CAN系统。

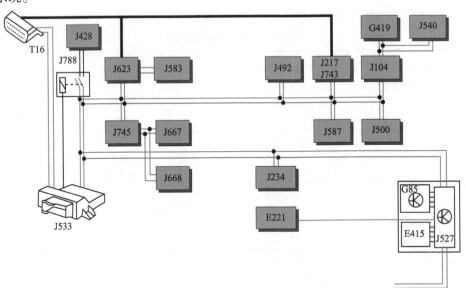

图8-43 迈腾轿车的动力CAN系统

J623-发动机控制单元；J533-网关；J492-四轮驱动控制单元；J104-ABS控制单元；J234-气囊控制单元；J500-助力转向控制单元；J587-换挡杆传感器控制单元；J745-大灯控制单元；G85-转向角度传感器；J527-转向柱控制单元

(2) 舒适系统

舒适系统主要特征是：数据的传输速率为100kb/s，即传递1bit所需时间为0.010ms（平均一个信息大约需1.1ms）。无数据传输时的基础电压值为CAN-H＝0V，CAN-L＝5V(12V)。

该系统线色:CAN-H 为橙绿;CAN-L 为橙棕,线径为 0.35mm²。

舒适系统有单线工作模式。舒适系统的波形,如图 8-44 所示。

舒适系统波形特点是:CAN-High 的高电平为 3.6V,CAN-High 的低电平为 0V;CAN-Low 的高电平为 5V,CAN-Low 的低电平为 1.4V。图 8-45 所示为迈腾轿车的舒适系统。

(3)信息娱乐 CAN 总线网络

图 8-46 所示为迈腾轿车的信息娱乐 CAN 总线系统。

(4)仪表与诊断 CAN 总线

图 8-47 所示为迈腾轿车的仪表与诊断 CAN 总线。

(5)电子机械驻车制动 CAN 总线(自总线)

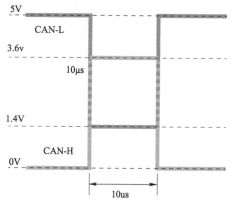

图 8-44 舒适系统的波形

图 8-48 所示为迈腾轿车的电子机械驻车制动 CAN 总线,电子驻车制动 CAN 总线传输速率为 500kb/s,不支持单线模式。

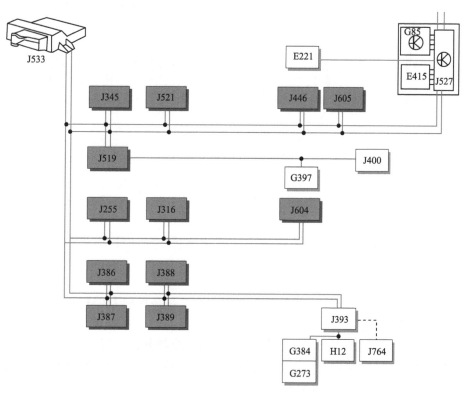

图 8-45 迈腾轿车舒适系统

J533-网关;J345-拖车控制单元;J521-副驾驶座椅记忆控制单元;J446-停车辅助控制单元;J605-后备舱盖控制单元;J527-转向柱控制单元;J519-车载电源控制单元;J255-空调控制单元;J316-驾驶员座椅记忆控制单元;J604-驻车加热控制单元;J393-舒适系统控制单元;J386~J389-车门控制单元

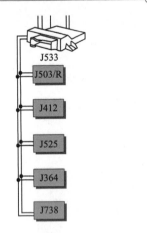

图 8-46 信息娱乐 CAN 总线

J533-网关;J503-收音机(导航控制单元);J412-电话准备系统控制单元;J525-数字音响控制单元;J364-驻车加热控制单元;J738-电话控制单元

图 8-47 仪表与诊断 CAN 总线

J285-仪表控制单元;J533-网关;T16-诊断接口

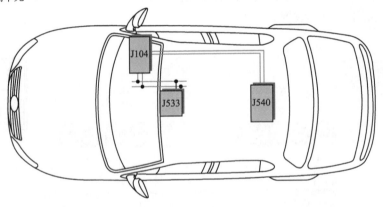

图 8-48 迈腾轿车的电子机械驻车制动 CAN 总线

J533-网关;J104-ABS 控制单元;J540-电子机械驻车制动控制单元

(6) 智能前照灯 CAN 总线(自总线)

图 8-49 所示为迈腾轿车的智能前照灯 CAN 总线,该总线的传输速率为 500kb/s,不支持单线模式。

3. 大众汽车 LINbus 系统

LIN bus 是 CAN bus 的子网,但它只有一根数据线,线截面积为 $0.35mm^2$,并且没有屏蔽措施。LIN bus 系统规定一个主控制单元最多可以连接 16 个子控制单元。

图 8-50 所示为迈腾轿车的 LIN 总线,J527 转向柱控制单元与 E221 多功能转向盘之间、J519 车载电源控制单元与 G397 雨量及光强传感器和刮水器电动机控制单元 J400 之间、J393 舒适系统中央控制单元与车辆倾斜传感器 G384、内部监控传感器 G273、防盗警报喇叭 H12 之间采用 LIN 总线。

4. 串行数据总线(BSD)

图 8-51 所示为迈腾轿车的串行数据总线,该总线的传输速率为 9.8kb/s,与 LIN 总线相比,应用串行数据总线增强了防盗功能传递第四代反盗功能。

项目八　汽车CAN总线系统检修

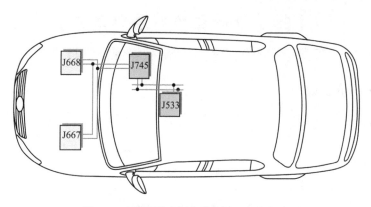

图 8-49　迈腾轿车的智能前照灯 CAN 总线
J745-智能前照灯控制单元；J533-网关控制单元；J667-左侧前照灯输出模块；J668-右侧前照灯输出模块

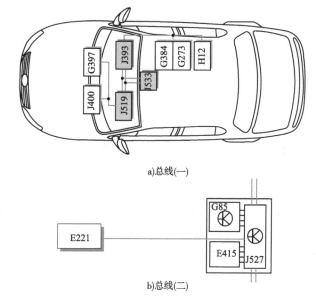

图 8-50　迈腾轿车的 LIN 总线

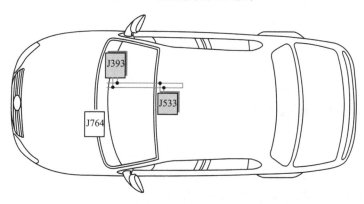

图 8-51　迈腾轿车的串行数据总线
J533-网关；J393-舒适系统中央控制单元；J764-电子转向柱锁

【教学设计能力拓展训练五】
车身电控系统结构与检修教学评价设计训练

一、教学评价设计

设计项目	内　　容
1.教学评价类别的选择	根据项目教学效果达成来确定,尽量多角色、层次全面地确定评价学生的学习效果。一般分为个人自评、小组互评、教师评价等
2.教学评价项目内容的选择	1.依据项目的知识与能力目标确定具体任务; 2.依据学生的情感、态度、价值观目标(体验性目标)着装是否规范 5S 工作、个人小组合作完成情况、遇到的困难如何解决等
3.教学评价体系的重难点确定	依据项目的知识与能力目标来设计教学评价反馈内容的重难点,主要能客观评价学生对项目目标的学习掌握程度

二、任务引导

简介中职学校学生学习车身电控系统结构与检修的起点、教学设备、教学目标、教学内容、教学重点难点、学时分配等内容,以便学习者设计教学评价时参考。

1. 中职生的学情分析

文化基础知识薄弱,认知、记忆、思维能力较差,对授课内容难以理解,但渴望被人接纳和爱护,渴望得到别人的认可和称赞,渴望成功,形象思维丰富,好动,喜欢动手实践。

学习过汽车底盘构造与维修、汽车电工电子基础、汽车电气设备维修等前续课程,对汽车构造与电气设备维修有一定的基础。

2. 中职学校车身电控系统结构与检修教学环境

理论实践一体化教室:配置多媒体教学设备、学生查阅资料的电脑、课桌椅、充足的实训台架或教学整车等零部件、实训工具、课程资源库教学平台(配置相关视频、动画、图片、电子教材、作业单、练习题、考核表等)。

3. 中职学校车身电控系统检修教学目标

(1)知识目标

①能够叙述汽车巡航系统、安全气囊系统和汽车 CAN 总线系统组成,作用及工作原理。

②明确各系统的部件安装位置、作用。

(2)能力目标

①对各系统的主要部件进行拆卸、检测和维修。

②对车身电控系统的典型故障做出正确的诊断与排除。

4. 中职学校车身电控系统结构与检修教学内容与学时分配

任务一　汽车巡航系统,12 课时。

任务二　安全气囊系统,12 课时。

任务三　汽车 CAN 总线系统,8 课时。

5. 中职学校车身电控系统结构与检修教学重点、难点

(1)教学重点:车身电控系统的主要零部件的检修、更换。

(2)教学难点:汽车 CAN 总线系统工作原理。

6. 中职学校车身电控系统结构与检修学方法与教学流程

采用理论实践一体化教学,通常采用行动导向的教学法。

(1)任务资讯:完成任务引导文,收集必要知识点(例如安全气囊系统的组成、作用,检查维修工具及设备名称等);课前预习加上课上听老师讲解后完成。

(2)布置学习任务:明确每个任务的目标和完成标准(每次课可以有多个细分的实训任务),比如安全气囊系统主要零部件可以细分拆装与检修 2 个子任务。

(3)教师示范和讲解:教师根据任务的难易程度做必要的示范和讲解,比如安全气囊系统主要零部件的检查方法、拆装注意事项及安全等等。

(4)任务实施:学生分组练习,教师巡逻指导→完成每个细分的任务(如果有多个细分的实训任务)。

(5)任务检查:学生对照任务目标和完成标准组内自我检查、小组互评。

(6)任务考核与评价:教师每组抽考 1~2 个同学,根据各组任务完成情况进行点评小结(可以先让小组汇报后再点评)。

7. 中职学校车身电控系统结构与检修教学评价

(1)自我检测评价

①简述汽车巡航系统工作过程。

②检修安全气囊系统的注意事项。

③汽车 CAN 总线系统故障诊断的方法。

④综合评价

A. 着装是否规范?

评价情况:不规范□　　　规范□

B. 能否主动参与工作现场的清洁和整理工作?

评价情况:能□　　　否□

C. 工作页的填写情况。

评价情况:　准时完成□　　　未准时完成□

D. 完成本学习任务后,你对维修手册等资料的使用是否快速和规范?

评价情况:不规范□　　　规范□

E. 你在完成本项目实训任务过程中遇到的困难是什么?怎样解决的?

F. 你能对汽车巡航系统进行检测和维修吗？
独立完成□　　　小组合作完成□　　　在老师的指导下完成□

G. 对类似的学习任务应如何做到触类旁通并进行改善从而提高学习效果？

（2）小组评价
①工作页的填写情况：　准时完成□　　　未准时完成□
②是否主动与组内其他成员积极沟通并协助其他成员共同完成学习任务？

③零件、工具和油污有没有落地，有无保持作业现场的整洁。
评价情况：_____
④升降汽车举升器和起动发动机实训台架时，有无进行安全检查并警示其他同学？
评价情况：_____
学习的主动性和独立性？
评价情况：_____
（3）教师评价
教师总体评价：_____
教师签名：_____　　日期：_____

三、项目子任务内容设计任务单

全班分成 4~6 个设计小组，每组选择项目内的一个任务进行教学评价设计。

组别		设计任务	
设计项目	内　　容		选取依据分析
1. 教学评价类别的选择			
2. 教学评价项目内容的选择			
3. 教学评价体系的重点确定			
展示评价	各组采用海报、PPT 等形式展示本组的设计成果		

四、教学评价设计训练评分标准

序 号	项 目	内 容	分 值	备 注
1	教学目的	根据课程大纲要求,教学目的明确	10	
2	教学评价类别的选择	教学效果评价类别确定合理 角色、层次评价客体全面科学	15	
3	教学评价项目内容的选择	项目的知识与能力目标,学生的情感、态度、价值观目标(体验性目标)等的评价能充分体现	40	
4	教学评价项目重点	教学评价侧重点明确	20	
5	格式与表达	设计格式规范,表达清晰流畅	15	
		总　　分	100	

参考文献

[1] 康拉德赖夫.汽车电子学[M].3版.西安:西安交通大学出版社,2011.
[2] 刘晓岩.汽车电子控制技术工作任务指导[M].北京:化学工业出版社,2009.
[3] 袁苗达.实施汽车电子车身控制系统维修[M].北京:机械工业出版社,2009.
[4] 邹长庚.现代汽车电子控制系统构造原理与故障诊断(下):车身与底盘部分[M].3版.北京:北京理工大学出版社,2006.
[5] 樊海林.汽车电子控制系统检测与维修[M].北京:中国劳动社会保障出版社,2008.
[6] 黎盛寓.汽车底盘电子控制技术[M].北京:北京理工大学出版社,2010.
[7] 谭本忠.汽车电子控制技术[M].济南:山东科学技术出版社,2014.
[8] 陆文昌.汽车电子技术与维修[M].北京:化学工业出版社,2009.
[9] 冯玉芹.汽车总线系统架构与故障诊断[M].北京:电子工业出版社,2013.
[10] 李锸贵.汽车电子控制装置原理与维修[M].武汉:华中科技大学出版社,2010.
[11] 胡光辉.汽车自动变速器原理与检修[M].北京:机械工业出版社,2008.
[12] 王绍铫.汽车电子学[M]2版.北京:清华大学出版社,2011.
[13] 李培军.汽车底盘电控技术[M].北京:人民邮电出版社,2011.
[14] 凌永成,李雪飞.电控汽车故障诊断与维修[M].北京:人民邮电出版社,2004.
[15] 贾志涛,庞成立,徐长思.汽车底盘电控系统检修[M].北京:北京理工大学出版社,2015年.
[16] 张彦会,伍松.现代汽车电子控制技术[M].北京:中国水利水电出版社,2013.
[17] 庞成立.汽车底盘电控系统原理与检修[M].哈尔滨:哈尔滨工业大学出版社,2013.
[18] 张芳玲,王清娟,汽车底盘构造与维修[M].哈尔滨:哈尔滨工业大学出版社,2013.
[19] 黄如君,赵从良,赵文龙.汽车电控技术[M].长春:东北师范大学出版社,2012.
[20] 于京诺.汽车底盘及车身电控系统维修[M].北京:机械工业出版社,2011.
[21] 黎永成.汽车电子控制技术[M].北京:北京大学出版社,2011.
[22] 姜大源,工作过程导向的高职课程开发探索与实践——国家示范性高等职业院校开发案例汇编[M].北京:高等教育出版社,2008.
[23] 姜大源.职业教育学研究新论[M].北京:教育科学出版社,2007.